성경이 말하는 선교

복음서·사도행전

하나님의 영광에 대한 열정에
사로잡힌 세계를 품은 사람들

복음이 없는 곳으로!
선교사가 없는 곳으로!

업마·넷

성경이 말하는 **선교**

초판 1쇄   2020년 10월 20일

지은이   김병선
발   행   업마·넷
발행인   정보애
편집인   강호세아
디자인   장영순
묵상그림   김무진
주   소   서울시 영등포구 버드나루로 51 조광빌딩 301호
전   화   02) 815-4052~4
팩   스   02) 815-4056
홈페이지   www.upma21.com
전자우편   upma21@gmail.com
ISBN   979-11-952933-4-6

묵상그림 (종이에 아크릴물감, 2020년)
본 책에 삽입된 '묵상 그림'을 그린 김무진 작가는 '대머리 김씨', '김작가' 등의 작가명으로 신앙과 일상 등에서 얻은 다양한 소재로 담백하고 여백의 깊이가 있는 묵상 그림으로 작품 활동을 하고 있다. 또한 관심과 사랑이 필요한 여러 영역에 있는 지체들을 위한 후원 공연을 기획하는 문화선교 공동체 '몰큐'의 대표를 맡고 있기도 하다.

업마·넷

성경이 말하는 선 교

복음서·사도행전

1부 복음서

Contents

선교, 장(將)인가? 포(包)인가?

한국선교의 현실

장기(將棋)는 차(車)나 포(包)가 아닌 상대방의 장(將)을 제압했을 때 이길 수 있는 게임입니다. 그런데 차, 포 잡는 재미에 빠져서 장을 잡는 일을 잊어버리면 그 게임에서 절대 이길 수가 없습니다. 그렇다면 이것이 우리에게 주는 교훈은 무엇일까요? 성경이 말씀하는 선교의 본질은 미전도 종족 복음화인데, 그 본질을 잃어버리면 우리의 선교는 잘못된 방향으로 가는 것이 됩니다. 선교사 수는 증가하고 있지만 정작 미전도 종족에게 복음을 전하는 선교사는 극소수에 불과한 기현상이 나타나고 있습니다.

지금의 선교는 본질과 비본질이 뒤바뀐 것 같습니다. 비거주 선교운동, BAM(Business As Mission) 등 소위 선교 방법에 치중하다보니 예수님이 말씀하신 '모든 종족으로 제자 삼으라.'는 선교의 본질적 목표를 잃어버릴 위기에 처했습니다. 선교 방법론도 좋지만 모든 종족 가운데 아직 복음을 듣지 못한 종족에게 선교하지 않는

다면 그것이 선교의 본질상 무슨 의미가 있겠습니까?

　　인도네시아의 경우 한국 선교사가 400가정 이상 있는데 교회도 많고 예수 믿는 사람들도 많은 특정 도시에만 40가정이나 몰려 있습니다. 그에 비해 인도네시아 남부 수마트라 섬 벵쿨루(Bengkulu)주에는 10개 이상의 미전도 종족이 있는데, 2014년까지 이 지역에 단 한 가정의 한국 선교사도 없었고, 2020년 현재 겨우 2가정이 들어와 있습니다. 이처럼 복음을 한 번도 들어보지 못한 종족들이 많은데도 선교사들은 관심도 없고, 가지도 않는 것은 안타까운 현실입니다.

예수님의 선교 방법

　　이제는 선교 방법도 다시 성경으로 돌아가 예수님의 가르침에 따르는 선교 운동으로 회복되어야 하며, 그것은 미전도종족 중심의 선교 방향이어야 합니다. '가서 모든 족속으로 제자를 삼으라.'는 예수님의 마지막 말씀은 우리가 선교해야 할 대상이 누구인지 분명하게 말씀하십니다. 세계 복음화 완성을 위해 예수님은 제자들에게 아직 복음을 듣지 못한 타종족 제자훈련을 명령하신 것입니다. 이것은 연쇄적인 재생산을 통한 타종족 제자훈련을 통해 결과적으로 다른 모든 종족이 복음을 듣게 하는 세계 복음화의 완성을 목표로 하는 것입니다.

다시 말하면 '이 천국 복음이 모든 민족에게 증거되기 위하여 온 세상에 전파되리니 그제야 끝이 오리라(마 24:14)'는 말씀처럼 예수님이 말씀하시는 "끝"은 모든 민족(종족)이 다 복음을 듣게 되는 세계 복음화가 완성되어 예수 재림의 날이 도래하는 것입니다.

타문화, 타종족 제자훈련

예수님의 제자훈련의 본질은 타종족 제자훈련입니다. 복음서에서 예수님이 제자들을 훈련시킬 때, 이방인들을 다 포용하는 모습을 의도적으로 계속 보여주십니다. 하나님은 이방인들도 사랑하신다는 것이 예수님의 가르침의 중심이자 강조점이었습니다.

누가복음 4장에 사렙다 과부에 대한 이야기가 나옵니다. 여기서 예수님은 이스라엘에도 많은 과부가 있었지만 하나님은 굳이 시돈 땅에 있는 사렙다의 한 과부에게만 엘리야를 보내어 3년 6개월 동안 먹을 것이 있게 해 주셨다는 것을 가르치십니다. 이는 예수님의 공생애 중 첫 번째 기록된 가르침이었습니다. 그리고 로마 백부장의 하인이 앓던 중풍병을 고쳐 주실 때도 이만한 믿음을 본 적이 없다고 하셨고, 이방 사람들이 동서로부터 와서 천국에 앉겠고, 나라의 본 백성들은 버림을 받는다고 말씀하셨습니다.

예수님이 이방인들을 접촉하시는 모습은 복음서 전체에 걸쳐서 발견됩니다. 예수님의 말씀을 들었던 사람들은 이스라엘 사람들만이 아니라 상당수가 이방인들이었고, 예수님은 그들에게 하나님은 이방인들도 사랑하신다는 것을 가르치셨습니다. 예수님이 제자들을 데리고 거라사, 시돈, 수가성에 가신 것은 제자들에게 다른 종족에게 복음을 전하는 타문화 노출 훈련의 본을 보여주신 것입니다. 그 훈련이 끝날 때 예수님은 예루살렘에 가시면서 이방인들에게 화평을 전할 자로 구약에 예언된 그 왕이 바로 자신이신 것을 행동으로 선언하셨습니다.

미완의 미전도 종족 선교

하나님 나라 백성은 세계 모든 나라, 즉 모든 종족으로 구성되는 것입니다. 그래서 요한계시록 5장 9절에 '각 나라와 족속과 백성과 방언 가운데 예수님이 피로 사서 드리셨다.'고 하셨고, 7장 9절은 구원 받은 그 사람들이 어린 양 앞에 모인 장면을 소개합니다. 장차 그 자리에 함께 모여야 하지만 아직 복음을 듣지 못한 종족들이 많이 있습니다. 우리가 다시 미전도종족 선교를 강조해야 하는 이유가 여기에 있는 것입니다.

교회나 선교단체들은 많은 열매를 바라기 때문에 복음을 들어야 하는 미전도종족 복음화보다는 교회와 단체의 규모 확장을 더 중요하게 생각합니다. 근본적인 선교의 방향이 잘못 되었습니다. 성경은 예수님의 지침을 분명하게 말씀하십니다. 아브라함에게 땅의 모든 족속이 너로 말미암아 복을 얻을 것이라고 말씀하시는 창세기를 시작으로 예수 재림을 고대하는 요한계시록 마지막까지 분명하게 말씀하시는 핵심 주제는 미전도종족 복음화입니다. 예수님은 공생애 기간에도 제자들에게 이방인들을 위한 타문화 제자훈련, 세계 복음화 훈련을 가르치셨고, 구속 사역을 홀로 감당하신 후 제자들에게 나타나셔서 종족 복음화의 위임령을 분명하게 말씀하십니다. 분명히 알아야 할 것은 모든 종족이 다 복음을 들어야 하고, 그 다음에 예수님이 다시 세상에 오신다는 것입니다. 지금도 이것을 강조하는 것은 아직도 미전도종족 선교가 끝나지 않았기 때문입니다. 우리는 예수님의 지침에 맞추어서 모든 종족들에게 복음이 들어가고, 모든 종족들이 제자로 세워질 때까지 선교해야 합니다.

저는 하나님의 은혜로 지난 사역 기간 동안 부르심 받아 선여러 자리에서 바로 이 성경 자체가 증언하고 있는 '성경이 말하는 선교'의 뜻과 비전을 강의할 수 있었습니다. 모든 것이 하나님의 은혜요, 섭리였습니다. 모든 강의의 내용들은 제가 연구해서 고안해낸 이론은 하나도 없습니다. 모든 것이 다 하나님의 말씀이신 성경에서 가르쳐주시는 대로의 성경의 메시지입니다. 그래서 저는 늘 받은 것도 거저 받았으니, 이것을 어떻게든 많은 사람들에게 알게 하고, 그 뜻대로 살고 사역하기를 바라는 마음이 있었습니다. 그러던 중 이렇게 동일한 선교의 비전을 가지고 함께 동역하는 UPMA(미전도종족선교연대)의 수고와 헌신으로 그간의 저의 강의를 읽기 쉬운 설교의 형태로 정리하여 책으로 출간할 수 있게 되어 매우 기쁘고 감사한 마음입니다.

이 책을 받아 든 여러 성도님들께 바라는 저의 소원은 어찌하였든지 성경이 말하는 선교가 과연 무엇인지 분명히 알고, 그 말씀하시는 대로 모두 선교에 헌신하는 은혜와 복이 있으시기를 바라는 것입니다. 또한 강단의 목사님들은 얼마든지 이 책에 기록된 성경의 선교적 메시지들을 활용하셔서 성경이 말하는 선교적 설교를 많이 해 주시기를 바랍니다. 그래서 우리 모두가 이 마지막 때에 선교의 바른 방향으로, 끝을 향해 남겨진 과업을 완수하는 세대가 되기를 주님의 이름으로 축원합니다.

김병선 선교사

추천의 글

금번에 제가 사랑하고 존경하는 김병선 선교사님이 『성경이 말하는 선교』 책을 완성하여 UPMA를 통하여 출판하게 된 것을 진심으로 축하하고, 추천서를 쓰게 되어 기쁜 마음 한량없습니다.

김병선 선교사님은 예수님과 그의 복음, 그의 몸 된 교회, 그리고 세계선교를 가장 사랑하고 자랑하는 목회자였으며 평생 인도네시아 미전도 종족을 섬기는 선교사이고 또한 성경에 능통한 선교적 성경신학자이기도 합니다. 김목사님은 모범선교사이며 경건하여 성경연구를 통해서 하나님의 원대한 비전을 깨닫고 이 책을 쓰셨습니다.

저는 이 책의 원고를 읽으며 그가 얼마나 성경을 사랑하고 깊이 있게 연구하는가를 알 수 있었습니다. 그는 특히 복음서에서 9강, 사도행전에서 8강 총 17강좌를 통해서 성경의 핵심 주제 메시지를 '예수 그리스도의 수난과 부활, 그리고 세계선교'라고 강조하고 있습니다. 그는 확신을 가지고 이 메시지가 예수님과 모세와 선지자들과 바울과 사도들의 중심 사상이라는 점을 신구약 성경 속에서 풀어서 연결시키고 있습니다. 그리고 이 책의 교훈은 심오하고 은혜로 충만하지만 알기 쉬운 구어체로 쓰여졌기 때문에 읽기도 쉽다는 특징이 있습니다. 또한 이 책은 미전도종족 중심 선교전략이 바로 예수님의 선교방법이고, 바울, 누가, 마가의 선교전략이고 사도들의 선교방법임을 입증하는 특징이 있습니다.

저는 이 책을 모든 목회자님들과 평신도들과 선교사님들 그리고 모든 신학생들과 선교후보자들에게 강력히 추천하는 바입니다. 감사합니다.

- 강승삼 교수
GMS 원로 선교사
전 총신대학교 선교대학원장
전 (사)한국세계선교협의회 사무총장/대표회장
현 KWMA 공동회장; KEF 국제위원장

지난 35년간 한국 선교 지도자들과 교류해온 필자는 김병선 선교사가 여러 곳에서 열정적으로 강의하는 모습을 보면서 그에게 'Mr. 성경선교'라는 별명을 붙여주고 싶을 정도로, 그는 성경을 선교로 분석하는 데 탁월한 실력을 보여주었습니다.

'성경은 선교의 책이다.'라고 주장한 허버트 케인 박사와 그 궤를 같이 하는 김병선 선교사의 책 『성경이 말하는 선교』는 보다 더 구체적입니다. 이 책은 예수님과 그 사도들의 사역의 핵심이 '선교'라는 것을 유감없이 드러내고 있으며, 또한 성경이 말하는 선교적 시각에 대해 놀라운 깨달음을 줍니다.

사실 성경의 주제는 '예수 구원, 그리고 선교'일진대, 그는 그것을 이 책에서 명쾌하게 분석하고 있습니다. 복음서에서 예수님의 선교적 메시지를 끄집어내는 그의 솜씨가 놀랍습니다. 특히 막연한 선교가 아닌 선교 대상 목표가 '미전도종족'이라는 것을 주장한 것이 이 책의 백미라고 할 수 있습니다. 하도 가짜 참기름이 판치는 시장에 '순(純), 진짜 참기름'을 주장하듯, 이 책은 '진짜 선교'가 무엇인지 여러분에게 말해 줄 것입니다. - 한정국 선교사, 전세계 한인 선교기구연대 코디(KAMSA) 코디 김병선 선교사님은 미전도종족 복음화를 위하여 인생을 통째로 하나님께 드린 예수 그리스도의 사람이며, 모든 종족이 복음을 들어야 세상의 끝 날이 온다는 말씀을 바탕으로 미전도종족 선교를 외치는 선교전략가입니다. 1984년부터 인도네시아 수마트라의 단중애님에서 사역하였고, 2003년부터 내수동교회 담임목사로 섬기다가, 다시 선교지로 돌아가 그의 인생을 향한 하나님의 부르심에 순종하고 있습니다.

이번에 출간되는 『성경이 말하는 선교』는 우리가 왜, 어떻게 복음이 뿌려지지 않은 땅으로 나아가 예수그리스도를 전해야 하는지 복음서와 사도행전 성경 본문을 중심으로 말하고 있습니다. 세계선교 상황과 한국 교회의 모습, 그리고 현재 인도네시아에서 사역하시는 400여 가정의 한국 선교사들의 삶을 가까이 눈으로 보며 마음으로 깨달은 바를 말씀과 연결한 것입니다. 이 책은 선교사로의 부르심을 고민하는 이들, 그리고 선교사 훈련생들에게 꼭 필요한 성경적 지식이 담겨 있습니다. 선교적 교회를 고민하는 목회선상의 사역자들에게도 꼭 필요한 책입니다.

"이 천국 복음이 모든 민족에게 증언되기 위하여 온 세상에 전파되리니 그제야 끝이 오리라(마 24:14)" 모든 종족 위에 예수의 몸 된 교회가 세워지는 그 날을 위하여… - 조용중 선교사, KWMA 사무총장

선교는 프로그램이나 프로젝트가 아닙니다. 우리는 선교의 성경적 원리를 찾는 것이 아니라 성경의 선교적 원리를 찾는 것입니다. 왜냐하면 성경은 선교를 위해 쓴 책이기 때문입니다. 따라서 선교적으로 성

경을 읽는 시각을 갖는 것은 매우 중요합니다. 이는 성경이 하나님에 관한 책이라는 사실과 연관됩니다. 하나님은 나의 하나님이 아니라 전 인류의 하나님이십니다. 성경은 하나님이 나를 사랑하시는 것을 넘어 온 세상을 사랑하시는 것을 기록한 책입니다(요3:16). 그러나 하나님께서 정말 사랑하시는 분은 따로 있습니다. "아버지께서 아들을 사랑하사 만물을 그에게 주셨으니(요3:35)" 하나님께서 정말 원하시는 일은 그의 아들 예수 그리스도가 모든 만물로부터 찬양과 경배와 영광을 받으시는 일입니다. 이러한 하나님의 시각으로 성경을 보는 것이 너무나 중요합니다. 그리고 그것이 곧 '선교적 성경읽기'입니다.

한국에서 바로 이러한 '선교적 성경읽기'에 가장 오랫동안 헌신하신 분이 본 책의 저자, 김병선 선교사입니다. 강의로만 듣던 저자의 명쾌한 선교적 성경읽기를 이제 책으로도 찬찬히 음미하며 들여다 볼 수 있게 된 것은 너무나 반갑고 기다렸던 일입니다. 수년 동안 퍼스펙티브스 훈련의 '성경적 관점' 강의를 해 왔던 필자의 열정이 이 책 안에서도 고스란히 되살아나고 있습니다. 이 책을 읽는 독자들은 예수님과 사도들의 선교적 삶의 행적을 통해 성경을 제대로 읽는 큰 기쁨을 누리게 될 것입니다. - 한철호 선교사, **미션파트너스 대표**

더 풍성한 읽기를 위한 도움글

김병선 선교사님은 아직 복음화되지 않았거나, 선교사조차 없는 인도네시아 미전도종족들을 대상으로 평생을 헌신해 오신 선교현장의 살아있는 전설과 같은 분이십니다. 한 때 국내로 돌아와, 지역 교회(내수동교회) 담임 목회와 선교단체(GP선교회) 국제대표의 중임을 맡으시기도 하셨지만, 사역을 마치고 돌아가신 곳은 언제나 미전도종족 선교의 현장이셨습니다. 또한 저 개인적으로는 대학청년 시절에는 좋은 말씀으로 길러주신 담임 목사님으로, 이후에는 제 인생의 중요한 순간마다 제 인생과 사역의 길잡이가 되어 주신 너무나 소중한 멘토이시기도 하십니다.

그러한 김병선 선교사님께서 평생을 한결같이 강의해오신 '성경적 선교'의 귀한 가르침을 담은 이 책을 펴내는 일에 미력이나마 참여할 수 있음은 제게 너무나 영광스럽고, 감사한 일이었습니다. 선교사님의 '성경적 선교' 강의가 '성경이 말하는 선교'라는 책으로 나오기까지 결코 적지 않은 어려움들이 있었습니다. 우선 2016년 저희 선교회에서 처음 받은 원본은 텍스트 문서 형태가 아닌 현장 강의 녹음이었습니다. 그래서 이 강의를 녹취해내기까지 이름 없는 여러 사람의 수고와 시간이 소요되었습니다. 특히 본 책의 편집디자인을 맡아주신 장영순 선교사님의 노고는 이루 말할 수 없습니다. 선교사님이 강의하시는 곳까지 직접 가서 강의를 직접 들으며 녹취하기도 여러 번이었고, 녹취 자료를 향후 책으로 만들 수 있도록 기초 정리작업을 하는데만도 적지 않은 시간이 소요되었습니다.

이처럼 녹취 과정도 쉽지 않았지만 정작 녹취와 정리를 다 해놓고 보니, 방대한 분량의 강의 내용을 책으로 만들어낸다는 것 자체가 '선교 현장연구와 정보생산'이라는 본 사역이 있는 저희로서는 엄두도 못 낼 일임을 알게 되었습니다. 그래서 한 때 모두가 포기하려고 한 적도 있었습니다. 그러나 국내 선교계에서 독보적인 선교사님의 성경적 선교 강의가 보다 많은 한국 교회와 성도들에게 줄 수 있는 유익과 은혜가 저희의 부족함 때문에 묻히게 되는 것은 하나님께서 원하시는 일이 아니라는 생각에 마음을 다잡게 되었습니다.

그 때, 하나님께서 주신 지혜가 이 강의를 성경본문에 맞게 설교 형태로 한 편씩 정리해 보면 어떨까 하는 것이었습니다. 일선에서 성도들을 말씀으로 섬기시는 지역교회의 목사님들이 선교의 중요성은 모두 동감하면서도 성도들의 일상 신앙에 필요한 말씀을 연구하시느라 선교 설교에 대한 어려움들이 많은 것이 사실입니다. 그러한 목회 현실에 누구나 공감하고 따를 수 있는 선교 설교의 모범이 있다면, 지역 교회 강단과 성도들에게 유익이 될 수 있을 것 같다는 생각이었습니다.

그래서 선교사님의 허락을 얻어 한 편 한 편 설교가 완성될 때마다 저희 선교회의 웹 저널 'CAS(카스)'에 연재하기 시작했습니다. 그것이 2017년 12월 'CAS 10호'부터였습니다. 그렇게 구약과 신약을 번갈아가며 한 편씩 연재한 2년여 시간이 지나고나니 책 한권 분량이 되었고, 이렇게 선교사님의 책을 출간하는 것에 대해 본격적으로 선교사님과 의논하게 되었습니다. 그리고 한 번에 모든 내용을 담을 수는 없기 때문에 책의 두서를 잡아 이번에는 복음서와 사도행전의 본문들을 중심으로 구성된 1편을 내기로 하면서, 빠진 부분들을 매우는 데 꼬박 6개월 여 시간이 소요되었습니다. 그나마 코로나19 상황으로 저희의 본 사역인 해외선교현장 리서치 사역이 불가능해지면서 집중해서 작업할 시간이 주어진 것은 감사한 일입니다.

원 강의가 성경에 기초한 것이기는 하였으나, 일반 설교처럼 특정 성경본문을 기반으로 한 편 한 편 나눌 수 있는 내용은 아니었습니다. 그래서 한 편의 설교로 완성하기 위해 여러 곳에 흩어진 본문에 해당하는 선교사님의 강의내용을 연결하기 위해 부득이 편집자의 이음 글들이 가미되었음을 밝힙니다. 그러나 청년 시절부터 매주 선교사님의 설교를 들어왔고, 선교사님의 본 강의 역시 여러 차례 들어온 터라 그 핵심과 맥을 이해하고 있었기 때문에 선교사님의 관점과 세부내용, 문장 구사까지 유지하려고 최대한 노력하였습니다. 그럼에도 불구하고 혹 전체를 읽으실 때 미처 다듬지 못해 다소 어색하거나 매끄럽지 않은 부분들이 있을 수 있습니다. 그러나 그것은 편집자의 미숙으로 인한 것이니 너른 마음으로 이해해 주시기를 부탁드립니다.

또 한 가지 본 책의 구성에, 빼놓을 수 백미는 설교마다 삽입된 묵상 그림입니다. 본 그림은 김병선 선교사님께서 내수동 교회를 목회하실 때, 청년이었던 김무진 작가님이 이 책을 위해 미리 완성된 설교 초안

한 편 한 편을 읽고 묵상한 것을 손수 표현한 작품들입니다. 문자로 다 담을 수 없는 말씀의 감동과 도전이 묵상 그림마다 결코 과하지 않게 은은하게 담겨있음을 느끼실 수 있으실 것입니다. 한 편 한 편의 설교를 읽으시면서 받은 은혜가 말미의 이 묵상 그림을 통해 보다 풍성해지시길 기대합니다.

끝으로 본 책은 김병선 선교사님의 『성경이 말하는 선교』의 1편으로서, 이번에 다룬 복음서와 사도행전을 제외한 남은 신약 본문들을 다룬 2편과 구약 본문을 다룬 3편까지 앞으로 두 편의 책이 더 출간될 예정에 있습니다. 선교사님의 귀한 성경적 선교의 가르침이 더 많은 성도들에게 읽혀지고, 특별히 강단의 설교를 책임지시는 목사님들에게 선교 설교의 지침서와 같이 누려질 수 있기를 소원합니다. 마지막까지 함께 기도로 동역해 주시기를 요청드립니다.

2020년 10월
편집자

바울이 모세 율법과 선지자의 글과 일치되는 메
시지만 전했다고 하면서 정리해준 그 메시지의
중심내용이 '그리스도의 고난과 부활' 그리고
'세계선교'라는 것입니다. 앞에서 추론하여 정리
했듯이 바울의 메시지는 그와 동역한 누가와 마
가의 메시지와 동일하고, 이 메시지는 다른 신약
의 기록자들인 사도와 장로들이 인정한 동일한
메시지이므로, 신약 전체를 아우르는 메시지의
중심내용은 바울이 정리한 메시지와 동일한 '그
리스도의 고난과 부활', 그리고 '세계선교'라고
결론내릴 수 있겠습니다.

　　　　　- '신약성경의 중심주제' 본문 중에서 -

개관

신약성경의 중심주제

²² 하나님의 도우심을 받아 내가 오늘까지 서서 높고 낮은
사람 앞에서 증언하는 것은 선지자들과 모세가 반드시 되
리라고 말한 것밖에 없으니 ²³ 곧 그리스도가 고난을 받으
실 것과 죽은 자 가운데서 먼저 다시 살아나사 이스라엘과
이방인들에게 빛을 전하시리라 함이니이다 하니라

– 행 26:22~23 –

누가복음 24장 46-48절을 보면 예수님께서는 부활하신 날
저녁에 제자들에게 나타나셔서 모세의 율법과 선지자의 글과 시
편 전체 내용을 '그리스도의 고난과 부활', 그리고 '세계 선교'로
요약하고 계십니다. 즉, 예수님에 의하면 구약성경 전체의 중심주
제는 '그리스도의 고난과 부활', '세계선교'라는 것입니다.

구분	누가복음 24:46	누가복음 24:47~48
주제	그리스도의 고난과 부활	세계 선교

그런데 지금 현재 우리가 가지고 있는 성경은 구약성경만이 아니지요, 신약성경이 있습니다. 그러면 이 신약성경의 중심주제는 무엇일까요? 신약성경의 중심주제를 이해하기 위해서 우리는 마태복음부터 요한계시록까지 27권의 성경 전체를 세세하게 살펴보는 것도 좋겠지만, 그보다 신약성경의 기록자가 누구인지 살펴보는 것이 도움이 될 것입니다. 왜냐하면 그 기록자들의 주된 메시지가 각권 성경의 주제를 이루고 있을 것이기 때문입니다.

우리가 아는 대로 신약성경 기록자 중에 중심이 되는 그룹이 있는데, 그들이 바로 바울 선교팀입니다. 특히 바울, 누가, 마가 이 세 사람이 신약 성경 27권의 절대량을 기록했습니다. 바울이 로마서부터 빌레몬서까지 13권의 서신서를 기록했고, 누가가 누가복음과 사도행전을, 그리고 마가가 마가복음을 썼으니, 전체 27권 중 절반 이상인 16권을 이들 바울 선교팀에 속한 사람들이 기록한 것입니다.

그렇다면 이 사실이 신약성경의 중심주제를 논하는데 있어서 어떤 의미를 가지는 것입니까? 그것은 이 바울, 누가, 마가 이 세 사람이 한 선교팀에 속해서 함께 사역했던 동역자라는 사실에서부터 생각해볼 수 있습니다. 바울이 쓴 글들 중에 그가 죽기 전 가장 마지막에 그의 유언과 같이 쓴 성경이 바로 디모데후서입니다.

어떤 성경학자는 이 디모데후서를 바울의 '마지막 백조의 노래'라고 평합니다. 이것은 이솝 우화에 나오는 이야기인데, 백조는 평생 울지 않다가 마지막 죽기 전에 아주 아름답게 울고 죽는다고 합니다. 그처럼 바울이 자신의 순교를 앞두고 마지막으로 아주 아름다운 글을 써서 보냈는데, 그것이 바로 디모데후서라는 것입니다. 이 디모데후서의 맨 마지막 4장에 바울이 비장하게 전도를 명령하면서, 갑자기 외로워졌는지 9절에 **"너는 어서 속히 내게로 오라"**라고 하면서, 자기와 함께 사역하던 사람들에 대한 이야기를 합니다.

그러다가 11절에 **"누가만 나와 함께 있느니라"**라고 말합니다. 디모데후서 저작 시기를 고려하면 누가는 바울의 거의 죽는 날까지 함께 있었음을 알 수 있습니다. 그러니까 바울과 누가는 끝까지 가까이서 함께 동역했고, 그렇기 때문에 이 두 사람은 함께 같은 메시지로 사역했을 것으로 보는데 무리가 없을 것 같습니다. 만일 우리가 어떤 사람과 같이 동역하는데 그 동역자가 전하는 메시지가 진리가 아닌 이단이거나 내 메시지와는 근본적으로 다르다면 끝까지 동역할 수는 없을 것입니다. 그런데 바울이 자신의 죽음을 앞두고 마지막에 써 보낸 편지에 '누가가 나와 함께 있다.'라고 말한 것을 볼 때, 이 누가의 사역 메시지는 마지막까지 바울의 메시지와 일치했을 것으로 생각할 수 있습니다.

또한 같은 논리로 마가 역시 동일한 추론이 가능합니다. 디모데후서 4장 11절에 **"네가 올 때에 마가를 데리고 오라 그가 나의 일에 유익하니라"**라고 말하고 있습니다. 사실 마가는 바울과의 관계가 한 번 틀어졌던 인물입니다. 바울의 1차 전도여행 도중에 팀에서 이탈하여 돌아갔던 이유로 2차 전도여행을 시작할 때에 바울은 마가를 데려가지 않겠다고 하고, 바나바는 자기의 조카인 마가를 데리고 가겠다고 해서 둘이 크게 다투고 헤어졌습니다. 그런데 시간이 흘러 바울의 마지막 서신서인 이 디모데후서에서 바울이 마가가 자신의 사역에 매우 유익한 인물이라고 말하고 있는 것이죠. 그러니 마가 역시 잠시 이탈했고 비록 떨어져 있었지만, 자신의 사역에 유익해서 인생과 사역의 마지막 시기에 자신에게로 오라고 할 정도라면, 끝까지 바울의 동역자로 인정할 만한 사람이었음을 알 수 있습니다.

자, 이렇게 바울이 순교할 때까지 바울의 동역자였던 바울과 누가와 마가는 충분히 그 전하는 메시지가 서로 거리낌 없이 동일했을 것이라고 볼 수 있습니다. 그리고 이들이 신약 성경의 상당수를 기록했으며, 그 메시지는 일맥상통하는 동일한 주제들을 다루고 있음을 충분히 추론할 수 있는 것입니다.

그러면 이들 바울의 선교팀 외에 사도인 베드로나 요한, 마태, 야고보 등의 다른 신약의 기록자들의 메시지는 어떨까요? 이들과 바울의 관계, 그 가르침에 관한 기록들을 살펴보겠습니다. 사도들이 바울을 공식적으로 하나님의 일꾼으로, 예수 그리스도의 종으로, 사도로 인정했다는 사실은 사도행전에서.확인할 수 있습니다.

본래 바울은 사울이라는 이름을 가지고 예수님 믿는 사람들을 핍박하던 바리새인 중 한 사람이었지만, 나중에 예수님을 만나 변화하여 훌륭한 일꾼이 되고, 안디옥에서 바나바와 함께 목회를 하게 되지요. 그러다가 이방을 위한 선교사로 파송 받아 구브로와 소아시아에 복음을 전하고, 나중에 1차 전도여행을 마치고 안디옥에서 안식년을 갖게 될 때에 선교계에 교리적인 문제가 있어서 예루살렘 공의회가 소집되게 됩니다. 그때 바울과 바나바가 예루살렘 공의회에 함께 참석했고, 그 예루살렘 공의회에 사도들과 장로들이 마지막 결정사항을 이방교회에 편지로 보내는데, 사도행전 15장 25절에 보면 그 편지에서 바울을 인정하는 말을 합니다.

> 사람을 택하여 우리 주 **예수 그리스도의 이름을 위하여 생명을 아끼지 아니하는 자인 우리가 사랑하는** 바나바와 바울과 함께 너희에게 보내기를 만장일치로 결정하였노라 **행 15:25**

사도들은 바울과 바나바를 두고 "우리 주 예수 그리스도의 이름을 위하여 생명을 아끼지 아니하는 자인 우리가 사랑하는"이라고 말하고 있습니다. 예수 그리스도를 위하여 생명까지 내놓은 우리의 동역자라고 사도들이 인정하는 것 아니겠습니까? 뿐만 아니라, 그 때 이후로 바울이 2차 전도여행에서 사도행전 16장 4절에 보면 "여러 성으로 다녀갈 때에 예루살렘에 있는 사도와 장로들이 작정한 규례를 그들에게 주어 지키게" 했다고 기록하고 있지요. 그러니까 바울이 전했던 메시지는 예루살렘에 있는 사도와 장로들이 결정한 내용과 일치되는 메시지만 전했다는 것을 분명히 알 수 있는 것입니다. 바울은 사도들이 결정한 내용을 존중해서 동일하게 가르쳤던 것입니다.

바울과 사도들은 이렇게 서로 인정하고 존중하는 관계였던 것을 알 수 있습니다. 특히 갈라디아서 2장 6절 이하에 보면, 바울이 이렇게 말하고 있습니다.

> 유력하다는 이들 중에 (본래 어떤 이들이든지 내게 상관이 없으며 하나님은 사람을 외모로 취하지 아니하시나니) 저 유력한 이들은 내게 의무를 더하여 준 것이 없고 **갈 2:6**

우리 한글 성경에는 이렇게 번역이 되어 있지만, 여기 저 "유력하다는 이들"은 사도들과 장로들을 말하는 것이죠. 그런데 우리 말로 이 "내게 의무를 더하여 준 것이 없고"라는 말을 영어 성경 NIV(New International Version) 성경에 보면 "they added nothing to my message"라고 되어 있습니다. 이를 직역하면, 그 사도들이 바울이 전한 '메시지에 새로운 것을 더해 준 것이 없다.'는 것이 됩니다. 바울이 전한 메시지를 사도들이 그대로 인정했다는 것을 보여주는 것이죠. 그래서 갈라디아서 2장 7절 이하에 보면

> 7 도리어 그들은 내가 무할례자에게 복음 전함을 맡은 것이 베드로가 할례자에게 맡음과 같은 것을 보았고 8 베드로에게 역사하사 그를 할례자의 사도로 삼으신 이가 또한 내게 역사하사 나를 이방인의 사도로 삼으셨느니라 9 또 기둥 같이 여기는 야고보와 게바와 요한도 내게 주신 은혜를 알므로 나와 바나바에게 친교의 악수를 하였으니 우리는 이방인에게로, 그들은 할례자에게로 가게 하려 함이라 **갈 2:7-9**

그러니까 사도들이 바울에게 새로운 메시지를 더해 준 것이 없고, 또 잘못된 메시지가 있어서 교정해 준 것도 없고, 다만 가난한 자들을 기억하는 노력을 하라는 그런 부탁을 한 일이 있는데 거기에 대해서는 바울도 본래부터 그렇게 힘써 왔던 일이었다고 말하고 있습니다.

여기서 우리가 중요하게 보아야 할 것은 사도들이 바울이 전한 메시지가 부족하거나 잘못되어 더한 것이 없었다는 것입니다. "they added nothing my message"라고 분명하게 말했습니다. 이는 다른 신약성경의 기록자들을 포함한 사도들과 바울의 가르침이 다르지 않고, 더하고 뺄 것이 없는 동일한 가르침이었다는 사실을 입증해 주는 것입니다.

자, 그러면 신약의 다른 기록자들과 동일한 메시지를 가진 바울이 전한 메시지는 무엇입니까? 바울이 전한 메시지는 이 바울의 선교팀 메시지 또는 이를 대표하는 것이라고 할 수 있을 것입니다. 사도행전에 보면, 바울이 '내가 전한 메시지는 이것입니다.'라고 요점정리해서 말한 것이 있습니다, 그것은 바울이 1~3차 전도여행을 다 마친 후에 예루살렘에서 체포되어 벨릭스 총독 치하의 가이사랴 총독부 감옥에 2년간 갇혀 있게 됩니다.

이후 벨릭스 총독의 임기가 끝나고 새로운 총독 베스도가 부임했을 때, 아그립바 왕이 그 가이사랴 총독부를 방문하게 되는데, 그때 신임 총독 베스도가 아그립바 왕에게 '내 전임자 벨릭스가 이 감옥에 바울이라는 죄수를 한 명 가두어 놓고 2년간이나 꾸물꾸물하다가 그 문제를 해결하지 않고 나에게 인수해 줬는데, 이 사람을 어떻게 처리할지 모르겠다.'고 합니다. 그러자 아그립바

왕이 '나도 그 사람을 만나보고 싶었던 차인데 내가 만나보겠다.'
고 하고, 베스도가 '그럼 그 사람을 만나서 이야기를 좀 들어보고
그 사람을 어떻게 처리할지 의견을 주십시오.'라고 했던 것이죠.
그래서 바울은 아그립바 왕 앞에 서게 됩니다.

　　사도행전 26장은 바울이 자신이 어떻게 예수님을 알고 믿
게 되었는지, 그리고 자기가 전한 메시지의 내용이 무엇인지 변론
하는 내용으로 되어 있습니다. 그러다가 그 변론의 결론인 22절
에 보면 바울이 **"하나님의 도우심을 받아 내가 오늘까지 서서 높
고 낮은 사람 앞에서 증언하는 것은 선지자들과 모세가 반드시 되
리라고 말한 것 밖에 없으니"**라고 말합니다. 그러니까 자기가 이
제까지 전했던 메시지는 높은 사람을 대해서나 낮은 사람을 대해
서나 똑같은 메시지를 전했는데 그 메시지의 내용이 무엇입니까?
선지자들과 모세가 반드시 되리라고 말한 것이라는 것이죠. 구약
성경에 선지자들이 했던 말, 모세가 했던 말입니다. 그러니까 모
세오경, 역사서, 선지서 등으로 대변되는 구약성경의 내용을 말하
는 것이죠.

　　바울은 본래 바리새인 출신의 사람으로 특별히 어려서부터
가말리엘이라는 당대 최고의 율법학자 밑에서 구약성경을 배웠던
인물입니다. 그렇기 때문에 선지자들과 모세가 구약시대에 전한

메시지가 무엇인지 잘 아는 사람으로서, 바울 자신이 전한 메시지는 구약의 모세와 선지자들이 했던 메시지와 결코 충돌되지 않는 구약성경과 일치되는 메시지라는 것이죠.

> ²² 하나님의 도우심을 받아 내가 오늘까지 서서 높고 낮은 사람 앞에서 증언하는 것은 **선지자들과 모세가 반드시 되리라고 말한 것밖에 없으니** ²³ **곧 그리스도가 고난을 받으실 것과 죽은 자 가운데서 먼저 다시 살아나사 이스라엘과 이방인들에게 빛을 전하시리라** 함이니이다 하니라 **행 26:22-23**

그러면서 그 다음 23절에 그 메시지가 무엇인지 구체적으로 말하는데 "**곧 그리스도가 고난을 받으실 것과 죽은 자 가운데서 먼저 다시 살아나사 이스라엘과 이방인들에게 빛을 전하시리라**"라고 한 것이라는 것입니다. 바울이 전했던 메시지의 첫 번째는 '그리스도의 고난과 부활'이지요. 23절 상반절에 "그리스도가 고난을 받으실 것", '그리스도의 고난'이죠? "죽은 자 가운데서 먼저 다시 살아나사" '부활'이지요? 그러니까 바울이 전한 메시지의 첫 번째 중심내용은 '그리스도의 고난과 부활'입니다.

그리고 23절 하반절에 또 하나 있습니다. "**이스라엘과 이방인들에게 빛을 전하시리라**", 빛을 전한대요 누구에게요? 이스라엘 사람에게만요? 아니요, 이스라엘과 이방인에게 빛을 전한다는 것입니다. 성경에서 빛이 가리키는 것이 무엇입니까? 성경은 성경으로 해석한다는 원칙에 따라 구약 시편 119편 105절에 보면, **"주의 말씀은 내 발의 등이요, 내 길에 빛이니이다"**라고 했습니다. "하나님의 말씀"이 "빛"입니다. 그리고 예수님께서 요한복음 8장 12절에 **"나는 세상의 빛이니 나를 따르는 자는 어둠에 다니지 아니하고 생명의 빛을 얻으리라"**, 예수님 자신이 "빛"이라고 칭하셨습니다. 또 요한일서 1장 5절에는 **"우리가 그에게서 듣고 너희에게 전하는 소식은 이것이니 곧 하나님은 빛이시니라"**라고 했습니다. 하나님이 "빛"이라는 것입니다. 그러니까 성경에 의하면 시편에서 "하나님의 말씀", 요한복음에서 "예수님", 요한일서에서 "하나님"이 "빛"이라는 것입니다.

그런데 이 성경이 말하는 빛을 누구에게 전한다고요? 사도행전 26장 23절에 이스라엘과 이방인들에게 빛을 전한다는 것입니다. 그러니까 하나님의 말씀, 그리고 예수님, 또 하나님을 이스라엘과 이방인들에게 전한다는 것인데, 이것을 우리가 한마디로 무엇이라고 합니까? '세계 선교'라고 하는 것입니다.

자, 정리해보면, 바울이 모세 율법과 선지자의 글과 일치되는 메시지만 전했다고 하면서 정리해준 그 메시지의 중심내용이

'그리스도의 고난과 부활' 그리고 '세계선교'라는 것입니다. 앞에서 추론하여 정리했듯이 바울의 메시지는 그와 동역한 누가와 마가의 메시지와 동일하고, 이 메시지는 다른 신약의 기록자들인 사도와 장로들이 인정한 동일한 메시지이므로, 신약 전체를 아우르는 메시지의 중심내용은 바울이 정리한 메시지와 동일한 '그리스도의 고난과 부활', 그리고 '세계선교'라고 결론내릴 수 있겠습니다. 또한 이는 구약성경을 예수님이 요점정리해주신 중심내용, '그리스도의 고난과 부활', 그리고' 세계선교'와 동일함으로, 결국 성경 전체가 우리에게 말씀하시는 메시지의 중심주제가 '그리스도의 고난과 부활', 그리고 '세계선교'가 되는 것입니다.

사랑하는 여러분, 지금까지 살펴본 바와 같이 우리가 믿는바 성경의 핵심은 너무나도 선명합니다. 그것이 우리의 믿음이고, 우리의 구원이며, 동시에 우리의 사명이 되는 줄 믿습니다. 하나님의 부르심을 받고 구원받은 하나님의 백성이요, 신약의 성도로서 우리는 바로 이 핵심을 날마다 새롭게 하여 우리가 풍성하게 이 은혜를 누리며, 또 때를 얻든지 못 얻든지 이 은혜를 전하여서 속히 모든 열방에 이 은혜의 복음이 증거되는 주님 다시 오실 그 날을 앞당기는 삶이 되도록 힘써야 할 것입니다. 모두 그렇게 충만한 은혜와 사명의 삶 되시기를 주님의 이름으로 축복합니다.

세마포

천을 하나 사이에 두고 맞닿아 있는 삶과 죽음의 경계가 이렇게나 얇다.
이 속에는 비통함과 함께 경이로운 기쁨이 덮여있다.
모든 것이 끝이 난 곳에서 모든 것이 다시 시작되었으니……

언제나 처음을 되돌아보며
이새의 뿌리에서 난 한 가지의 열매를 가져간다.
달빛 닿는 곳으로, 아멘!

마태복음에서 신약성경 시작하는 첫마디로 '바로 그 왕, 그 다윗의 자손이 오셨다. 그 분이 바로 예수 그리스도'라고 선언하고 있는 것입니다. 그것이 마태복음 1장 1절입니다. 그리고 중요한 것이 그가 오시는 이유, 바로 땅의 모든 족속을 복 받도록 하기 위해서 땅의 모든 사람들을 다 구원으로 인도하시기 위함이라는 사실입니다.

- '성육신과 미전도종족 선교' 본문 중에서 -

복음서 01

성육신과 미전도종족 선교

아브라함과 다윗의 자손 예수 그리스도의 계보라
- 마 1:1 -

마태복음의 처음 시작은 예수 그리스도의 성육신과 함께 그 의미와 목적이 무엇을 향해 있는지 함께 다루고 있습니다. 그 단서가 본문 마태복음 1장 22절에, **"이 모든 일이 된 것은 주께서 선지자로 하신 말씀을 이루려 하심이니…"** 라는 말씀으로 증거되고 있습니다. 바로 선지자로 하신 그 말씀의 성취가 성육신의 목적이라는 것이죠. 그 말씀이 무엇이며, 성취가 무엇인지 본문을 통해 생각해 보겠습니다.

1. 아브라함에게 하신 맹세의 약속을 통해 말씀하셨습니다.

마태복음 1장 1절을 한 번 보시기 바랍니다. 신약성경이 모아져서 오늘날 우리가 가지고 있는 성경의 순서대로 주어졌고, 이 마태복음이 맨 처음에 오게 하셨습니다. 그래서 마태복음 1장 1절의 **"아브라함과 다윗의 자손 예수 그리스도의 계보라"**라는 말씀이 마태복음은 물론, 신양성경 전체를 시작하는 구절이 되었습니다. 그런데 저는 어느 날 이 마태복음 1장 1절을 읽다가 소스라치게 놀란 적이 있습니다. 왜 그랬을까요? 지금 아브라함과 다윗의 자손이 오셨다는 말을 하고 있잖아요. 그런데 그 분이 바로 예수님이시라는 겁니다.

하나님이 구약시대에 두 사람에게 그 자손에 대해서 맹세로 약속을 주셨는데, 그 두 사람이 바로 아브라함과 다윗입니다. 첫 번째가 창세기 22장 18절, **"네 씨로 말미암아 천하 만민이 복을 얻으리라"** 여기서 그 **"씨"**가 단수로 되어 있습니다. 실제로 갈라디아서 3장 16절에 보면, **"… 여럿을 가리켜 그 자손들이라 하지 아니하시고 오직 한 사람을 가리켜 네 자손이라 하셨으니…"** 이처럼 성경은 이미 그 아브라함의 자손 가운데 한 분을 지목하고 있습니다. 그래서 그 한 분이 오시면 누가 복을 받습니까? 이스라엘 12지파만 복을 받습니까?

아니요! "all nations on all earth" 이 지구상에 살고 있는 모든 나라 사람들이 다 복을 받을 것을 말씀합니다. 그러니까 우리 한국 사람, 사실 이방인이잖아요. 그런데 이 아브라함의 자손이 오시면 이방인인 우리 한국 사람을 포함해서 모든 나라 사람들이 다 복을 받는다는 것입니다. 결국 그 이방인이 누구입니까? 이 복음에 소외되었던, 또 지금 소외되어 있는 미전도종족들 아니겠습니까? 예수님은 이 미전도종족들을 위해 오신다는 것입니다. 그래서 이스라엘 사람들이 그분이 언제 오시나 기다리고 있었는데, 신약성경을 시작하면서 첫마디가 '그 아브라함의 자손이 오셨다.' 그 분이 누구십니까? '그 분이 바로 예수 그리스도이시다.' 라는 것입니다. 열방과 모든 사람들, 모든 미전도종족들에게 복이 되실 그 아브라함의 자손, 바로 예수 그리스도가 이 땅에 오셨다는 이 역사적인 선언으로 마태복음 뿐 아니라 이 신약성경 전체를 열고 있는 것입니다.

여기서 잠깐, 그런데 도대체 하나님이 왜 이런 맹세를 주셨을까요? 히브리서 6장 17절에 보면, **"하나님은 약속을 기업으로 받는 자들에게 그 뜻이 변하지 아니함을 충분히 나타내시려고 그 일을 맹세로 보증하셨나니"** 예컨대, 이 말씀은 하나님께서 '다른 때는 내가 한다고 했다가 안하는 일이 설사 있을지 몰라도 이것은 절대로 변경 안하고 그대로 한다.'라는 것을 확증하신다는 의미입니다. 반드시 이루시겠다는 의지의 표현인 것이죠.

2. 다윗에게 하신 맹세의 약속을 통해 말씀하셨습니다.

하나님의 맹세의 약속을 받은 다음 사람은 바로 다윗입니다. 다윗에게도 맹세로 약속을 주셨는데, 시편 89장 3-4절에 **"주께서 이르시되 나는 내가 택한 자와 언약을 맺으며 내 종 다윗에게 맹세하기를"** 그 맹세의 내용이 무엇입니까? **"내가 네 자손을 영원히 견고히 하며 네 왕위를 대대에 세우리라"**

즉, 너(다윗)에게서 소위 '다윗의 자손'이라는 대명사로 불릴 한 인물이 태어날 텐데 그의 왕위가 대대로, 이 "대대로"라는 말이 아들, 손자, 증손자… 이렇게 다윗의 후손이 계속 왕이 된다는 의미도 되지만, 그러나 더 궁극적으로는 그 다윗의 자손이 오면 그가 영원히 왕 노릇할 것이라는 의미도 됩니다. 이것이 사도행전 2장 30절에 보면 다윗은 이미 그렇게 이해하고 있었다는 것을 보여줍니다. **"그는 선지자라 하나님이 이미 맹세하사 그 자손 중에서 한 사람을 그 위에 앉게 하리라 하심을 알고"**, 다윗의 자손으로 오실 그 한 분이 영원한 왕이시라는 사실을 다윗이 알고 있었다는 것이죠. 그리고 구약성경 곳곳의 여러 구절들을 통해 '그는 평화의 왕'이며, '그는 모든 나라와 족속과 백성과 방언을 다 함께 통치할 왕'이라는 예언의 말씀이 계속 나옵니다.

이 왕과 관련해서, 사실 민주주의는 인간의 부패성향을 고려할 때, 일인 독재나 권력 세습 등의 폐해를 막기 위해 현존하는 최선의 통치체제인 것은 맞습니다만 가장 좋은 통치체제는 아니에요. 사실 제일 좋은 통치 체제는 백성을 지극히 사랑하는 착한 왕, 그러면서도 모든 것을 공급하고 보호할 수 있는 능력도 있는 왕, 그런 왕이 부패하지 않고 계속 통치하면 그것이 사실 가장 좋은 통치제도 아니겠습니까? 그런데 인간으로서 본성이 부패했기 때문에 그렇게 완벽한 왕은 불가능하지요. 그래서 대안으로 민주주의를 고안한 것입니다. 그러나 완전하신 하나님의 나라는 그것이 가능합니다. 그래서 하나님 나라가 'republic of God'이 아니고 뭐예요? 'kingdom of God'인 것입니다. 하나님은 그렇게 완벽하게 좋으신 왕, 전지전능하신 왕이시니까, 그 왕이 통치하는 나라, 그 나라의 백성이 되면 얼마나 행복하겠습니까?

우리는 지금 행복한 대한민국에 사니까 실감이 잘 안 나지만, 지금 북한에 있는 우리 동포들 생각해보세요. '아, 좋은 왕이 우리 먹을 것도 충분히 주고 완전히 우리를 보호해주는 왕이 와서 통치해주면 얼마나 좋을까.' 안 그러겠어요? 지금 어려운 그 지역에 있는 사람들은 그런 소망을 가지고 있을 것입니다. 그러니까 다윗에게 약속하신 다윗의 자손, 그 영원한 왕이 바로 그런 왕이시라는 것입니다. 그래서 그분이 언제 오시나 기다리고 있는데 마태복음에서 신약성경 시작하는 첫마디로 '바로 그 왕, 그 다윗의 자손이 오셨다. 그 분이 바로 예수 그리스도'라고 선언하고 있는 것입니다. 그것이 마태복음 1장 1절입니다. 그리고 중요한 것이 그가 오시는 이유, 바로 땅의 모든 족속을 복 받도록 하기 위해서 땅의 모든 사람들을 다 구원으로 인도하시기 위함이라는 사실입니다. 단순히 이스라엘 자손, 유대인들만이 아니라 이 땅의 모든 족속들을 위해 오신 것입니다. 한 족속도 소외됨이 없어야 합니다. 그러니 그 사실을 그 모든 족속들이 알아야 합니까? 몰라야 합니까? 그것을 알려야 하겠습니까? 입 다물고 있어야 하겠습니까? 만약에 그랬으면 복음에 대해 이방인이었던 우리 모두 지금까지 그 사실을 전혀 모르고 있었겠지요. 그것은 최악의 불행입니다. 인생과 생명을 걸고서라도 증거하고 전해준 우리 신앙의 선배들이 계셨기 때문에 우리도 누리고 또 증거할 수 있는 줄 믿습니다.

3. 예수님의 족보를 통해 말씀하고 있습니다.

모든 나라와 열방을 위한 왕이심을 더욱 뒷받침해주는 것이 본문 마태복음 1장 1절의 족보 속에 있어요. 그 족보 속에 유독 도드라지게 보이는 것이 바로 네 명의 여인들입니다. 다말, 룻, 라합, 밧세바… 이 여인들이 예수님의 족보에는 왜 들어갔을까요? 언뜻 보면 다들 부정한 사연들이 있는 여인들인 거 같은데 어찌 예수님의 족보에 들어간 것인지 의아합니다. 그런데 이들의 공통점은 다름 아닌 다 이방 여인들이라는 것입니다.

보통 우리가 밧세바는 이방 여인인지 잘 모르시는데, 이 사람은 성경[1]에 보면 나중에 압살롬과 함께 반역하게 되는 아히도벨의 손녀인 것을 알 수 있습니다. 이 아히도벨이 사무엘하 15장 12절에 "길로 사람"이라고 되어 있습니다. 보통 이스라엘 사람이면 '어느 지파 누구'라고 하지만, 이방인인 경우 대체로 그 출생지를 따라서 그 이름을 불렀습니다. 길로 사람 아히도벨 역시 가나안 원주민으로 이방인이고, 고로 밧세바 역시 이방인의 혈통인 것입니다. 그렇게 4명 모두 이방 여인들인 것입니다. 이방인이지만, 이 여인들을 예수님의 족보에 참여시키고 이들도 함께 하나님의 구원 백성의 무리에 편입시키는 것입니다.

그러니까 이 4명의 여인들이 예수님의 족보에 왜 들어갔느냐? 바로 예수님이 이스라엘 사람만을 위해서 오신 것이 아니라 열방의 민족들도 그 나라의 구성원으로 받으시는, 더 나아가 열방을 위해서 오신 분이라는 것을 알려주시는 대목인 것입니다. 그렇

(1) 삼하 11:3, 삼하 23:34

기 때문에 이스라엘 사람들이 자신들만이 선민이며, 하나님의 백성이라고 주장하는 것은 어불성설입니다. 하나님은 어느 시대이든지 아직 그 복을 알지 못하고 누리지 못하는 그야말로 미전도종족들을 위해 오신 것이고, 먼저 이 복을 소유했던 이스라엘 백성들을 통해 또, 세월이 지난 저와 여러분을 통해서 그 미전도종족들에게 나아가게 하시는 것입니다. 예수님께서 친히 복으로 이 땅에 오신 것처럼 복의 통로로서 미전도종족에게로 나아갈 책임이 이 시대에 우리에게 주어진 것입니다.

이제 말씀을 맺습니다. 예수님의 성육신은 선교적인 사건입니다. 이 예수 그리스도께서는 이스라엘 백성, 유대인들만의 메시아로 오신 것이 아니라, 구약 성경 전체에서 예언하듯 열방을 위해, 모든 나라와 민족들을 구원하시기 위해 오신 하나님의 아들, 곧 하나님이셨습니다. 신약성경이 기록된 언어조차 유대인의 히브리어가 아닌 당시 이방인들이 읽을 수 있는 공용어였던 헬라어였습니다. 결국 이방인들이 이 성경을 읽도록 주신 것입니다. 이제 온 세상이 이 예수님의 탄생을 기념하고 있지만, 그들에게 진정한 복음, 진정한 성육신의 의미는 갈수록 퇴색되어가는 것 같습니다. 우리도 그 열방의 빛으로 오신 예수 그리스도를 알고 누렸듯이 이 땅과 열방의 수많은 미전도종족들에게 이 복음의 빛이 전해지도록 헌신하는 생애들 다 되시기를 축원합니다.

"나사렛"이라는 단어는 히브리어로 'נצרת', '네차레트'인데, 이는 이사야 11장 1절 "이새의 줄기에서 한 싹이 나며 그 뿌리에서 한 가지가 나서 결실할 것이요"에서 "가지", 히브리어로 'נצר', '네체르'와 어근이 같습니다. 그런데 이 '네체르'가 '나사렛 사람'이라는 의미도 있어 마태복음 2장 23절에 언급되고 있는 것입니다. 즉 이새의 줄기에서 나는 한 싹은 다윗이고, 그 뿌리에서 나는 한 가지가 곧 예수이시며, 여기 예수님을 상징하는 한 '가지'와 '나사렛 예수'라 불리시는 '나사렛'이 의미적으로뿐만 아니라, 언어 음가적으로 연결되면서 이사야 11장의 메시아와 그 구원에 대한 예언이 예수를 가리키는 것임을 확인하게 됩니다.

- '성육신하신 예수님은 선교하는 하나님이시다' 본문 중에서 -

성육신하신 예수님은 선교하는 하나님이시다

> [6]또 유대 땅 베들레헴아 너는 유대 고을 중에서 가장 작지
> 아니하도다 네게서 한 다스리는 자가 나와서 내 백성 이스
> 라엘의 목자가 되리라 하였음이니이다 [23]나사렛이란 동네
> 에 가서 사니 이는 선지자로 하신 말씀에 나사렛 사람이라
> 칭하리라 하심을 이루려 함이러라
> - 마 2:6, 23 -

> [6]모든 육체가 하나님의 구원하심을 보리라 함과 같으니라
> - 눅 3:6 -

　　우리 시대에 가장 널리 알려진 선교훈련 교재인 'Mission Perspectives'의 1과 제목은 "살아계신 하나님은 선교하는 하나님이시다."입니다. 이는 성경이 우리에게 계시하시는 하나님의 존재하심을 여러 가지로 설명할 수 있지만, 성경 전체의 일관된 메시지를 고려할 때 근본적으로 하나님은 그 죄로 말미암아 죽은 인생들을 구원하시기 위한 계획을 가지고 이를 실행하시는, 곧 '선교하는 하나님'이시라고 선언하는 것입니다.

같은 맥락에서 우리가 성경을 통해 하나님의 독생자요, 그 근본 본체가 동일하신 하나님이심을 믿음으로 고백하는 우리 주 예수 그리스도께서는 어떠하실까요? 당연히 동일하신 하나님이시므로 예수 그리스도께서도 역시 '선교하는 하나님'이실 것입니다. 그래서 오늘 살펴볼 예수 그리스도의 탄생과 그 성장에 관한 성경 말씀을 통해, 우리는 바로 예수님이 열방을 구원하시기 위해 오신, 곧 선교하기 위해 오신 예수 그리스도이심을 확인하게 될 것입니다.

우리가 일반적으로 예수님의 '탄생'이라고 말하지만, 사실 예수님은 단순히 태어나신 것이 아니라 하나님께서 목적을 가지고 이 땅에 인간의 모습으로 오신 것이기 때문에, 신학적으로 강생[1](降生) 또는 성육신(成肉身)이라는 용어가 더 정확한 표현이라고 할 수 있습니다.

1. 예수님의 탄생 시점

먼저 예수님의 탄생 시점으로 넘어 가겠습니다. 마태복음 2

---

[1] (영)incarnation, (라)incarnatio; 성령으로 마리아에게 잉태되시어 신성(神性)을 지닌 채 인성(人性)을 취하신 사건

장은 예수님의 탄생의 기사를 기록하고 있습니다. 여기서 우리가 예수님 탄생의 선교적 목적성을 볼 수 있는 대목이 2군데 있는데, 먼저 첫 번째는 예수님의 출생지와 관련된것입니다.

본문 1절에서 보듯이 예수님은 베들레헴이라는 작은 고을에서 탄생하셨습니다. 그런데 이 출생지에 대한 예언이 이미 구약성경에 나와 있었던 것이죠. 4절에 헤롯왕이 모든 대제사장과 서기관들에게 그리스도가 어디서 나겠는지 묻습니다. 그러자 5절에서 그들은 유대 베들레헴이라고 대답하면서, 6절에서 그 근거로 미가 5장 2절 이하의 말씀을 제시합니다. **"또 유대 땅 베들레헴아 너는 유대 고을 중에서 가장 작지 아니하도다 네게서 한 다스리는 자가 나와서 내 백성 이스라엘의 목자가 되리라 하였음이니이다"** 하나님께서 미가 선지자를 통해 이미 다윗의 고향이었던 베들레헴을 지목하시면서 그곳에서 그리스도 즉 메시아의 나심을 예언케 하셨던 것입니다.

그런데 마태복음 2장에서는 메시아의 출생지와 그가 이스라엘의 목자가 될 것이라는 말씀만 언급하고 있습니다. 여기서 출생지도 중요하지만, 그보다 더 중요한 것은 그 베들레헴에서 날 그리스도께서 어떤 분이신지에 관한 이야기입니다. 사실 헤롯이 자기 왕권의 위협을 느껴 그를 제거할 심산으로 그리스도가 어디서 날지에 대해서만 궁금했지 정작 그가 어떤 분인지에 대해서는 묻지 않았던 것이 실수였습니다. 왜냐하면 미가 선지자의 예언에는 그리스도의 출생지뿐 아니라, 그가 도대체 누구인지 또 얼마나 엄청난 분이신지도 예언하고 있기 때문입니다.

미가 5장의 다른 내용은 마태복음 2장 6절의 내용과 같습니다. 그런데 미가 5장 2절 말미에 "**그의 근본은 상고에, 영원에 있느니라**"라고 말씀하고 있습니다. 이전 개역한글 성경에는 이 대목을 "상고에 태초에니라"라고 되어 있습니다. "상고에"라는 말은 '아주 오래 전에'라는 뜻이고, 이를 부연하면서 "태초에" 또는 "영원에"라고 표현하고 있는 것입니다.

> 2 베들레헴 에브라다야, 너는 유다 족속 중에 작을지라도 이스라엘을 다스릴 자(**왕**)가 네게서 내게로 나올 것이라. 그의 근본은 상고에, 영원에 있느니라(**영원성**) 4 그가 여호와의 능력(**전능**)과 그의 하나님 여호와의 이름의 위엄(**권위와 영광**)을 의지하고 서서, 목축하니(**목자**) 그들이 거주할 것이라. 이제 그가 창대하여 땅 끝까지 미치리라(**통치의 영역**) 5a 이 사람은(**우리의**) 평강이 될 것이라(**통치의 성격; 평화**). 미 5:2 ,4, 5a

이 중 어느 쪽을 택하든 일반적으로 생각하는 사람을 상정한 표현은 아님을 쉽게 알 수 있지요. 우리가 창조 기사를 통해 태초에 계셨던 이는 하나님뿐이심을 생각한다면, 또 시간을 초월한 영원의 범주에서 존재를 논할 수 있는 분 역시 하나님뿐이심을 생각한다면 지금 이 예언의 말씀에서 가리키는 분이 누구인지 금방 유추할 수 있는 것입니다.

뿐만 아니라, 미가 5장 4절 말미와 5절 첫 부분에서는 "**이제 그가 창대하여 땅 끝에까지 미치리라 이 사람은 평강이 될 것이라**"라고 예언하고 있습니다. 이 부분은 왕이 되실 그리스도의 통치 영역이 어디까지인지 말씀하는 대목인데, "땅 끝에까지"라고 말씀합니다. 이것은 온 세상을 의미하는 것이죠. 게다가 그의 통치는 "평강"이라고 말씀합니다. 힘으로 정복하고 굴복시키는 통치가 아니라 땅 끝까지 이르러 평강으로 다스린다는 의미입니다.

결국 헤롯이 기껏 자신의 작은 분봉지의 권력을 지켜보겠다고 전전긍긍하며 어찌 해보려 했던 그리스도는 그냥 왕이 되기로 예언된 어떤 운명의 사람이 아니라, 태초부터 영원까지 계시며, 온 세상 땅 끝까지 지으신, 그래서 무력으로 빼앗을 필요 없이 당연한 주권으로서 평강으로 다스리시는 존재, 바로 우리가 아는 바 하나님이신 예수 그리스도이셨던 것입니다.

만약 헤롯이 이같은 그리스도의 근본과 그 통치에 대한 이야기까지 제대로 다 들었다면, 어쩌면 그 수많은 어린 생명들이 헤롯의 잔인무도함에 희생당하지 않아도 되었을지 모릅니다. 그래서 성경은 알되 전체의 맥락에서 제대로 알아야 하는 것입니다. 미가 선지자는 그리스도로 오신 예수님이 온 열방과 세계를 평강으로 회복시키시고 다스리실 왕이라고 예언했습니다. 그것이 역사의 진실이며, 예언의 실체였습니다. 결국 이 예언 역시 예수 그리스도의 오심이 열방을 향한 선교의 목적 때문임을 말씀하고 있는 것입니다.

다음은 예수님의 탄생을 축하한 사람들에 관한 것입니다. 먼저 마태복음 2장에서는 우리가 잘 아는 '동방박사들'이 등장합니다. 정확하게는 1절에 "··· **동방으로부터 박사들이···**"라고 기록되어 있습니다. 이들은 유대 땅으로부터 동쪽, 일반적으로 바벨론이나 아라비아로 추정되는 지역에서 온 별을 연구하는 점성가들이었을 것이라고 추정합니다. 그러니 그들은 이방인들이었습니다. 이방인인 그들에게 예수 그리스도의 탄생을 알리는 별이 보였고, 그들은 그 별의 주인공, 유대인의 왕으로 나신 이에게 경배하러 온 것입니다.

성경에 기록된 그들의 말만으로는 그들이 구약 선지자들에

의해 예언된 메시아를 어떻게 알았는지 정확히 알 수는 없습니다. 그러나 이들이 그 시절에 그 먼 곳에서부터 기이한 별 하나만 보고 메시아의 탄생을 축하하기 위해 오지는 않았을 것입니다. 마태복음 2장 2절에 그들이 **"유대인의 왕으로 나신 이가"**라고 말하는 것으로 미루어 볼 때, 그들은 그 기이한 별을 연구하는 과정에서 성경에 기록된 메시아 예언에 대해 알게 되었고, 그 유대인의 왕이 장차 자신과 같은 이방인들을 포함한 온 열방을 구원하실 것임을 알게 되었을 것입니다. 그러한 의미에서 그들은 단순히 타국왕의 탄생을 축하하는 외교사절 같은 개념이 아니라, 모든 나라 열방의 왕으로 오신 그리스도의 궁극적 백성으로서 그 왕에게 경배하기 위해 온 것이라 할 수 있습니다.

누가복음 2장에는 당시 아무도 몰랐지만, 특별한 계시를 통해 예수 그리스도의 탄생을 알고 축하한 사람들이 또 있었는데, 그들은 "목자들(눅 2:8)"이었습니다. 목자들에게 주의 사자가 나타나 **"보라 내가 온 백성에게 미칠 큰 기쁨의 좋은 소식을 너희에게 전하노라 오늘 다윗의 동네에 너희를 위하여 구주가 나셨으니 곧 그리스도 주시니라(눅 2:10-11)"**라고 예수 그리스도의 탄생 소식을 전합니다. 그러면서 때 아닌 천군천사의 하나님 찬양이 시작되면서, **"지극히 높은 곳에서는 하나님께 영광이요 땅에서는 하나님이 기뻐하신 사람들 중에 평화로다(눅 2:14)"**라고 선포하는 것을 보게 됩니다.

여기서 우리가 주목할 것은 14절입니다. "땅에서는"이라는 표현은 그저 유대인의 땅, 이스라엘 땅만을 의미하는 것이 아니라, 모든 세계를 다 포함하는 앞선 "지극히 높은 곳에서는"과 대별되는 광범위한 개념입니다. 즉 이 구절 전체적으로는 모든 땅, 모든 나라, 열방 가운데 "하나님이 기뻐하시는 사람들"이 있다는 말씀이 되는 것이고, 여기는 당연히 선교의 대상인 이방인들도 다 포함이 되는 것입니다. 이는 결국 고린도후서 5장 18절 말씀처럼 그러한 사람들 중에 예수 그리스도께서 죄로 인해 깨어진 하나님과의 관계를 다시 화목케 하실 평화의 아들로서 오셨다는 의미가 되는 것입니다. 이 말씀은 스가랴 9장 10절에 시온의 왕이 임하실 것에 대한 예언의 말씀에서 그가 모든 전쟁을 폐하고, "이방 사람에게 화평을 전할 것"이라는 말씀이 성취된 것이기도 합니다.

이 말씀을 들은 목자들은 곧장 베들레헴으로 달려가 열방의 왕, 평화의 왕으로 오신 아기 예수님을 뵙고, 경배하게 되었던 것입니다. 이보다 더 선교적인 목적이 선명한 구절이 어디 있겠습니까? 예수 그리스도는 이스라엘 뿐 아니라, 온 열방, 모든 족속에게 하나님과의, 또 세상 속에서의 참된 화평을 주러 오신 선교의 하나님이신 줄 믿습니다.

누가복음 2장에 한 사람이 또 있습니다. 그는 바로 예루살렘의 시므온이었습니다. 그는 "**의롭고 경건하여 이스라엘의 위로를 기다리는 자**"였고, "**주의 그리스도를 보기 전에는 죽지 아니하리라**(눅 2:26)"라는 성령의 지시를 받았던 사람이었습니다. 드디어 예수께서 이 땅에 탄생하시고, 유대 정결예식을 위해 그 육신의 부모들이 예수님을 데리고 예루살렘에 올라갔을 때, 이 시므온도 성령의 감동으로 성전에 들어가 자신의 소명과도 같은 오신 메시아, 아기 예수님을 뵙게 됩니다. 그때, 그는 30절 이하에서 "**내 눈이 주의 구원을 보았사오니 이는 만민 앞에 예비하신 것이요 이방을 비추는 빛이요 주의 백성 이스라엘의 영광이니이다**(눅 2:30-32)"라는 예수님의 육신의 부모도 놀랄 말씀을 선포합니다.

> ³⁰ 내 눈이 **주의 구원**을 보았사오니 ³¹ 이는 **만민 앞에** 예비하신 것이요, ³² **이방을 비추는 빛**이요. 주의 백성 이스라엘의 영광 이니이다. 하니 **눅 2:30-32**

성령에 감동받은 시므온의 이 소명의 선포를 통해 예수님은 곧 구원이시며, 이는 단지 이스라엘 뿐 아니라 만민 앞에 예비된 것이고, 하나님 없이 어두움 가운데 죽어가는 이방에 비추는 빛으로서 그들도 구원하시기 위해 오신 메시아이심이 선명하게 나타났습니다. 이것이 이스라엘의 영광이 되는 것은 열방의 구원이신 예수 그리스도가 수많은 민족 가운데 이스라엘 역사 속에 오셨기

때문에 이것이 이스라엘에게 세상 어떤 민족보다 영광이 되는 것
이었습니다.

시므온이 이 순간이 오기까지 죽지 않고 결국 이 말씀을 선
포한 것, 그리고 그 말씀이 성경에 기록된 것은 이것이 바로 시므
온의 인생에 주어진 소명이었고, 아무도 주목하지 않는 아기 예수
탄생의 참된 의미를 온 세상 가운데 드러내기 위함이었습니다. 예
수 그리스도는 실로 열방을 구원하시기 위해 선교하는 하나님으
로 오셨습니다.

2. 예수님의 성장 시점

다음은 예수님의 성장기와 연관된 이야기입니다.

예수님의 탄생에 베들레헴이라는 지명이 중요했다면, 예수
님의 성장기에는 "나사렛"이라는 지명이 중요한 의미를 갖습니
다. 마태복음 2장에 보면 헤롯의 위협을 피해 애굽으로 내려갔던
예수님의 가족은 세월이 지나 다시 이스라엘 땅으로 돌아오는데,
꿈에 지시하심을 받아 갈릴리 지방 나사렛으로 갑니다. 이 또한
23절에 **"나사렛이란 동네에 가서 사니 이는 선지자로 하신 말씀**

에 나사렛 사람이라 칭하리라"라고 기록되어 있듯이, 하나님의 예비하심이요, 예언의 성취였습니다.

그런데 이 "나사렛"이라는 단어는 히브리어로 'נצרת', '네차레트'인데, 이는 이사야 11장 1절 "**이새의 줄기에서 한 싹이 나며 그 뿌리에서 한 가지가 나서 결실할 것이요**"에서 "가지", 히브리어로 'נצר', '네체르'와 어근이 같습니다. 그런데 이 '네체르'가 '나사렛 사람'이라는 의미도 있어 마태복음 2장 23절에 언급되고 있는 것입니다. 즉 이새의 줄기에서 나는 한 싹은 다윗이고, 그 뿌리에서 나는 한 가지가 곧 예수이시며, 여기 예수님을 상징하는 한 '가지'와 '나사렛 예수'라 불리시는 '나사렛'이 의미적으로뿐만 아니라, 언어 음가적으로 연결되면서 이사야 11장의 메시아와 그 구원에 대한 예언이 예수를 가리키는 것임을 확인하게 됩니다.

이어지는 이사야 11장 9절에 메시아에 관해 예언하면서 "**물이 바다를 덮음 같이 여호와를 아는 지식이 세상에 충만할 것임이니라**"라고 말씀하는데, 그를 통해 온 세상이 하나님을 충만하게 아는 지식을 얻게 될 것이라고 말씀하는 것입니다. 뿐만 아니라, 10절에 "**그 날에 이새의 뿌리에서 한 싹이 나서 만민의 기치로 설 것이요 열방이 그에게로 돌아오리니 그가 거한 곳이 영화로우리라**"라고 말씀하면서, 그가 만민의 기치, 영어로는 'a banner'

또는 'a signal', 'for the peoples'인데, 우리가 어떤 큰 행사를 할 때 세우는 큰 광고판 또는 큰 깃발처럼 예수가 그와 같이 온 세상 가운데 다 보이도록 세워져서 모든 열방이 다 그를 보게 되고, 그 구원으로 돌아오게 될 것이라고 말씀하는 것입니다. 이 구절을 바울이 로마서 15장 12절에서 **"또 이사야가 이르되 이새의 뿌리 곧 열방을 다스리기 위하여 일어나시는 이가 있으리니, 열방이 그에게 소망을 두리라 하였느니라"**라고 해석하여 인용하고 있습니다.

여기서도 저기서도, 우리가 계속 살펴보고 있는 바와 같이 이 이스라엘 다윗 왕의 가문에서 나시는 메시아 예수는 결코 태생부터 이스라엘만을 위한 존재가 아니고, 예언된 바 처음 계획하심부터 온 세상과 열방을 구원하시기 위한 선교적 목적으로 오신 분이심을 확실히 확인하게 됩니다.

> 그 날에 이새의 뿌리에서 한 싹이 나서 **만민의 기치로 설 것이요 열방이 그에게로 돌아오리니** 그가 거한 곳이 영화로우리 **사 11:10**
> 또 이사야가 이르되 이새의 뿌리 곧 **열방을 다스리기 위하여** 일어나시는 이가 있으리니, **열방이 그에게 소망을 두리라** 하였느니라 **롬 15:12**

3. 예수님의 길을 예비한 세례 요한

마지막으로 그 예수님의 오심에 앞서 이를 준비한 사람이 있었는데, 그가 바로 우리가 잘 아는 세례 요한입니다. 세례 요한은 구약 이사야서나 말라기서에서 메시아의 오심을 예비할 자로 예언된, 어떤 의미에서는 메시아 이전 구약시대의 마지막 선지자라고 할 수 있는 사람입니다. 그러한 그가 한 말에 우리는 주목할 필요가 있습니다.

세례 요한은 누가복음 3장에서 선지자 이사야의 말씀(사40:3-5)을 인용하는데, 그 말씀은 메시아에 관한 예언의 말씀이었지만, 어떤 면에서는 바로 자신의 사명과 사역에 대한 말씀이기도 했습니다. 우리가 주목할 것은 그 중 6절인데요. 여기서 그는 **"모든 육체가 하나님의 구원하심을 보리라"**라고 말합니다. 그런데 그 인용 출처인 이사야 40장 5절에서는 **"하나님의 영광이 나타나고, 모든 육체가 그것을 함께 보리라"**라고 되어 있습니다.

이사야 40:5의 인용, 누가복음 3:6

여호와의 영광이 나타나고 모든 육체가 그것을 함께 보리라 **사 40:5**

모든 육체가 **하나님의 구원하심을** 보리라 **눅 3:6**
(all mankind will see God's salvation)

이사야 40장, 이 본문을 문자 그대로 이해하자면, 여호와께서 이스라엘, 궁극적으로는 인류의 구원을 위해 임하실 것인데, 이 말씀을 듣는 자들은 그 길을 예비하라는 말씀입니다. 그러면서 여호와께서 임하시면 그의 영광이 나타날 것이고, 그러면 모든 육체, 영어 번역에는 all mankind 즉, 모든 인류가 그것을 보게 될 것이라고 예언한 것입니다. 그런데 누가복음 3장에서 세례 요한은 이 '여호와의 영광' 대신에 '하나님의 구원하심'이라고 바꿔 말하고 있는 것이죠. 지금 세례 요한이 임의적으로 말씀을 바꿔 버린 것이냐? 생각할 수 있지만, 그렇지 않습니다. 이제 그것을 살펴보겠습니다.

세례 요한이 친절하게 잘 풀어 설명하지 않았는지, 아니면 세례 요한은 풀어서 설교했는데 이 누가복음의 저자 누가가 중요한 대목만 발췌해서 기록한 것인지 모르나, 주어진 본문만으로는 왜 두 말씀이 다른지 정확히 알 수 없습니다. 하지만 두 말씀의 행간의 의미를 잘 따져보면 여기 아주 중요한 구속사적 관점, 특히 이 구약 예언과 예수님을 연결하여 미래로 나아가는 세례 요한의 엄청난 신학적 이해가 함축되어 있음을 알게 됩니다.

자, 지금 세례 요한은 구약예언과 누가복음의 맥락상 누구의 길을 예비하는 사명을 가지고 이 말씀을 선포하고 있는 것입니까? 네, 메시아 곧 예수 그리스도이십니다. 그러니까 이 이사야 40장 5절과 누가복음 3장 6절 사이에 예수님을 놓고 보면 그 관계가 풀리게 됩니다. 이사야 40장에서 '하나님의 영광'이라고 되어 있는데, 이 '영광'이 무엇입니까? 더 정확하게, 이 영광이 무엇의 결과로 나타나는 것입니까? 바로 말씀대로 하나님이 오셔서 임재하시는 결과, 사람들이 보게 되는 하나님의 반영인 것이죠. 다만 그것이 사람으로서는 설명할 수도 감당할 수도 없는 것이기 때문에 '영광'이라는 다소 추상적 표현으로 갈음하는 것입니다. 그런데 누가복음 3장은 이 '영광'을 '구원하심'으로 대체하고 있는 것이죠. 세례 요한은 어떻게 하나님의 임재의 결과 나타나는 그 '영광'을 곧장 '구원하심'으로 연결할 수 있었을까요?

주 안에 사랑하는 여러분, 예수님이 누구십니까? 예수님은 곧 하나님이십니다. 하나님이신데, 인간의 몸으로 '오신 하나님'이시지요. 여기서 이사야 40장 말씀대로 하나님이 오신 것입니다. 어떻게요? 인간의 몸, 즉 '예수님'이라는 사람 수준에서도 인지할 수 있는 가시적 실체로 오신 것입니다. 그래서 이사야가 예언한 그 하나님의 임재의 결과로 보이는 '여호와의 영광'은 하나님의 실체이신 예수 그리스도께서 오심으로 이제 역사에 나타나게 되었습니다.

그런데 그 하나님의 영광이 이제 나타나야 했는데, 그 '영광'이라는 말에 걸맞게 화려하거나 웅장하게 오신 것이 아니라, 우리와 다를 바 없이 동일한 인간의 몸으로 전혀 영광스럽지 않게, 심지어 말구유에 초라한 모습으로 오신 것이죠. 이사야 53장 2절의 예언처럼 **"고운 모양도 없고 풍채도 없은즉 우리가 보기에 흠모할 만한 아름다운 것이 없"**었던 것입니다.

그래서 세례 요한은 하나님이 오시는 그 임재의 결과가 인간의 몸으로 오신 예수 그리스도로 나타나야 하는데, 그 예수 그리스도의 이 땅에 나타나심이 어떤 의미인지 이사야 40장을 통해 통찰합니다. 이사야 40장은 후반부 말씀의 맥락을 이해할 때, 하나님이 그 포로 되었던 백성 이스라엘의 역사적 구원 뿐 아니라, 온 인류의 구원까지 이루시기 위해 이 세상에 임재하실 것임을 말씀하고 있지요.

결국 세례 요한은 이사야 40장 예언대로 자기 시대에 실제로 오신 예수님의 강생, 성육신의 목적이 온 인류를 구원하시는 것임을 보았던 것입니다. 그래서 그 예수님께서 오셔서 이제 실행하시고, 그 결과 온 세상이 누리게 될 그 구원하심, 바로 그것이 바로 여호와의 '영광'의 진정한 실체로 보았던 것입니다. 그래서 그 통찰의 결과가 바로 누가복음 3장 6절, **"모든 육체가 하나님의 구원**

하심을 보리라"로 선포되었던 것이죠.

하나님의 임재(구약 예언) = 예수님의 성육신(신약 성취)

▼

여호와의 영광**(사40:5)** = (예수로 말미암는) 구원하심**(눅3:6)**

그러니까 이러한 통찰의 과정을 통해, 세례 요한의 누가복음 3장 6절은 이사야 40장 5절과 같은 말을 다르게 한 것입니다. 아무도 예수가 누구인지, 그가 왜 태어났는지 아무도 모를 그 시점에 세례 요한의 이 통찰과 선포는 실로 엄청난 것이었고, 구약의 모든 메시아 예언이 이 말씀을 관통하며 역사적으로 성취됨이 드러나는 순간이었습니다.

그렇습니다. 예수님이 오심이 곧 구원이었기 때문에, 그에게는 예수님을 보는 것 자체가 곧 모든 인류의 구원하심을 보는 것과 같았습니다. 그런데 여기서 또 하나 중요한 것은 그 대상이 그저 이스라엘 백성이 아니라, "모든 육체", "all mankind", 즉 모든 인류와 열방을 향한 구원하심이라는 것입니다.

결국 이것이 무엇입니까? 바로 오늘날 우리가 말하는 '선교'

인 것이죠. 예수님의 오심은 이스라엘 뿐 아니라 모든 이방인들까지 다 아우르는 그야말로 모든 인류, 열방을 향한 선교를 이루시기 위함이었습니다. 결국 이 땅에 오신 예수님은 곧 선교하는 하나님이셨던 것입니다.

예수님은 선교를 위해 오신 하나님이시다.

지금까지 살펴본 바와 같이 예수님은 그 탄생부터 과거 구약 선지자들이 예언하고, 소망하였던 메시아 곧 그리스도이셨습니다. 이렇게 예언된 메시아 예수는 그저 그가 나신 이스라엘 나라와 유대 민족만을 위해 오신 이스라엘만의 메시아가 아니라, 그 예언의 구절구절에서 말씀하시는대로 온 땅과 열방을 구원하시기 위해 오신 선교하는 하나님이신 줄 믿습니다. 또한 예수님이 이 땅에 인간으로 오심으로 온 땅과 열방까지 이르는 선교가 시작되었고, 지금도 그 부르신 충성된 종들을 통해 선교의 남은 과업이 완수될 때까지 선교의 주인으로서 역사하고 계심을 믿습니다. 이 믿음으로 다시 한 번 굳건히 예수 복음, 예수 선교를 분명히 하여 우리 각자에게 맡겨진 선교의 사명을 온전히 감당하시는 저와 여러분 다 되시기를 주님의 이름으로 축복합니다.

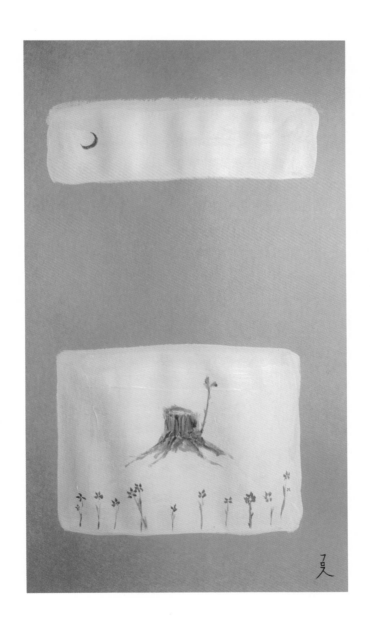

성경이 기록하고 있는 예수님의 사역 장소와 관련된 선교적 메시지는 공생애 시작 때뿐만 아니라, 이후 예수님의 사역 속에 여러 차례 나타나고 있습니다. 물론 대놓고 이방 선교를 하셨다고 말씀하지는 않지만, 예수님은 궁극적으로 모든 민족에게 복음이 전파되도록 하기 위해 제자들에게 이방 선교에 대한 경험과 훈련을 시키셔야 했습니다. 복음서에 예수님께서 이방 땅을 방문하고 이방인들과 접촉해서 구원하시고, 복음을 전하시는 장면들은 대부분 제자들을 위한 모범, 즉 훈련 목적인 경우가 많았습니다.

- '예수님의 '장소'가 주는 선교적 메시지' 본문 중에서 -

복음서 03

예수님의 사역 '장소'가 주는 선교적 메시지

> ^{12} 예수께서 요한이 잡혔음을 들으시고 갈릴리로 물러가셨다가 ^{13} 나사렛을 떠나 스불론과 납달리 지경 해변에 있는 가버나움에 가서 사시니 ^{14} 이는 선지자 이사야를 통하여 하신 말씀을 이루려 하심이라 일렀으되 ^{15} 스불론 땅과 납달리 땅과 요단 강 저편 해변 길과 이방의 갈릴리여 ^{16} 흑암에 앉은 백성이 큰 빛을 보았고 사망의 땅과 그늘에 앉은 자들에게 빛이 비치었도다 하였느니라 ^{17} 이 때부터 예수께서 비로소 전파하여 이르시되 회개하라 천국이 가까이 왔느니라 하시더라
>
> - 마 4:12~17 -

일반적으로 어떤 공직자가 취임 후 처음 찾는 곳은 그 공직으로 부름 받은 자로서 본인이 중요하게 여기는 것이 무엇인지 대중에게 알리는 상징적인 의미로 해석되기도 합니다. 과거 노무현 대통령 시절, 임명된 허준영 경찰청장은 취임식 날, 그 옆에 헬기를 대기시켜 두었다가 취임식을 마치자마자 그 헬기를 타고 독도를 방문했습니다. 이분이 취임식 날 왜 독도를 방문했을까요? 그

것은 독도는 엄연한 대한민국 영토이고, 자신은 대한민국의 치안을 책임지는 경찰 총수로서, 독도 역시 자신의 직무 범위 안에 있음을 확실히 하는 책임의식을 공표한 것이라 할 수 있습니다. 어떠한 중요한 일이 어디에서 이루어지는가 하는 것은 매우 중요한 의미를 갖습니다.

그러면 하나님 나라의 가장 중요한 임무를 위해 오신 예수님께서는 과연 어디에서 공생애 사역을 시작하셨을까요?

1. 공생애 시작 : 가버나움

마태복음 4장은 예수님께서 공생애를 처음 시작하실 때의 상황들을 기록하고 있습니다. 1-11절에는 예수님이 공생애를 시작하시기에 앞서서 유대 광야에서 마귀의 시험을 말씀으로 물리치시는 장면이 나옵니다. 시험 후 예수님은 세례요한이 잡혔음을 들으시고 갈릴리로 물러가셨다가 13절에 갈릴리 나사렛을 떠나 **"스불론 납달리 지경 해변에 있는 가버나움에 가서 사시니"**라고 되어 있습니다. 마태는 이를 두고 구약 이사야서 9장 1-2절의 메시아에 관한 예언을 이루기 위함이라고 언급하면서 15-16절에서 그 말씀을 인용하고 있습니다.

¹⁴ 나사렛을 떠나 **스불론과 납달리 지경** 해변에 있는 **가버나움**에 가서 사시니 이는 선지자 이사야를 통하여 하신 말씀(**사 9:1-2**)을 이루려 하심이라 일렀으되 ¹⁵ 스불론 땅과 납달리 땅과 요단 강 저편 해변 길과 **이방의 갈릴리여** ¹⁶ **흑암에 앉은 백성**이 **큰 빛**을 보았고 **사망의 땅과 그늘에 앉은 자들**에게 **빛**이 비치었도다 하였느니라 **마 4:14-16**

예수님의 공생애 시작과 관련해서 이 말씀을 기억하는 분들은 아마 별로 없으실 것입니다. 더욱이 이어서 나오는 내용이 여러분 잘 아시는 예수님께서 **"내가 너희를 사람을 낚는 어부가 되게 하리라"**라는 말씀으로 제자들을 부르시는 장면입니다. 이 말씀이 워낙 유명해서 그 앞에 예수님의 공생애가 어디에서 시작되었는지 그 의미가 무엇인지 기억하기는 쉽지 않을 수 있습니다. 그러나 오늘 성경은 예수님의 공생애 사역의 시작이 북쪽 변방의 가버나움이었음을 분명히 밝히고 있습니다. 이는 과거 이스라엘 역사에서 혹독한 압제와 재난을 당하며 소외되었던 "스불론과 납달리, 요단 강 저편 해변 길" 땅은 물론, "이방에 속한 갈릴리" 땅까지 아우르며, "흑암과 사망, 그늘에 앉은 자"들에게 "빛"이 될 것이라는 구약 메시아 예언이 확실히 이루어지는 것이었습니다.

특히 갈릴리 북서 해안에 위치한 당시 가버나움은 어업이 번창하는 동서상업의 요충지로서 세관과 로마군대가 주둔하고 있어서 이방인들의 왕래와 거주가 많았던 곳이었습니다. 오늘 우리는 가버나움의 바로 이러한 사실에 주목할 필요가 있습니다. 모든 구약 성경이 예언한 메시아, 예수님께서 이 역사적인 공생애 사역을 시작하신 곳이 다들 예상할만한 유대 예루살렘이 아니라 역사적으로 소외되고, 또 이방사람들이 많은 의외의 장소였다는 것은 시사하는 바가 큽니다. 이는 앞서 말씀드렸던 공직자의 예처럼 성육신 하신 예수님이 이 공생애 사역을 통해 이루고자 하시는 공적인 목표가 무엇인지 보여주시는 매우 중요한 사안이라 할 수 있습니다. 그렇기 때문에 하나님께서 구약 이사야를 통해 미리 이 일을 예언하게 하셨던 것이죠.

자, 어떤 의미에서 의외의 장소, 이 곳 갈릴리 가버나움 지역에서 예수님께서 처음 선포하신 말씀은 무엇이었습니까? 바로 마태복음 4장 17절 말씀입니다.

이 때부터 예수께서 비로소 전파하여 이르시되 회개하라 천국
이 가까이 왔느니라 하시더라 **마 4:17**

여기서 말하는 '이 때'는 앞에서 언급되었듯이 갈릴리 가버나움 지역에 가서 사시면서부터를 의미합니다. 바로 그 때, 거기

에서부터 비로소 천국 복음을 선포하시면서 공생애 사역을 시작하신 것입니다. 그렇다면 예수님의 공생애 첫 메시지를 들은 사람은 누구였습니까? 이미 앞에서 이 가버나움 지역에 대해 살펴보았듯이, 그 말씀을 들은 이들은 유대인들만이 아니었을 것입니다. 성경이 직접 이방인들을 드러내서 지목하지는 않았지만, 사람의 몸으로 이 땅에 오신 하나님, 곧 메시아 되신 예수님의 최초 복음 선포 현장에는 분명히 수많은 이방사람들이 함께 있었고, 그들도 차별 없이 함께 그 역사적인 복음을 직접 들었을 것입니다. 본문에서 이사야 예언의 의미도 그러하고, 또 그 예언대로 실제로 그곳이 특별히 이방 사람들이 많이 공존하는 지역이었음에도 불구하고, 직접 명시적으로 그곳의 이방 사람들을 복음증거의 대상으로 드러내지 않는 것은 무엇 때문일까요? 그것은 아마도 복음서 다른 부분들에서도 예수님께서 직접 드러나게 이방 사람들을 대상으로 복음을 전하시거나, 이방 사람들을 구원의 대상으로 선포하시는 것을 상당히 절제하셨던 것으로 보이는 것과 동일한 이유였을 것입니다.

사도행전 1장 8절에서 예수님께서 말씀하신 **"예루살렘과 온 유대와 사마리아와 땅 끝까지 이르러"**라는 복음전파와 선교의 전략적 진행 과정을 전제로 생각할 때, 비록 본문에서도 이사야 예언이 예수님 사역의 궁극적 방향을 제시하고 있지만, 예수님의 공생애와 구원 사역의 시작은 우선 먼저 말씀을 소유한 유대인들과 유대 땅이었기 때문에 당시 유대의 민족적, 종교적 정서가 고려된 것이라 볼 수 있는 것입니다.

그럼에도 불구하고, 예수님의 본심과 깊은 관심은 공생애 시작 때부터 유대인 뿐 아니라, 이방 사람들과 온 세계로까지 이미 향해 계셨습니다. "나는 유대인과 이방인 모두를 구원하기 위해 왔다!"라고 대놓고 말씀하시지는 않으셨지만, 예수님의 공생애 첫 행보와 첫 메시지 선포의 장소가 그것을 충분히 설명해주고 있습니다. 메시아는 유대인'만'을 위해 오신다고 믿었던 당시 유대 사회에서 참 메시아이신 예수 그리스도의 첫 공식 사역이 이루어진 장소가 유대의 중심 예루살렘이 아니었다는 것도 의외의 일이지만, 정작 그 장소가 이렇게 유대중심적 사고에서 볼 때 변방, 그것도 온갖 이방인들이 섞여 있는 그런 곳이었다는 사실은 그 자체만으로도 주목할 만한 충분한 가치가 있는 사건이었습니다. 비록 직접적인 언급 없이 스윽 지나치듯 기록하고 있지만, 그것은 당시 상황에서 전략상 그렇게 할 만 했고, 지금은 이 사실을 밝히 드러내서 그 의미와 목적을 우리가 알고 새길 필요가 있습니다. 살아 계신 하나님이 선교하는 하나님이시듯, 육신으로 오신 하나님, 곧 예수 그리스도께도 이방인들과 열방을 향한 선교의 계획이 처음부터 다 있으셨던 것입니다.

2. 단지 두 사람을 위해 : 가다라

성경이 기록하고 있는 예수님의 사역 장소와 관련된 선교적 메시지는 공생애 시작 때뿐만 아니라, 이후 예수님의 사역 속에 여러 차례 나타나고 있습니다. 물론 대놓고 이방 선교를 하셨다고 말씀하지는 않지만, 예수님은 궁극적으로 모든 민족에게 복음이 전파되도록 하기 위해 제자들에게 이방 선교에 대한 경험과 훈련을 시키셔야 했습니다. 복음서에 예수님께서 이방 땅을 방문하고 이방인들과 접촉해서 구원하시고, 복음을 전하시는 장면들은 대부분 제자들을 위한 모범, 즉 훈련 목적인 경우가 많았습니다.

마태복음 8장에 나오는 일련의 사건들은 예수님의 복음전파와 대속사역은 물론, 제자들을 훈련시키시는 아주 잘 짜여진 훈련 스케줄이 포함되어 있습니다. 전반부에는 나병환자와 백부장의 하인, 베드로의 장인 등 병자들을 고치시는 장면이 나옵니다. 그런데 그렇게 계속 사람들의 병을 고치시는가 싶더니, 18절에 **"무리가 자기를 에워싸는 것을 보시고 건너편으로 가기를 명하시니라"**라고 되어 있습니다. 상식적으로 생각할 때, 한 사람이라도 더 만나서 그 병을 고치고, 전도하면 더 많은 사람을 구원할 수 있는 좋은 기회인데, 예수님은 그렇게 하지 않으십니다. 그래서 예수님은 거기를 피해 강 건너편으로 가자고 하십니다. 예수님께는 또 다른 계획이 있으셨던 것입니다.

강을 건너가는 길에 갑자기 거센 풍랑을 만나게 됩니다. 어부 출신인 제자들조차 감당하기 힘든 풍랑 앞에 제자들은 그제야 25절에 **"주여 구원하소서 우리가 죽겠나이다"**라고 예수님을 깨우며 간청하고, 깨어나신 예수님은 **"어찌하여 무서워하느냐 믿음이 작은 자들아"**하시면서 책망하시면서 사나운 풍랑을 잠잠케 하셨습니다. 예수님의 "믿음이 작은 자들아" 이 말씀이 무슨 의미입니까? 지금 그들이 가는 길이 어떤 길인데, 그깟 풍랑이 아무리 사나운들 그들이 정말 죽겠습니까? 그들은 지금 예수님의 사역과 훈련 시간표 안에 그 배를 타고 다음 스케줄을 위해 강을 건너고 있습니다. 게다가 그 와중에도 주무시고 계신 주님을 보면서 그 상황의 실체에 대한 믿음의 안목이 있었어야 하는데 그들에게 이것이 없었다는 의미입니다.

우리는 주님의 뜻에 순종해서 선교지에 왔고, 그 뜻대로 가는 길이고, 그 길에 예수님이 동행하시는 것을 우리가 압니다. 그러나 그럼에도 불구하고 풍랑이 일 때가 있습니다. 그때 우리는 이 제자들처럼 두려워하지 말고 예수님의 뜻대로 온 것이고 예수님이 나와 함께 계시니 기도로 매달리면 우리 앞의 문제들이 해결이 되고, 믿음으로 나가면 승리하게 되어 있습니다. 스가랴 4장에서 성령께 사로잡힌 스룹바벨에게 하나님은 **"이는 힘으로 되지 아니하며 능력으로 되지 아니하고 오직 나의 영으로 되느니라 큰 산아 네가 무엇이냐 네가 스룹바벨 앞에서 평지가 되리라(6b-7절)"** 라고 말씀하십니다. 이 얼마나 멋진 말입니까? 성령께 사로잡힌 믿음의 사람이 가는 길은 전지전능한 하나님이 보내신 것이기 때문에 앞에 있는 태산이라도 다 평지로 변하게 되는 줄 믿습니다. 그러므로 어려움 당할 때 우리는 배 위에 계신 명령권자이시고 우리의 주인이신 주님을 바라보고 두려워하지 말고, 이 바람을 향해 '잠잠하라.'라고 명령할 수 있어야 합니다.

그렇게 사선을 넘는 것 같은 격한 훈련을 통과하며 도달한 곳은 가다라 지방이라는 곳이었습니다. 누가복음에서는 '거라사'로 표기된 이 '가다라' 지방이 오늘 설교 맥락 속에서 중요합니다. 이곳은 '10개의 도시'라는 의미의 데가볼리 지역 중 한 지방으로 국제 무역이 성행하여 이방인들이 많은 국제도시였습니다. 성경에 이곳 사람들이 유대인들에게 금기된 돼지 목축을 크게 하고 있는 것을 보면 쉽게 짐작할 수 있습니다. 이곳에서 예수님은 사납게 소리 지르는 두 명의 귀신 들린 사람들을 만납니다. 예수님은 이 두 사람에게 들린 귀신을 그 옆에 있는 돼지 떼에 들어가게 하시고, 이 두 사람에게서 나온 군대귀신은 돼지 떼를 몰아 모두 물에 빠져죽고 말았습니다. 그러자 이때 돼지 목축하던 그 지방 사람들이 자기네 돼지 떼가 다 몰살하는 것을 보면서 예수님의 능력 앞에 두려워 손해배상 청구서를 내밀 수는 없고, 하는 수 없이 마을을 빨리 떠나달라고 합니다. 그러자 예수님은 두말 않으시고, 다시 배를 타고 강 건너편으로 돌아오십니다.

여러분, 이 본문을 읽으면서 뭔가 이상하다는 생각을 하지 않으셨습니까? 아니 예수님은 사람들을 구원하러 오신 메시아이신데, 강 이쪽 편에서 그렇게 많은 사람들이 예수님께로 몰려왔는데, 그들을 구원할 기회를 물리치시고 다른 곳으로 건너 가셨다면, 거기서 그 못지않은 뭔가 성과가 있어야 하지 않습니까? 그런데 거기서는 고작 귀신 들린 두 사람 구원하시고, 그 과정에서 쫓겨난 귀신 때문에 애꿎은 돼지 떼나 몰살되고, 거기 사람들이라도 어떻게 하실 줄 알았는데, 떠나 달라 하니 그냥 돌아와 버리시다니요. 이게 뭔가 앞뒤도 안 맞고, 이해도 잘 안되고 그렇습니다.

경영학적으로 생각해 보면 예수님은 지금 수지타산이 하나도 안 맞는 일을 하고 계신 것 같습니다. 예수님이 왜 그러셨을까요? 여러분, 우리 예수님은 모든 것을 아시는 전지자이십니다. 그러한 예수님이 건너편에 가면 두 명밖에 못 구할 줄 모르셨겠습니까? 그런데도 제자들을 다 데리고 거기 가신 것은 다 이유가 있었던 것이라고 봐야 하지 않을까요?

예수님의 공생애 기간, 적어도 겉으로 드러나는 주된 사역 대상은 유대인들이었습니다. 하지만 예수님은 온 세계와 열방을 구원하시기 위해 이 땅에 오신 하나님이셨습니다. 그래서 예수님은 훗날 제자들로 하여금 세계 열방으로 나아가 천국 복음을 증거하고, 그곳에서 타문화권 사람들을 제자로 훈련시킬 계획과 비전을 가지고 계셨습니다. 그래서 예수님은 유대 출신의 이 제자들, 하나님 나라는 오직 유대인들에게만 해당되는 축복이라고 믿던 이들에게 자신들의 사명은 유대 뿐 아니라, 이방인들과 세계 열방임을 계속 주지시키시고, 또 실제로 체험적으로 훈련시키실 필요가 있으셨던 것입니다. 그래서 예수님은 제자들을 이방의 땅, 타문화 환경에 노출시키시면서, 이러한 장벽과 어려움을 극복해가면서 '그 땅에도 너희를 통해 복음을 듣고, 구원받아야 할 내 백성들이 있다.'라는 예수님의 뜻을 가르치시고, 타문화 훈련을 시키셨던 것입니다.

또한 이 모든 것보다 더 중요한 것은 단 두 사람이었지만, 예수님은 그 귀신 들린 이방인 두 사람을 구원하시기 위해 그 땅에 가신 것입니다. 수많은 사람들이 몰려왔지만, 그 날 그 시간은 예수님께서 바로 그 두 사람을 귀신들림에서 자유케 하시고, 구원하시기 위해 따로 구별하신 시간이었던 것입니다. 예수님은 유대인만을 위해 오시지 않으셨고, 유대인만을 위해 사역하지 않으셨습니다. 예수님은 이방인도 구원하시기 위해, 그들도 하나님 나라 백성 삼으시기 위해 이 땅에 오셨고, 그들의 땅에도 가셨습니다. 이 일을 위해 선택하신 곳이 바로 '가다라 지방', 이방의 땅이었습니다.

3. 수로보니게 여인 : 두로와 시돈

한 군데 더 살펴보겠습니다. 이번에는 마태복음 15장 21절 이하에 보면 예수님께서 제자들을 타문화 지역인 두로와 시돈 지방으로 데리고 가서 훈련시키셨습니다. 그곳으로 들어가시니 22절에 가나안 여인 하나가 예수님을 따라오면서 **"주 다윗의 자손이여 내 딸을 불쌍히 여기소서 내 딸이 흉악하게 귀신 들렸나이다"** 라고 소리칩니다. 이 가나안 여인은 마가복음 7장에서는 "헬라인이요 수로보니게(Syrian Phoenicia) 족속"이라고 소개되고 있습니다. 수로보니게는 수리아와 페니키아의 합성어로서 이 여인이 수리아와 페니키아 혼혈의 이방인이었던 모양입니다. 이 여인이 예수님을 "주"라고 불렀고 "다윗의 자손"이라고 불렀습니다. 이방인인 이 여인이 어떻게 예수님을 그렇게 알게 되었는지 모르겠지만, 예수님을 '주님'으로 부르는 것은 저절로 되는 것이 아닙니다. 고린도전서 12장 3절에 보면 **"성령으로 아니하고는 누구든지 예**

수를 주시라 할 수 없느니라"라고 했습니다. 또한 '다윗의 자손이여'라고 했는데, 이는 구약에서 다윗에게 맹세를 주셨던 그 언약의 후손, 영원히 왕 노릇하실 세계 모든 나라 모든 종족들을 평화로 통치하실 평화의 왕을 의미합니다. 유대인이 아니니 혈통적인 의미로 한 것은 아니었을 것이고, 과연 이 여인이 모든 족속을 구원하시는 '다윗의 자손'의 영적인 의미를 알았던 것일까요?

어쨌든 신기하게도 이 여인이 정확한 표현으로 그런 고백을 하면서 예수님께 도움을 요청했습니다. 물론 예수님은 그 여인의 진심이 무엇인지 모르실 리가 없으셨겠지만, 제자들이나 주변 사람들은 그저 어디서 주워들은 풍월로 유대인들이 예수님을 부르듯, 절박한 마음에 잘 보이려고 그런다고 여기며 이 여인이 결코 곱게 보이지 않았을 것입니다. 그러한 주변의 분위기를 의식하신 듯 예수님은 이 여인의 외침에도 불구하고 외면하듯 24절에 "**나는 이스라엘의 잃어버린 양 외에 다른 데로 보냄을 받지 않았느니라**"라고 하시면서 그냥 지나가십니다. 이 말을 다른 말로 바꾸면 '나는 이스라엘 사람들을 구원하려고 왔지 이방인을 구원하려고 온 것이 아니다.'라는 말씀입니다. 이 말씀이 진정 우리 구원자 예수님이 하신 말씀 맞습니까? 이 얼마나 이상한 말씀입니까? 그런데 예수님은 분명히 그렇게 말씀하셨습니다.

예수님의 그 말씀에 거기 있던 아직 유대 중심적 사고에 젖어 있던 유대인들은 '맞아, 맞아.' 하면서 '우리 메시야는 우리 이스라엘 사람만 구원하러 오셨는데, 저 이방여자는 괜히 헛물켜고 있네.'라고 속으로 생각했을 겁니다. 어쩌면 아마도 제자들도 당시에는 그렇게 생각했을 것 같습니다. 그런데 눈치도 없는 이 여인은 예수님 앞에 와서 절까지 하며, "주여 도우소서." 간절하게 사정합니다. 그런데 예수님은 한 술 더 떠서 다시 **"자녀의 떡을 취하여 개들에게 던짐이 마땅하지 아니하니라"**고 하십니다. 이 말이 무슨 의미입니까? 이스라엘 사람은 하나님의 자녀이고, 이 여인과 같은 이방인은 개라는 말이고, 그러니 개가 자녀와 어떻게 똑같은 대접을 받으려고 하느냐? 이런 이야기 아닙니까? 이것은 정말 너무나도 잔인한 말씀입니다. 요즘 같았으면 인종차별로 바로 고소해도 할 말이 없을 말이지요. 우리 같았으면 자존심 상해서 '관두시오.' 하고 그냥 가버렸을 텐데 이 가나안 여인은 정말 자존심도 없는지, "옳소이다마는 개들도 제 주인의 상에서 떨어지는 부스러기를 먹나이다" 이렇게까지 말합니다.

이 과정에서 우리는 무엇을 읽을 수 있습니까? 처음에는 그 진심을 알 길이 없었던 이 가나안 여인의 진정성이 점점 확인되고 있다는 것입니다. 이방 여인으로서 그 자리에 있던 대다수 유대인들의 냉소적이고 반대하는 분위기를 무릅쓰고, 예수님께 나아와 부르짖을 수 있었다는 것은 예수님의 무시와 비하가 더 노골화 될수록 그 진정성이 입증되는 것이었다는 것입니다. 그제야 예수님은 태도를 바꾸시면서, **"여인아 네 믿음이 크다 네 소원대로 되리라"**라고 말씀하십니다. 갑자기 이렇게 말씀하시면 앞서 하신 말씀들은 무엇입니까? 예수님이 지금 일부러 장난이라도 치시는 것일까요? 그렇지 않습니다. 예수님은 앞서 언급했듯이, 이미 그 여인의 간절한 중심을 알았기 때문에 오히려 이 여인의 믿음의 진정성을 그 여인을 냉소적으로 바라보고 있던 유대인들과 특히 제자들에게 극단적인 '충격요법'을 써서 가르치시는 과정이라고 볼 수 있습니다. 잠시 전형적인 유대인들의 마음을 그대로 말씀으로 대변하시는 듯 했다가, 결코 굽히지 않는 이 여인의 믿음 앞에 그 잘못된 유대인들의 생각을 극적으로 깨시는 것입니다.

[24] 예수께서 대답하여 이르시되 **나는 이스라엘 집의 잃어버린 양외에는 다른 데로 보내심을 받지 아니하였노라** 하시니 [25] 여자가 와서 예수께 절하며 이르되, **주여 저를 도우소서** [26] 대답하여 이르시되 **자녀의 떡을 취하여 개들에게 던짐이 마땅하지 아니하니라** [27] 여자가 이르되 **주여, 옳소이다마는 개들도 제 주인의 상에서 떨어지는 부스러기를 먹나이다** 하니 [28] 이에 예수께서 대답하여 이르시되 **여자여 네 믿음이 크도다 네 소원대로 되리라** 하시니 그 때로부터 그의 딸이 나으니라 **마 15:24-28**

무엇을 말씀하시고자 하신 것입니까? 그것은 매우 간명합니다. '예수님은 이방인도 구원하신다.'는 사실이었습니다. 깨져야 할 것은 병고침과 구원을 갈구하는 이 이방 여인의 고집이 아니라, 자기네만 선택받고 구원받았다고 믿는 유대인들의 고집이었던 것입니다. 예수님의 가르치시는 방법이 얼마나 탁월하신지 모릅니다. 이방 땅으로 제자들을 데리고 가서서 처음에는 그들의 편에선 듯 그 마음들을 고스란히 드러내시더니, 결정적인 순간에 그들의 생각을 뒤집어엎으신 것입니다. 이를 위해 선택한 장소가 바로 '두로와 시돈', 이방 땅이었습니다.

4. 우물가의 여인 : 사마리아 수가성

마지막으로 짧게 살펴볼 것은 요한복음 4장입니다. 여기 나오는 예수님께서 사마리아 수가성에 가서서 우물가의 여인을 만나 구원하셨던 사건 역시 의미있게 살펴볼 필요가 있습니다. 세세한 내용과 구절을 다 살펴볼 수 없지만, 예수님께서는 이때도 마치 예정된 시간표라도 있으신 것처럼 제자들을 데리고 사마리아 수가성으로 향하셨습니다. 당시 사마리아를 통과하는 길은 유대에서 갈릴리로 가는 통상적인 길이 아니었습니다. 사마리아 땅은 이방의 땅이나 다름없는 유대인들이 멸시하고 천대하는 혼혈족 사마리아인들의 땅이었기 때문입니다. 그럼에도 예수님은 그런 사마리아, 그 중에서도 소외된 한 여인을 만나기 위해 그 여인을 만날 수 있는 아주 예외적이고 특별한 시간을 택해 그곳으로 가셨습니다.

전혀 예수님의 의도를 알지 못했던 제자들은 먹을 양식을 구하러 그 자리를 비운 탓에 안타깝게도 예수님과 그 여인이 나누는 그 대화와 전도의 과정을 다 보지 못했습니다. 하지만, 그들은 그 천하게 여김 받던 사마리아 땅, 구원에서조차 소외된 듯 해 보였던 그 사마리아 여인에게 구원을 선포하시고 수많은 수가성의 이방인들이 주께 나아오는 것을 목도할 수 있었습니다. 그리고 예수님께서는 제자들에게 요한복음 4장 35절의 **"너희 눈을 들어 밭을 보라 희어져 추수하게 되었도다"**라는 말씀으로 유대인의 땅, 유대인들 앞에서가 아니라, 그 이방인의 땅, 그 이방인들을 바라보시며 영적 구원 추수의 긴급성을 가르치셨습니다.

사마리아 사람을 구원하기 위해서는, 그 사람을 만나야 하고, 그 사람을 만나기 위해서는, 그 사마리아 땅으로 가야만 했습니다. 예수님은 그 모범을 보이셨고, 직접 그 사마리아 땅에서, 그 이방의 장소에서 잃어버린 한 영혼을 만나 그 마음을 만지시고, 고치시며, 구원하셨을 뿐만 아니라, 숨어만 다니던 그로 하여금 사람들에게 달려가 예수를 전하게 하셨습니다.

이것이 예수님의 사역에서 장소, 특히 복음이 선포되는 장소로서 이방 땅이 갖는 의미입니다. 이방 땅에 가야 이방인들을 만나고, 그들에게 복음을 전할 수 있습니다. 예수님은 이렇게 그 공생애 사역에서 이방 땅을 찾으셨고, 그곳에서 이방 가운데 잃어버린 영혼들을 만나셨으며, 그들에게도 천국을, 하나님의 나라를 선포하시고 초청하셨습니다. 오늘을 사는 동일한 부르심 가운데 있는 저와 여러분도 예수님이 보이신 이 장소의 의미를 묵상하며, 내가 찾아가야 할 장소, 그리고 내가 머물러야 할 장소가 어디인지 생각해보기를 원합니다. 그리고 그 장소에서 우리가 만나게 될 사람, 하나님의 잃어버린 영혼을 만날 기대를 주님의 마음으로 품어보시면 어떨까요? 꼭 우리의 전 생애를 그 장소, 그 사람들에다 헌신하지 않아도 좋습니다. 단 한번, 짧은 시간일지라도 우리가 가고, 머물러야 할 그 장소에서 우리를 통해 일하시는 하나님의 섭리와 일하심을 보는 것으로도 충분합니다. 그렇게 순종의 자리에 거하시는 저와 여러분 다 되시기를 주님의 이름으로 축복합니다.

오늘 함께 살펴본 성경 기록들을 보면 어떻습니까? 물론 유대인도 있었겠지만 그곳에는 상당수의 이방인들이 섞여있었고 심지어는 이방인들이 다수를 차지하는 상황도 있었다는 것을 분명하게 볼 수 있습니다. 사실 예수님의 사역 현장은 유대인과 이방인을 처음부터 차별하지 않고, 원하는 자는 누구든지 나아올 수 있게 하셨던 것입니다. 그럼에도 우리가 주일학교 때부터 배우기를 이상하게도 예수님은 유대인들을 대상으로만 사역한 것처럼 잘못 주입되어 있으니 이제 이 이미지를 수정해야 하겠습니다.

- '예수님의 사역 '대상'이 주는 선교적 교훈' 본문 중에서 -

예수님의 사역 '대상'이 주는 선교적 메시지

> [23] 예수께서 온 갈릴리에 두루 다니사 그들의 회당에서 가르치시며 천국 복음을 전파하시며 백성 중의 모든 병과 모든 약한 것을 고치시니 [24] 그의 소문이 온 수리아에 퍼진지라 사람들이 모든 앓는 자 곧 각종 병에 걸려서 고통 당하는 자, 귀신 들린 자, 간질하는 자, 중풍병자들을 데려오니 그들을 고치시더라 [25] 갈릴리와 데가볼리와 예루살렘과 유대와 요단 강 건너편에서 수많은 무리가 따르니라
>
> - 마 4:23-25 -

협상론에 '전략적 모호성'이라는 개념이 있습니다. 이것은 '내 입장을 명확히 밝히지 않음으로써 상대방이 명확하게 대처하지 못하게 하여 전략적 성과를 달성하는 것'을 말합니다. 이것과 전적으로 일치한다고 말하기는 어렵지만, 예수님께서도 일종의 전략적 모호성과 유사한 방식을 활용하신 것 같습니다. 바로 '복음의 대상이 누구인가?'에 관한 것인데요.

복음서에 나오는 예수님께서 하신 대부분의 말씀들이나 이

방인들을 대하신 태도를 보면, 예수님은 그저 유대인만을 위해 오신 메시아이신 것 같습니다. 심지어 마태복음 15장에서 이방인들은 노골적으로 "개"로 비하하시기도 하셨던 것을 생각하면, 예수님은 이방인에 대해 무심하시며, 그들의 구원에는 별로 적극적이지 않으셨던 것으로 볼 여지가 다분하다는 것입니다. 그래서인지 우리도 예수님의 복음전도 대상은 '유대인'이라는 인식을 부지중에 갖게 된 것 같습니다.

이것이 당시 유대인들이 예수님에 대한 거부반응을 완화시키는데 도움이 되었을 것입니다. 왜냐하면 예수님이 이방인들에 대해 보여주신 때로 극단적인 말씀이나 태도들이 바로 유대인들의 일반적인 입장들과 일치했기 때문입니다. 이방인들에 대한 경멸과 천시, 구원이 결코 공유될 수 없다는 생각 등이 바로 구약을 잘못 이해한 유대인들의 그릇된 선민사상의 전형이었는데, 일견 예수님도 같은 편에 서 계신 것 같았기 때문입니다.

그러나 과연 정말 예수님이 여느 유대인들처럼 그런 잘못된 편견으로 이방인들을 생각하셨던 것일까요? 그 대답은 너무나 자명하게 '아니오'입니다. 만약 그랬다면 오늘날 한국 교회도, 저와 여러분도 이 우주적 하나님 나라 공동체에 속할 수 없었을 것입니다. 우리가 일일이 다 입증할 필요 없이 성육신하신 예수님은 유대인 뿐 아니라, 모든 열방을 구원하시는 선교하는 하나님이심이 분명합니다.

그렇다면 예수님은 왜 복음서 전반에 걸쳐서 유대인들과 다를 바 없는 태도를 취하신 것일까요? 바로 그 부분이 앞서 언급한 예수님이 취하신 '전략적 모호성'이라고 생각합니다. 사도행전 1장 8절에서 당시 제자들에게 예수님께서 천명하신 열방을 복음화하실 선교전략의 큰 뼈대는 바로 '대상 문화를 고려한 선교의 단계적 확장' 전략이었습니다. 당시 주로 예루살렘과 유대 지역에 국한되어 있던 복음과 제자들이 "예루살렘과 온 유대"를 넘어, 그들이 꺼리던 "사마리아", 그리고 천대, 멸시의 대상 이방인들이 사는 "땅 끝"까지 전파되어야 한다는 것이었습니다. 그러면서 예수님은 복음이 결국 각각의 문화적 장벽들을 극복해 나가게 될 것이지만, 시기에 따라 먼저 집중해야 할 우선순위가 있음을 전제하신 것으로 보입니다.

예수님이 사역하신 공생애 기간에는 복음 자체이신 예수님께서 처음 택하신 유대인들에게 증거되고 받아들여지는 것이 중요했을 것입니다. 또한 대중적인 복음전파 못지않게 그들 중에서 충성된 제자들을 양육하여 세계 선교의 씨앗이 되도록 하시는 것이 예수님 사역의 우선순위였습니다. 그래서 '선택과 집중'의 관점에서 아직 구약적 관점을 벗어나지 못하는 그들을 데리고, 천국 복음도 전하고 그들의 고질적인 이방에 대한 편견도 한꺼번에 뜯 어고치는 것은 전략적으로 좋은 선택은 아니었을 것입니다.

그렇다고 예수님이 온전히 유대인들의 관점과 태도만을 취 하셨는가? 성경을 자세히 보면 그렇지 않다는 것을 알 수 있습니 다. 예수님은 특유의 방식으로 원래 예수님이 지향하시는 바를 암 묵적이지만 반복적, 지속적으로 드러내셨습니다. 마치 '눈 있고, 귀 있는 자들은 알아채라.'하시는 것처럼 말입니다. 이것이 '전략 적 모호성' 속에서도 예수님이 일관적으로 취하신 '진정성'이었습 니다.

오늘은 바로 그러한 예수님의 이방인들을 향하신 '전략적 모 호성' 이면에 숨은 '진정성'을 입증할 말씀들을 함께 살펴보도록 하겠습니다.

1. 수리아 사람들

먼저, 마태복음 4장 23-25절입니다. 말씀을 한 번 읽어보시죠.

²³ 예수께서 온 갈릴리에 두루 다니사 그들의 회당에서 가르치시며 천국 복음을 전파하시며 백성 중의 모든 병과 모든 약한 것을 고치시니 ²⁴ 그의 소문이 **온 수리아에 퍼진지라** 사람들이 모든 앓는 자 곧 각종 병에 걸려서 고통 당하는 자, 귀신 들린 자, 간질하는 자, 중풍병자들을 데려오니 그들을 고치시더라 ²⁵ 갈릴리와 **데가볼리**와 예루살렘과 유대와 요단 강 건너편에서 수많은 무리가 따르니라 **마 4:23-25**

자, 예수님이 온 갈릴리를 두루 다니시면서 본격적으로 대중 전도와 치유사역을 시작하시면서, 그 소문이 퍼지기 시작했습니다. 24절에 그 소문이 어디로 퍼졌습니까? "수리아에 퍼진지라"

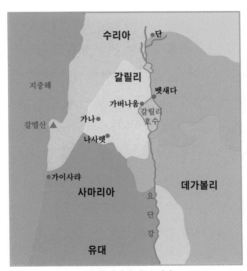

예수님 당시 유대-수리아

여러분, 당시 지도를 보시면 수리아는 이스라엘 땅이 아닙니다. 이 수리아는 최근 아사드 정권이 백성들을 죽여 반군이 일어나고, IS라는 이슬람 극렬분자(極烈分子)들이 스스로 나라를 선언한 곳, 바로 지금의 '시리아'입니다. 본문에 그 지역에서 수많은 무리가 예수님께 나아왔다고 말씀하고 있습니다. 당시 관점에서 분명한 이방 지역이고, 나아온 그들은 분명히 이방인들이었습니다.

엄밀히 말하자면, 예수님께서는 수리아 사람들을 대상으로 복음을 전하신 것이 아닙니다. 예수님은 이스라엘 땅인 갈릴리 지역에서 그 백성, 즉 유대인들을 대상으로 복음을 전하시고, 치유 사역도 하신 것입니다.

그러나 당시는 국경 구분이 지금처럼 명확하던 시절이 아니었기 때문에 갈릴리에서 사역하신 예수님에 대한 소문이 이웃 나라 수리아에까지 퍼졌던 것이죠. 또 병이 나도 마땅한 의료시설이 없었기 때문에 수리아 사람들이 자기와 가족, 친지들의 병고침을 받기 위해 국경 넘어 예수님께 나아온 상황으로 이해됩니다.

이에 예수님께서는 이들이 이방인이므로 나아오는 그들에게 '나는 유대인인데, 너희 같은 이방인들을 고칠 수 있겠느냐? 어디 감히 이방인들 따위가 워이~ 물렀거라.' 이렇게 거절하셨습니까?

아닙니다. 성경은 아무렇지도 않게 예수님이 "그들을 고치시더라"라고 말씀하고 있습니다.

예수님의 소문을 들은 이방 수리아 사람들은 모든 앓는 자들을 데려옵니다. 그들은 각종 병에 걸려서 고통당하는 자들이었고, 귀신 들린 자, 간질하는 자, 중풍병자들이었습니다. 본문 표현대로 그들은 스스로 올 수 없었기 때문에 가족이나 친구들이 그들을 데려와야만 그 자리에 올 수 있었던 사람들이고, 소문 하나 듣고 다른 나라까지 올 만큼 절실했던 사람들이었습니다.

그러나 그들은 이방인들이었습니다. 그러나 예수님은 그들을 고치셨습니다. 복음 그 자체이셨던 예수님 자신을 그들에게 보이셨고, 그들은 병 고침 뿐만 아니라, 예수님을 아니 하나님을 만날 수 있었습니다.

제가 잘 쓰는 표현, "from the very beginning", 애시당초, 처음부터 예수님은 사실상 이방사람들을 포함한 대중 사역을 하신 것입니다. 수많은 이방인들을 고치시고, 복음을 선포하시고, 가르치는 사역을 하셨음을 이 마태복음의 기록 속에서 분명하게 볼 수 있습니다.

2. 데가볼리, 거라사 사람들

수리아 사람들뿐만 아니었습니다. 25절에는 예수님의 첫 대중 사역 이후 다른 지역들 - 갈릴리, 데가볼리, 예루살렘, 유대, 요단 강 건너편 - 에서도 수많은 무리가 따랐다고 기록하고 있는데요. 여기서 이스라엘 전역에서 예수님을 따르는 무리들이 많았음을 알 수 있는데, 한 가지 눈의 띄는 지명이 "데가볼리"입니다.

데가볼리(Decapolis)는 갈릴리 남동쪽 현재 요르단 지역으로 Deca와 polis로 된 단어로 Deca는 'decade, 10'이고, polis는 '도시'로, 즉 '10개의 도시, 10개의 도시로 구성된 지역'을 의미합니다. 이곳은 알렉산더 대왕에 의해 식민지화된 10개 도시로 헬라적 성격이 강한 곳인데, 이후 로마제국에 협력하면서 자치권을 부여받은 지역입니다. 이러한 이방적인 성격 때문에 유대인들은 이 지역을 배척하는 경향이 강했습니다.

> 갈릴리와 **데가볼리**와 예루살렘과 유대와 요단 강 건너편에서 수많은 무리가 따르니라 **마 4:25**
> 예수께서 바다 건너편 **거라사인**의 지방에 이르러… **막 5:1**
> 그가 가서 예수께서 자기에게 어떻게 큰 일 행하셨는지를 **데가볼리**에 전파하니, 모든 사람이 놀랍게 여기더라 **막 5:20**

마가복음 5장에 나오는 '거라사'가 이 데가볼리 10개 도시 가운데 하나였습니다. 이 대목이 데가볼리의 이방성을 잘 설명해 주고 있습니다. 이때도 예수님이 이곳으로 제자들을 데리고 가셨는데, 그곳에는 군대 귀신 들린 사람이 무덤가에서 나와서 꽥꽥 소리 지르고 있고, 그 옆에서는 이천 마리나 되는 돼지 떼를 기르고 있지 않았습니까? 돼지 떼를 길렀다는 것은 그 사람들이 이스라엘 사람들이 아니고 이방인들이라는 것을 쉽게 알 수 있게 해줍니다.

레위기 11장~12장에 보면 돼지는 이스라엘 사람이 먹으면 안되는 부정한 짐승의 대표적인 것으로 나오지요. 이 때문에 이스라엘 사람들은 돼지를 기를 수 없습니다. 그런데 사람들 옆에 돼지가 서너 마리 있었다면 산돼지인가보다 라고 할 수 있지만, 2천 마리나 있었다는 것은 그들이 돼지사육을 산업으로 하는 양돈업자들이었던 것입니다. 그러니 그 곳은 너무나 분명한 이방 사람들의 지역이었습니다.

그러한 데가볼리로부터도 허다한 무리가 예수님께 왔다는 마태복음 4장 25절의 기록은 예수님께서 이방인들에게도 차별없이 복음을 전하셨다는 것을, 그리고 그곳으로부터 많은 따르는 제자들이 나아왔다는 것을 알 수 있게 해 주는 것입니다.

3. 산상수훈을 들은 사람들

마태복음 5장으로 넘어가면 **"예수께서 무리를 보시고 산에 올라가 앉으시니 제자들이 나아온지라 입을 열어 가르쳐 이르시되"**라고 말씀하면서 시작하신 그 유명한 산상수훈 말씀이 나옵니다. 우리가 가진 성경은 4장과 5장이 구분되어 있어서 단절되는 느낌이지만, 원래 마태가 쓸 때는 장 구분 없이 쭉 연결되어 기록된 것입니다.

그러면 예수님이 5장 1절에서 산상수훈에 앞서 "무리를 보시고"라고 할 때 그 무리들은 누구입니까? 문맥상, 그들은 앞에 나오는 수리아에서 온 사람들이고, 더러는 25절처럼 갈릴리, 데가볼리, 예루살렘, 유대와 요단 강 건너편에서 예수님을 따르기로 한 사람들이었을 것입니다.

예수님은 지금 "이방인들아~ 잘 들어라"라고 말씀하시지는 않았지만, 예수님이 복음을 전하시고, 병을 고치시고, 말씀을 가르치신 대상 속에는 확실히 상당수의 이방인들이 포함되어 있었음을 어렵지 않게 추론할 수 있습니다. 그것도 예수님 가르침의 핵심 중에 핵심인 산상수훈, '천국이 너희 것이라'하시는 그 파격적인 말씀을 유대인은 물론 수 천년동안 천국에 대한 이방인이요,

복음으로부터 소외되었던 이방인에게도 구분 없이 함께 모인 자리에서 가르치셨던 것입니다.

4. 두로와 시돈 사람들

마태복음에는 기록되어 있진 않지만 마가복음 3장 8절과 누가복음 6장 17절을 보면 두로와 시돈 지방에서도 수많은 사람들이 왔다고 기록되어 있습니다.

> 유대와 예루살렘과 이두매와 요단 강 건너편과 또 **두로와 시돈** 근처에서 많은 무리가 그가 하신 큰 일을 듣고 나아오는지라 **막 3:8**
>
> 예수께서 그들과 함께 내려오사 평지에 서시니, 그 제자의 많은 무리와 예수의 말씀도 듣고 병 고침을 받으려고 유대 사방과 예루살렘과 **두로와 시돈**의 해안으로부터 온 많은 백성도 있더라 **눅 6:17**

두로와 시돈은 갈릴리 북서쪽 지중해 연안 지역으로 현재의 레바논 지역입니다. 이곳은 옛날 솔로몬이 성전 건축할 때 백향목을 보내왔던 이스라엘과 가까운 관계에 있었던 바로 그 지역입니다. 그런데 이곳 역시 이방인의 땅이었습니다.

공관복음서인 마태복음은 수리아와 데가볼리에서 많이 왔다고 하고 마가복음, 누가복음은 두로와 시돈 근처에서 사람들이 많이 왔다고 했습니다. 예수님은 이 갈릴리에서 주로 사역을 하셨지만 갈릴리를 둘러싼 북서쪽, 북쪽, 동남쪽, 나중에는 남쪽인 사마리아 지역으로부터도 많은 사람들이 몰려와서 예수님의 사역 현장에 참여했고, 그곳에서 복음을 듣고 가르침을 받았다는 것을 성경이 분명히 보여주고 있습니다.

5. 그 밖의 암묵적 증거들

이러한 이방인에 대한 예수님의 진정성을 보여주는 암묵적 증거들은 더 있습니다. 마태복음 12장 15-21절 말씀에 보면 예수님께서 사람들의 병을 고쳐주시면서 그들에게 하신 말씀이 나오는데요. 그 중 18-21절 말씀은 이사야 42장 1-12절의 장차 오실 예수님의 사역에 대한 예언의 일부인 1-4절을 인용한 것입니다. 마태복음을 기준으로 보면, 18절에는 심판(justice)을 이방에 알게 하실 분이라 하였고, 21절에는 이방들이 그의 이름을 바라리라 한 것이 이루어진 것이라고 말씀하였습니다.

12:15b 예수께서 그들의 병을 다 고치시고 16 자기를 나타내지 말라 경고하셨으니 17 이는 선지자 이사야를 통하여 말씀하신 바 (사 42:1-4) 18 보라 내가 택한 종 곧 내 마음에 기뻐하는 바 내가 사랑하는 자로다. 내가 내 영을 그에게 줄 터이니 그가 **심판(공의)을 이방에 알게 하리라** 21 또한 **이방들이 그의 이름을 바라리라** 함을 이루려 하심이니라 **마 12:15b-18, 21**

여기서 특별히 아주 놀라운 것이 있습니다. 보십시오. 마태복음 12장 15절 이하에 보면 많은 사람들이 몰려왔고 예수님이 그들의 병을 다 고쳐주셨다고만 기록되어 있지 모인 사람들이 어떤 사람들인지는 말하지 않았습니다. 그리고 마태복음 12장 15절부터 예수께서 그들의 병을 다 고치시고 자기를 나타내지 말라고 경고하시면서, 이것이 선지자 이사야를 통하여 말씀하신 이사야서의 예언이 지금 이루어지는 것이라고 말씀하시는 것이죠.

그런데 그 이사야 예언이 무엇입니까? 핵심만 꼽으면 18절, "**그(예수님)가 심판을 이방에 알게 하리라**", 21절, "**이방들이 그의 이름을 바라리라**" 이것입니다. 18절의 "심판"은 영어 성경에는 "justice, 공의"라고 번역하고 있습니다. "proclaim justice to the nations", 나라들, 즉 이방에 공의를 선언할 것이라는 이사야의 예언이 지금 성취되는 것이라고 말씀하신 것입니다.

자, 정리해보면 예수님이 모인 사람들의 병을 다 고쳐주시고, 복음이 전해졌는데 이것이 무엇이라는 것입니까? 이사야서에 기록된 말씀, 그러니까 이방 사람들에게 공의가 선포되는 것이고, 그로 인해 이방사람들이 그의 이름을 바라게 된다는 것입니다. 이 정도로 말씀하시는 것을 보면, 거기 모인 사람들이 다 유대인들인데 굳이 이렇게 말씀하실 것 같지는 않습니다. 그러니까 거기 모인 사람들의 상당수가 이방인들이었기 때문에 이사야서의 그 말씀이 그대로 이루어졌다라고 말씀하실 수 있었다는 것입니다.

마태복음 15장 29-31절에 예수님이 많은 사람들을 고치시는 장면이 또 나오는데, 사람들이 고침 받고 놀라면서 마지막에 하는 말이 다른 때와 조금 다릅니다.

²⁹ 예수께서 거기서 떠나사 갈릴리 호숫가에 이르러 산에 올라가 거기 앉으시니 ³⁰ 큰 무리가 다리 저는 사람과 장애인과 맹인과 말 못하는 사람과 기타 여럿을 데리고 와서 예수의 발 앞에 앉히매 고쳐 주시니 ³¹ 말 못하는 사람이 말하고 장애인이 온전하게 되고 다리 저는 사람이 걸으며 맹인이 보는 것을 무리가 보고 놀랍게 여겨 **이스라엘의 하나님께 영광**을 돌리니라 **마15:29-31**

전후 문맥을 보면 예수님께서 두로와 시돈 지방을 방문하시고 거기서 떠나서 갈릴리 호숫가로 옮기신 후의 이야기입니다. 큰 무리가 장애인과 병자들을 데리고 왔고, 예수님은 그들을 고쳐주신 것입니다. 그런데 이 광경을 보고 놀라면서, 일반적으로 유대인들이 모인 자리였다면 그냥 "하나님께" 영광을 돌렸다고 해야 될 것 같은데 "이스라엘의 하나님께" 영광을 돌렸다고 기록된 부분에 주목할 필요가 있습니다.

왜 그랬을까요? 아마도 그것은 그들이 이스라엘 사람들이 아닌 이방인의 입장에서 놀란 반응이었기 때문이 아니었을까 싶습니다. 그렇게 볼 때, 여기서 말하는 큰 무리의 상당수는 이방인들이었음을 유추해 볼 수 있습니다.

그러면 이어서 나오는 말씀의 배경적 이해가 새로워집니다. 32절 이하에는 유명한 '칠병이어'의 기적이 기록되어 있는데요. 32절에 보니, 이 사람들이 예수님과 함께 있은 지가 이미 사흘이나 되었다고 하는데, 먹을 것이 없는 상황입니다. 만약 이들이 다 근처 마을에 사는 유대인들이라면, 잠깐씩 집에 가서 식사를 해결하고 올 수도 있었겠지만, 앞에서 살펴보았듯이 이 사람들이 대다수 멀리서 온 이방인들이라 한다면, 나올 때 준비해 온 음식도 사흘 동안 남은 것이 없을 것이고, 이제 말씀이 끝나고 돌아간다고 해도 또 먼 길을 가야 하는 상황이기 때문에 예수님께서 **"내가 무리를 불쌍히 여기노라… 길에서 기진할까 하여 굶겨 보내지 못하겠노라"** 이렇게 말씀하실 만한 것입니다.

지금까지 우리는 예수님의 사역에서 겉으로 드러나는 것과 별개로 이방인들에 대해 어떠한 태도, 진정성을 견지해 오셨는지 살펴보았습니다. 보시다시피 이 상황들에 대한 이미지가 우리로 하여금 선교하도록 동기부여 하는데 너무 중요한 장면들이라는 생각이 듭니다. 그런데 안타까운 것이 사탄이 예수 믿는 사람들의 머릿속에 잘못된 선입견과 편견을 그려 놓은 것 같다는 것입니다. 그것이 무엇입니까? 예수님이 공생애 사역 동안 병 고치시고 가르쳤던 사람들이 다 유대인이었던 것으로 우리가 착각하고 있는 것입니다.

그런데 오늘 함께 살펴본 성경 기록들을 보면 어떻습니까? 물론 유대인도 있었겠지만 그곳에는 상당수의 이방인들이 섞여있었고 심지어는 이방인들이 다수를 차지하는 상황도 있었다는 것을 분명하게 볼 수 있습니다. 사실 예수님의 사역 현장은 유대인과 이방인을 처음부터 차별하지 않고, 원하는 자는 누구든지 나아올 수 있게 하셨던 것입니다. 그럼에도 우리가 주일학교 때부터 배우기를 이상하게도 예수님은 유대인들을 대상으로만 사역한 것처럼 잘못 주입되어 있으니 이제 이 이미지를 수정해야 하겠습니다.

자, 한번 오른손을 들어 기억을 지우는 지우개라고 생각하고 예수님의 사역 장면 파일을 띄워놓고 유대인들만 가득 자리잡은 잘못된 그림을 지우고, 거기에 이방사람들을 그려 넣어 보십시오. 그리고 수정된 대로 저장해 보십시오. 네, 지금 저장하신 이미지가 성경을 정확하게 묘사한 것입니다.

주 안에 사랑하는 여러분, 이것은 굉장히 중요합니다. 예수님은 당시 유대 문화를 고려한 전략적 차원에서 명시적으로는 말씀하지 않으시는 '전략적 모호성'을 취하셨을 수도 있습니다. 그러나 예수님의 사역은 처음부터 유대인들과 함께 이방인들에게도 복음을 전하시고, 치유하시는 사역을 베푸시고, 말씀을 가르치셨습니다. 그리고 함께 한 제자들에게 이방인들도 동일한 구원의 대상자들이며, 천국의 소중한 존재들임을 보여주셨습니다.

또한 마침내 마지막 제자들에게 하신 지상명령에서 분명하게 모든 족속에게 복음을 전하며, 그들 가운데서 제자를 삼고, 그들을 통해 천국의 재생산이 일어나게 하라고 하신 것입니다. 저와 여러분도 사실 그 은혜로 말미암아 천국 백성 되고, 제자가 된 이방 사람들입니다. 우리 구주 예수 그리스도께서 처음부터 그러하셨듯이 저와 여러분도 동일하게 이러한 차별 없는 선교의 초점을 가지고 열방 가운데 기도와 순종으로 나아가시기를 주님의 이름으로 축복합니다.

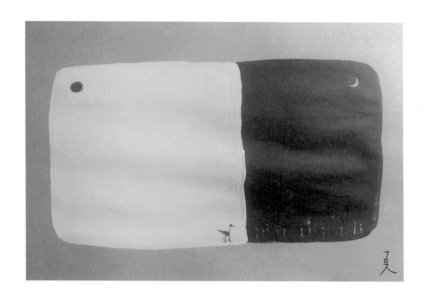

지금까지 살펴본 예수님의 가르침들은 결국 '이스라엘 민족만이 아닌', '이방인들에게도' 아니 '모든 열방' 중에 선포되고 은혜로 임하고 누려지게 되는 참된 복음을 가르치신 것입니다. 당시의 왜곡된 하나님 나라와 그 백성에 대한 이해, 그리고 그로 말미암은 잘못된 이스라엘의 종족 우월의식을 깨고, 열방과 세계 만민을 향하는 진짜 복음을 가르치셨습니다.

- '예수님의 사역 '가르침'이 말하는 선교적 메시지'
본문 중에서 -

복음서 05

예수님의 사역 '가르침'이 말하는 선교적 메시지

> ²⁵ 내가 참으로 너희에게 이르노니 엘리야 시대에 하늘이 삼 년 육 개월간 닫히어 온 땅에 큰 흉년이 들었을 때에 이스라엘에 많은 과부가 있었으되 ²⁶ 엘리야가 그 중 한 사람에게도 보내심을 받지 않고 오직 시돈 땅에 있는 사렙다의 한 과부에게 뿐이었으며 ²⁷ 또 선지자 엘리사 때에 이스라엘에 많은 나병환자가 있었으되 그 중의 한 사람도 깨끗함을 얻지 못하고 오직 수리아 사람 나아만뿐이었느니라 ²⁸ 회당에 있는 자들이 이것을 듣고 다 크게 화가 나서 ²⁹ 일어나 동네 밖으로 쫓아내어 그 동네가 건설된 산 낭떠러지까지 끌고 가서 밀쳐 떨어뜨리고자 하되 ³⁰ 예수께서 그들 가운데로 지나서 가시니라
>
> - 눅 4:25~30 -

복음서를 보면 예수님께서는 사단의 시험을 이기신 후, "회개하라 천국이 가까이 왔느니라"라는 원색적 복음의 일성과 함께 비로소 공생애 사역을 시작하셨습니다. 성경이 드러내놓고 강조하지는 않지만, 마태복음 4장 등에서 알 수 있는 예수님이 공생애 사역을 처음 시작하신 '장소', 또 그곳에서 만난 사역의 '대상'들

은 모두 이방과 관련되어 있고, 이는 선교적으로 매우 중요한 시 사점이 있습니다[1]. 메시아로서 첫 공적 사역의 장소가 일반적으로 생각할 수 있는 유대 중심 예루살렘이 아닌 북쪽 변방 가버나 움이었다는 것, 또 그곳이 지정학적으로 이방인들의 거주, 유동인 구가 많은 지역이었으며, 고로 당연히 예수님의 첫 사역과 말씀을 보고 들었던 대상들은 유대인만이 아닌 이방인들이 다수 포함되어 있었을 것이라는 합리적 추론이 가능합니다. 이것이 무슨 말입니까? 예수님께서는 선택받은 민족 이스라엘, 유대 땅에 그들 중 하나로 오셨지만, 그렇다고 유대인들만을 위해 오신 것이 아니라, 차별 없이 모든 열방과 사람들을 위해 오셨음을 보여주는 것입니다. 뿐만 아니라 이제 보게 될 말씀을 보면, 예수님께서 그 장소와 그 대상들에게 선포하고 말씀하신 그 가르침 역시 유대의 터 위에 서 있으나, 처음부터 차별 없이 일관되게 그 시선은 열방을 향하고 계셨음을 알게 됩니다. 오늘은 이러한 관점에서 복음서 속에 기록된 예수님의 이방인들을 향한 선교적 가르침들의 증거들을 살펴보고자 합니다.

복음서는 예수님의 공생애 사역 동안의 행적과 가르침을 기록하고 있는데, 그중 시기적으로 가장 앞선 내용이 누가복음 4장에 있습니다. 누가복음 4장 1-13절은 예수님이 유대 광야에서 마

---

(1) 앞선 "예수님의 사역 ○○이 말하는 선교적 메시지" 시리즈 설교, '장소', '대상' 편 참조

귀에게 시험 받으십니다. 그리고 14-15절은 예수님이 갈릴리로 돌아오셔서 가르치시기 시작했는데 그 가르침에 사람들이 놀라고 칭송했다고 하면서, 16절부터 그 사례를 소개하고 있습니다. 안식일에 예수님이 나사렛에 있는 회당에 들어가셔서 두루마리 성경의 이사야 61장의 말씀을 읽으시고 사람들에게 **"이 글이 오늘 너희 귀에 응하였느니라(21)"**라고 말씀하십니다. 그러나 거기 있던 일부 예수님을 아는 나사렛 사람들은 그 말씀에는 놀라면서도, 22절에 **"이 사람이 요셉의 아들이 아니냐"**라고 하면서 자신들이 익히 아는, 자신들과 똑같은 나사렛 출신의 예수님을 받아들이려고 하지 않습니다. 그러자 예수님은 24절에 **"선지자가 고향에서는 환영을 받는 자가 없느니라"**라고 일갈하시면서 그러한 그들을 향해 말씀하신 가르침이 구체적으로 기록되어 있습니다. 누가복음 4장 25절~26절입니다. 다함께 읽어 봅시다.

> 25 내가 참으로 너희에게 이르노니 엘리야 시대에 하늘이 삼 년 육 개월 간 닫히어 온 땅에 큰 흉년이 들었을 때에 이스라엘에 많은 과부가 있었으되 26 엘리야가 그 중 한 사람에게도 보내심을 받지 않고 **오직 시돈 땅에 있는 사렙다의 한 과부에게 뿐**이었으며 **눅 4:25-26**

이것이 예수님의 공생애 사역 중 기록된 첫 번째 가르침이라고 할 수 있는데, 구약을 본문으로 한 예수님의 가르침 내용이 선교적으로 참 의미심장합니다. 그 내용인즉슨, 엘리야 시대에 닥친 3년 6개월의 가뭄과 흉년 속에 이스라엘의 많은 과부들을 다 제쳐두고, 하나님은 엘리야를 "오직 시돈 땅에 있는 사렙다의 한 과부"에게만 보내셔서 그들이 먹고 살 수 있도록 은혜를 베푸셨다는 것입니다. '사렙다 과부'라는 말을 너무 많이 들어 익숙한 우리는 그녀가 당연히 이스라엘 사람일 것이라는 착각을 할 수도 있지만, 그 앞에 "시돈 땅"이라는 지명이 나오면서 실은 이 여인이 이방인이라는 사실을 분명히 하고 있습니다. 구약 시대에 하나님이 이스라엘 사람이 아닌, 이방인에게 은혜를 주셨다는 것이죠. 예수님의 말씀은 27절에서 계속 이어집니다.

> 또 선지자 엘리사 때에 이스라엘에 많은 나병환자가 있었으되 그 중의 한 사람도 깨끗함을 얻지 못하고, **오직 수리아 사람 나아만 뿐** 이었느니라 눅 4:27

이번에는 선지자 엘리사 때에 이스라엘에도 많은 나병 환자가 있었을텐데, 그들을 다 제쳐두고 하나님은 이스라엘에 쳐들어온 원수 나라 아람나라의 수리아 사람 군대장관 나아만에게만 치유의 은혜를 베풀어주셨다는 것입니다. 그리고 성경에 유독 이것이 기록되어 있고, 또 예수님께서 지금 바로 이 사건을 인용하여 중요한 사실을 가르치고 계신 것입니다. 예수님이 지금 이 두 사건을 통해 무슨 말씀을 하시려는 것입니까? 한 마디로 '너희 이스라엘 사람들아, 하나님이 너희만 사랑하시고, 은혜 주신다고 착각하지 말라.'라는 것입니다. 이스라엘 사람들은 오랜 세월 하나님은 자신들만의 하나님이시며, 하나님도 자신들만을 사랑하셔서 특별히 선택하셨다는 잘못된 믿음을 가지고 있었습니다. 이것이 굳어지고 깊어져서 심지어 자기 민족이 아닌 다른 여타 민족들은 싸잡아서 이방 민족이라고 하여 그들에게는 하나님의 구원도 긍휼도 가당치 않다며 무시하고 멸시하는 자기 교만에 빠져 살았던 것입니다. 그러한 관점에서 이스라엘 백성들은 이 '사렙다 과부'나 '아람 장군 나아만'에게 임한 하나님의 은혜를 그냥 지나치고 싶었을지 모릅니다. 아주 특수하고 예외적인 상황이라고 둘러대고 싶었을지도 모릅니다. 왜요? 하나님은 이방인들을 사랑하지 않는다고 믿고 싶기 때문이죠. 하나님은 그들은 구원하시지 않으신다고 믿고 싶기 때문이죠. 하나님은 오직 이스라엘의 하나님이어야 하고, 하나님은 오직 이스라엘만을 택하셔서 사랑하시고 구원하신다고 믿고 싶었기 때문입니다. 이스라엘 사람들은 오늘날에도 여전히 그 믿음을 버리지 않고 있습니다. 그런데 오늘 예수님이 공생애 첫 가르침으로 택하신 본문이 바로 이 본문들이고, 그 가르침의 핵심 또한 회당에 앉은 유대인들에게는 '너희들만이 아니야.'이고, 그 회당 밖에서 듣고 있었을 이방인들에게는 '너희들도 다 포함이야.'라는 어쩌면 파격적이고, 어쩌면 당시로서는 그 자리에서 돌 맞을 말씀을 하셨던 것입니다.

아니나 다를까, 이어지는 28-29절에서 그 회당에 있는 자들이 예수님의 이 말씀을 듣고, 다 크게 화가 나서 예수님을 동네 밖으로 내쫓는 것도 모자라, 산 낭떠러지까지 끌고 가서 밀쳐 떨어뜨리려고까지 합니다. 너무 화가 나서 예수님을 그 자리에서 죽여버리겠다는 것이죠. 유대인들의 잘못된 믿음이 이 정도였습니다. 그 말 한마디에 이들을 이렇게 난폭하게 만들 정도로 그들은 이 잘못된 믿음에 완전히 사로잡혀 있었습니다. 예수님이 공생애 시작부터 '굳이 이런 말씀을 하셔야 했을까.', '처음인데 조금 완곡하게 하셨어도 되지 않았을까.'라는 생각해 보게 됩니다. 하지만 한편으로 시작부터 이 말씀을 하셔야만 했을 정도로 예수님께 이 주제는 너무나 중요하고, 긴급한 메시지였기 때문이라는 생각을 하게 됩니다. 네, 그렇습니다. 그랬던 것이죠. 예수님께서 이 땅에 오셔야만 했던 것은 물론 인간 스스로 죄 문제를 결코 해결할 수 없고, 하나님과의 깨어진 관계, 구원의 길이 없기 때문에 인간으로서는 할 수 없는 이 대속의 사역을 완수하시기 위함이었습니다.

하지만, 또 하나는 이 일을 위해 먼저 언약을 주시고, 복음을 주셔서 열방의 빛으로서 세계 구원의 길을 밝히도록 택하고 세우신 이 이스라엘 백성들이 하나님의 그 뜻을 저버리고, 오로지 편협한 자기애에 빠져서 수 천 년 동안 역사를 역행하고 있었다는 것이죠. 그래서 예수님은 이 땅에 오셔서 바로 이 역사를 바로 잡고, 복음이 더 이상 이스라엘에만 고여 있지 않고, 거침없이 열방과 온 세계로 흘러가도록 그 물길을 열어 놓으셔야 했습니다. 그러니 시작부터 예수님은 '착각하지 마라!' 소위 '사이다' 말씀을 선포하실 수밖에 없으셨던 것입니다. 그것이 예수님 마음에 가득 찬, 이스라엘과 세상을 향하신 선교적 본심이었기 때문입니다.

예수님이 하나님은 이스라엘만 사랑하신다고 가르치시다가, 그들이 예수님의 말씀을 듣지 않고 배척하니까 화가 나셔서 하나님은 너희들만 사랑하시는 것이 아니고 이방인들도 사랑하신다고 메시지를 바꾸신 것입니까? 아닙니다. 'from the very beginning', 애시당초, 시작부터 예수님은 이방사람들도 하나님의 사랑의 대상이라는 것을 가르치셨던 것입니다. 그리고 이 선교적 본심이 담긴 예수님의 가르침은 예수님의 공생애 사역 내내 계속 되었습니다. 유대인들을 주 대상으로 사역하시면서도 예수님은 끊임없이 이방인들을 만나서 이방 선교의 길을 내셨고, 또 때마다 선교적 메시지로 제자들과 유대인들을 가르치셨습니다.

그 가르침들을 더 살펴보겠습니다. 마태복음 8장입니다. 마태복음 5장부터는 산상수훈이 이어지고, 8장으로 넘어오면 예수님께서 산에서 내려오신 후의 일들을 다루고 있습니다. 우리가 이제 살펴보려는 내용은 5절 이하에서 예수님이 로마 군대가 주둔해 있던 가버나움을 들어가시는데, 이방인인 로마 군대 백부장이 예수님께 중풍병 걸린 자기 하인을 고쳐달라고 간청하면서 시작됩니다. 이 이방인 백부장의 간청에 예수님은 직접 그 백부장의 집으로 가서 고쳐주시겠다고 하십니다. 이에 백부장은 예수님께서 자기 집에 오시는 것을 감당하지 못하겠다고 말합니다. 그러면서 그가 하는 말이 중요한데요. 8절부터 나오는 그의 말을 쉽게 정리해보면 이렇습니다. '예수님, 저는 군인입니다. 제가 속한 계급사회에서는 높은 사람이 오라 하면 오고 가라 하면 가는데, 예수님이 직접 저희 집까지 오신다니요. 안될 일입니다. 그저 말씀만 하셔도 제 하인이 나을 것입니다.' 이 말을 들으시고 예수님이 놀라시면서, 10절에, **"내가 진실로 너희에게 이르노니"**, '내가 지금 정말 중요한 이야기 할테니 잘 들어라.' 강조까지 하시고, **"이스라엘 중 아무에게서도 이만한 믿음을 보지 못하였노라"**라고 말씀하십니다. 즉 '지금 이 백부장은 이방인인데, 너희 이스라엘 사람보다 믿음이 훨씬 더 좋다.'라고 말씀하신 것입니다. 유대인들은 믿음의 조상 아브라함의 후손이라는 자부심 때문에, 조상 대대로 믿음에 관해서는 자신들이 '금메달'이라고 생각하는데, 지금 이 이방인 백부장만한 믿음을 본적이 없다고 말씀하셨으니 이것

이 유대인들에게는 얼마나 충격이었겠습니까. 그런데 거기에 더하여 11, 12절에,

> ¹¹ 또 너희에게 이르노니 **동서로부터 많은 사람이 이르러** 아브라함과 이삭과 야곱과 함께 **천국에** 앉으려니와 ¹² 그 나라의 **본 자손들은** 바깥 어두운 데 **쫓겨나** 거기서 울며 이를 갈게 되리라 **마 8:11-12**

"동서로부터 많은 사람이 이르러", 이 사람들이 바로 이방인들입니다. 그런데 이 이방인들은 "아브라함과 이삭과 야곱", 즉 이스라엘의 믿음의 조상들과 "함께 천국에 앉으려니와", 구원받고 천국 백성 되겠지만, "그 나라의 본 자손들은" 누구입니까? 유대인들입니다. 그들은 "바깥 어두운 데 쫓겨나 거기서 울며 이를 갈게 되리라" 천국 문에도 못 들어가 후회하게 될 것이라는 것입니다. 자신들에게는 보증수표처럼 주어졌다고 믿어온 천국 백성 되는 구원이 유대인이기 때문에 당연히 주어지는 것이 아니라, 이 백부장처럼 믿음이 있는 자가 얻게 되는 축복이라는 사실을 분명히 말씀하고 계시는 것입니다. 당시와 같은 상황에서 예수님은 이렇게 가르치고 말씀하신 것입니다. '이스라엘 사람들 너희만 하나님의 백성이라고 착각하지 말라 이방사람도 너희보다 더 좋은 믿음을 가진 사람이 있다. 이방사람들도 많이 구원받고 돌아올 것이

고 너희들 중에도 구원받지 못하는 사람이 있다.'는 것을 분명히 가르치신 내용입니다. 11절과 같이 복음이 온 천하 열방에 전파되고, 거기서 하나님의 백성들이 나오게 될 것을 말씀하신 본문은 복음서 여러 곳에서 찾을 수 있습니다.

> 또 복음이 먼저 **만국에 전파**되어야 할 것이니라. **막 13:10**
> **모든 민족**을(all the nations) 그 앞에 모으고 각각 구분하기를 목자가 양과 염소를 구분하는 것 같이 하여 **마 25:32**
> 그가 큰 나팔소리와 함께 천사들을 보내리니 그들이 **그의 택하신 자들을 하늘 이 끝에서 저 끝까지 사방에서 모으리라 마 24:31**
> 또 그 때에 그가 천사들을 보내어 **자기가 택하신 자들을 땅 끝으로부터 하늘 끝까지 사방에서 모으리라 막 13:27**
> **사람들이 동서남북으로부터 와서** 하나님의 나라 잔치에 참여하리니 **눅 13:29**

반대로 12절처럼 예수님께서 재림하실 때 통곡할 사람들에 대한 말씀도 더 찾을 수 있습니다.

> 그 때에 인자의 징조가 하늘에서 보이겠고 그 때에 **땅의 모든 족속들이**(all the peoples of the earth) **통곡하며** 그들이 인자가 구름

을 타고 능력과 큰 영광으로 오는 것을 보리라. **마 24:30**

볼지어다. 그가 구름을 타고 오시리라. 각 사람의 눈이 그를 보겠고, 그를 찌른 자들도 볼 것이요. **땅에 있는 모든 족속이** (all peoples on earth) **그로 말미암아 애곡하리니** 그러하리라 아멘 **계 1:7**

예수님께서는 마태복음 11장 20-24절에서, 권능을 많이 행하시고 중요하게 사역하셨으나 회개치 않고 복음을 잘 받아들이지 않는 벳세다와 가버나움을 향해 그 지역 사람들을 책망하시기도 하셨습니다. 요지는 '너희에게 행한 모든 권능을 두로와 시돈, 심지어 소돔과 같은 심판 받은 이방의 땅에 행했다면 그들은 회개하고 그 심판을 면했을 것이다.'라는 것이었습니다. 그만큼 이스라엘과 유대인들에게 특별한 은혜와 권능을 베푸셨으나, 그들은 오히려 이방인들보다 더 완악하고 강퍅했다는 것입니다.

²⁰ 예수께서 권능을 가장 많이 행하신 고을들이 회개하지 아니하므로 그 때에 책망하시되 ²¹ 화 있을진저 고라신아, 화 있을진저 벳새다야, 너희에게 행한 모든 권능을 두로와 시돈에서 행하였더라면 그들이 벌써 베옷을 입고 재에 앉아 회개하였으리라 ²² 내가 너희에게 이르노니 심판 날에 두로와 시돈이 너희보다 견디기 쉬우리라 ²³ 가버나움아 네가 하늘에까지 높아지겠느냐? 음부에까지 낮아지리라 네게 행한 모든 권능을 소

돔에서 행하였더라면 그 성이 오늘까지 있었으리라 ²⁴ 내가 너
희에게 이르노니 심판 날에 소돔 땅이 너보다 견디기 쉬우리
라 하시니라 **마 11:20-24**

그리고 마태복음 12장 41-42절에서는 마지막 날에 오히려
남방여인이나 니느웨 사람, 땅 끝에서 온 이방인들이 이스라엘 사
람들에게 '우리는 멀리서 잘 모르면서도 하나님을 잘 믿었는데 너
희는 무엇이냐.' 라고 하듯 이스라엘 사람들을 정죄할 것이라고
말씀하셨습니다.

> ⁴¹ 심판 때에 **니느웨 사람**들이 일어나 **이 세대 사람을 정죄**하
> 리니 이는 그들이 요나의 전도를 듣고 회개하였음이거니와 요
> 나보다 더 큰 이가 여기 있으며 ⁴² 심판 때에 **남방 여왕**이 일어
> 나 **이 세대 사람을 정죄**하리니 이는 그가 솔로몬의 지혜로운
> 말을 들으려고 **땅 끝에서 왔음이거니와** 솔로몬보다 더 큰 이
> 가 여기 있느니라 **마 12:41-42**

그리고 예수님은 마태복음 21장 43절에서 하나님 나라 건설
을 위해 세우신 이스라엘 민족에게 주셨던 특권을 빼앗아 이제는
이방 중에 하나님 나라의 열매 맺는 백성들이 받게 될 것이라고
가르치셨습니다. 또한 그들이 신약시대에 와서는 베드로전서 2장

9-10절 말씀에 나오는 **"어두운 데서 불러내어 그의 기이한 빛에 들어가게 하신"**, '에클레시아(ecclesia)', 즉 '불러내진 자들의 공동체'라고 말씀하고 있습니다. 구약 시대에 이스라엘 민족이 "택한 족속"이고 "왕 같은 제사장", "거룩한 나라", "그의 소유된 백성"이었지만, 이제 이 특권은 지금 예수 믿고 따르는 우리가 누리고 있는 것입니다.

> 그러므로 내가 너희에게 이르노니 **하나님의 나라를 너희는 빼앗기고 그 나라의 열매 맺는 백성이 받으리라 마 21:43**
> [9] 그러나 너희는 택하신 족속이요, 왕 같은 제사장들이요, 거룩한 나라요, 그의 소유가 된 백성이니 이는 너희를 어두운 데서 불러내어 그의 기이한 빛에 들어가게 하신 이의 아름다운 덕을 선포하게 하려 하심이라. [10] 너희가 **전에는 백성이 아니더니 이제는 하나님의 백성**이요 전에는 긍휼을 얻지 못하였더니 이제는 긍휼을 얻은 자니라. **벧전 2:9-10**

지금까지 살펴본 예수님의 가르침들은 결국 '이스라엘 민족만이 아닌', '이방인들에게도' 아니 '모든 열방' 중에 선포되고 은혜로 임하고 누려지게 되는 참된 복음을 가르치신 것입니다. 당시의 왜곡된 하나님 나라와 그 백성에 대한 이해, 그리고 그로 말미암은 잘못된 이스라엘의 종족 우월의식을 깨고, 열방과 세계 만민을 향하는 진짜 복음을 가르치셨습니다.

여러분 어떻습니까? 우리 예수님의 사역, 특히 그 말씀으로 가르치신 사역의 핵심은 이처럼 선교적 메시지로 가득차 있습니다. 그 본질이 선교적이었음을 부인할 수 없습니다. 그러나 이 핵심을 망각하면 오늘날 우리도 이스라엘 민족의 잘못을 동일하게 반복할 수 있습니다. 교회와 내 삶 속에만 복음을 가두어 두고, 하나님 나라의 축복을 나 자신과 우리 공동체에만 국한시켜 버린다면 우리 역시 오늘 살펴본 말씀들처럼 하나님 나라에서 제외되고, 그 특권과 축복이 빼앗겨 버리게 될 수도 있습니다. 우리에게 임하신 복음과 하나님 나라는 본질적으로 열방과 세상 만민에게 향하도록 되어 있습니다. 복음은 결코 어느 한 개인, 어느 한 집단에 매일 수 없습니다. 우리가 바르게 복음을 받고, 하나님 나라 백성이 되었다면 우리 역시 그 뜻에 순종하여 복음이 없어 죽어가는 하나님의 잃어버린 백성들을 향해, 복음과 함께 고난을 당하며 복음을 증거하는 삶을 살아야 할 것입니다. 그것이 복음을 복음되게 하는 것이며, 하나님 나라 백성이 그 백성답게 사는 길입니다. 주 안에 사랑하는 여러분, 다시 예수님의 가르침 앞에 귀 기울입시다. 그 가르침이 향하는 복음의 행진에 함께 동참합시다. 우리 인생에 주어진 복음의 기회 앞에 순종함으로 하나님 나라 백성다운 삶을 살아갑시다. 아멘

예수님께서는 공생애 3년의 짧은 시간과 이스라엘 지역에 국한 된 사역이었지만 당시 국한된 지역에만 복음을 전할 목적이 아니라, 복음사역과 제자훈련을 통해 이 원리를 가르치시고자 하셨던 것입니다. 그래서 당대에서 이 사역이 끝나는 것이 아니라, 훈련하신 제자들을 통해 연쇄적으로 계속해서 모든 종족들이 복음을 듣고 또 전하는 큰 비전을 바라보셨던 것입니다. 바로 그것이 주님 다시 오실 때까지의 전체 시간과 공간에 관한 관점이자 전략이셨던 것입니다. 그래서 예수님은 직접 전체 지역을 두루 다니시며 복음을 전하시되, 그와 함께 한 제자들과 또 오고 오는 장래의 제자들이 동일한 전체의 비전을 품고 나아갈 수 있도록 훈련하신 것입니다.

- '예수님의 선교 원리를 회복하라
(전체, 미전도 우선순위, 세계복음화 비전)' 본문 중에서 -

복음서 06

예수님의 선교 원리를 회복하라
(전체, 미전도 우선순위, 세계복음화 비전)

> [35] 새벽 아직도 밝기 전에 예수께서 일어나 나가 한적한 곳
> 으로 가사 거기서 기도하시더니 [36] 시몬과 및 그와 함께 있
> 는 자들이 예수의 뒤를 따라가 [37] 만나서 이르되 모든 사람
> 이 주를 찾나이다 [38] 이르시되 우리가 다른 가까운 마을들
> 로 가자 거기서도 전도하리니 내가 이를 위하여 왔노라 하
> 시고 [39] 이에 온 갈릴리에 다니시며 그들의 여러 회당에서
> 전도하시고 또 귀신들을 내쫓으시더라
> - 막 1:35-39 -

예수님은 공생애의 시작과 함께 갈릴리 바닷가에서 제자들을 부르십니다. 그리고 공생애 기간 동안 부르신 제자들을 훈련하십니다. 그 훈련의 핵심은 결국 세계 복음화 완성을 위한 전도와 선교 훈련이었습니다. 그렇기 때문에 이는 필연적으로 타문화권, 타종족들을 대상으로 한 사역을 전제로 한 것이었습니다. 예수님은 이를 위해 직접 선교의 모본을 보여주시는 방식으로 제자들을 훈련하셨는데, 우리는 여기서 예수님이 보여주신 선교의 지향점

을 알 수 있습니다.

1. 예수님은 전체를 염두에 두고 사역하셨습니다.

복음서의 기사들은 예수님이 의도적으로 제자들을 '온' 갈릴리, '모든' 도시와 마을, '각' 성과 마을에 두루 다니게 하시면서 처음부터 전체에 관심을 갖게 하신 것을 알 수 있습니다.

마태복음 4장 23-25절에 보면 예수님께서 열두 제자를 부르신 후 처음 행하신 대중 전도사역에서 **"온 갈릴리에 두루 다니"**셨고, 또 마태복음 9:35에 **"예수께서 모든 도시와 마을에 두루 다니사"**, 누가복음 8장 1절에도 **"예수께서 각 성과 마을에 두루 다니시며"**라고 기록하고 있습니다. 반응이 좋은 어느 한 지역에 집중적으로 사역한 것이 아니라, '온', '모든', '각' 지역을 '두루' 다니시며 복음을 전하신 것입니다. 예수님의 관점은 '잘 되냐 안 되냐'가 아니라, '전체'를 대상으로 한 것이었고, 제자들에게 그것을 가르치신 것입니다.

또 특히 앞서 누가복음 8장 1절에서 각 도시(성)와 마을을 언급하고 있는 것은 예수님께서 그저 되는 대로 모든 곳을 다 다니신 것이 아니라 거점이 되는 도시(성)을 통해 복음이 그 전체 마을 들까지 확산되는 전체에 대한 전략적인 관점을 가르쳐 주시는 것이었습니다.

비록 예수님께서는 공생애 3년의 짧은 시간과 이스라엘 지역에 국한 된 사역이었지만 당시 국한된 지역에만 복음을 전할 목적이 아니라, 복음사역과 제자훈련을 통해 이 원리를 가르치시고자 하셨던 것입니다. 그래서 당대에서 이 사역이 끝나는 것이 아니라, 훈련하신 제자들을 통해 연쇄적으로 계속해서 모든 종족들이 복음을 듣고 또 전하는 큰 비전을 바라보셨던 것입니다. 바로 그것이 주님 다시 오실 때까지의 전체 시간과 공간에 관한 관점이자 전략이셨던 것입니다. 그래서 예수님은 직접 전체 지역을 두루 다니시며 복음을 전하시되, 그와 함께 한 제자들과 또 오고 오는 장래의 제자들이 동일한 전체의 비전을 품고 나아갈 수 있도록 훈련하신 것입니다.

2. 예수님은 복음을 듣지 못한 자들에게 우선순위를 두고 사역하셨습니다.

오늘 설교 본문인 마가복음 1장 35절 이하에 보면 예수님이 새벽에 따로 다른 한적한 곳에서 기도하시는데, 전날 예수님의 능력을 보고 놀란 많은 사람들이 제자들을 통해 예수님을 찾아옵니다. 그러나 예수님은 38절에서 제자들에게 **"우리가 다른 가까운 마을들로 가자 거기서도 전도하리니 내가 이를 위하여 왔노라"**라고 하시면서 이미 복음을 들은 사람들에게 더 이상 머물지 않으시고, 아직 복음을 듣지 못한 사람들이 있는 곳으로 옮겨 가셨습니다. 여기서 우리는 선교의 본이 되시는 예수님의 또 하나의 주된 관심이 무엇인지 알 수 있습니다. 그것은 바로 전체의 관점을 가지되 그 가운데에서 아직 복음을 듣지 못한 자들에게 우선순위(priority)를 두는 것이었습니다.

제자들이 피곤해서 자고 있는 그 새벽 미명에 일어나 한적한 곳으로 가서 기도하신 예수님은 성부, 성령 하나님과 무슨 대화를 나누셨을까요? 우리가 하나님의 사정을 다 알 수는 없지만, 이후 벌어지는 상황으로 미루어 짐작은 해 볼 수 있을 것입니다. 전날 예수님의 능력을 본 사람들이 자기 식구 중에 아픈 사람들을 데리고 몰려와 웅성웅성하고 있습니다. 그제야 그 소리에 깨어난 제자들은 다른 데 계신 예수님을 찾아가 사람들이 이렇게 많이 몰려왔으니 병 고쳐주고 귀신 쫓아내고 하나님 말씀을 전하자고 말씀드립니다. 어쩌면 제자들로서는 마땅히 그럴 수 있는 요청을 한 것입니다. 이 때 예수님이 말씀하신 38절 말씀은 '성부 하나님이 다른 마을에서도 하나님 나라의 복음을 전하라고 보내셨기 때문에 어제 이미 복음을 전한 이 사람들에게 나는 시간을 더 쓸 수 없다.'라는 의미로 이해할 수 있습니다. 그리고 정말 예수님은 몰려온 사람들을 그대로 두고 다른 마을로 가 버리십니다.

사역자의 입장에서 어찌 보면 납득이 안 되는 상황일 수도 있지만, 그러나 우리는 예수님이 왜 그러시는지 잘 이해할 필요가 있습니다. 예수님이 설마 이미 복음 들은 그들은 사랑하시지 않아서, 중요하지 않아서 그러셨을까요? 이미 예수님을 만나 은혜를 누리는 우리가 다 아는 바와 같이, 전혀 그것은 맞지 않는 해석입니다. 여기서 주목할 것은 물론 이 상황이 예수님이 복음을 전하시는 사역의 현장이기도 하지만, 또한 예수님께서 큰 비전을 가지고 제자들을 훈련하시는 훈련장이기도 했다는 사실입니다. 무슨 말입니까? 이 뜻밖의 상황에서 예수님은 제자들에게 무엇인가 확실하게 각인시켜 가르치시려고 하셨다는 것입니다.

그것이 무엇일까요? 결론부터 말하자면, 그것은 바로 선교의 우선순위가 무엇인가 하는 것입니다. 예수님이 동일하게 긍휼히 여기시고, 은혜 베풀기 원하셨을 그 사람들을 뒤로 하고, 그곳을 떠나신 이유가 무엇이었습니까? 그렇습니다. 아직 복음을 듣지 못한 다른 동네 사람들 때문이었습니다. 그들에게도 복음을 듣게 해야 했기 때문이었습니다. 그것이 왜 중요합니까? 예수님의 기도로 나타난, 삼위일체 하나님의 회의에서 하나님이 그렇게 말씀하셨기 때문이지요. 그 말은 선교의 주인이 되시는 하나님의 우선순위, 그것이 바로 철저히 복음을 듣지 못한 사람들에게 우선순위(priority)가 있다는 것입니다. 우리는 바로 이 예수님의 선교 원리에 주목해야 하는 것입니다. 병 고침을 받고자 몰려오는 마을 사람들에게는 미안한 일이지만, 예수님은 단지 당장 눈앞에 있는 사람들의 병을 고치고 귀신을 내어 쫓는 일을 위해 오신 것이 아니라, 온 백성을 구원하실 영적 전쟁의 궁극적 승리를 위해 아직 복음을 듣지 못한 자들에게도 복음과 하나님 나라를 선포하셔야 했던 것입니다. 바로 여기 우선순위가 있는 것입니다.

3. 예수님은 세계복음화의 비전을 가지고 사역하셨습니다.

예수님은 왜 기회 되는대로 최대한 많은 사람들이 아닌, 전체의 전략적 관점에서 복음을 듣지 못한 사람들에게 우선적으로 복음을 전해야 함을 가르치셨을까요? 그것은 단지 많은 사람들을 구원하시는 것이 아닌 세계복음화의 비전 때문이었습니다.

마태복음 24장 14절에서 예수님이 무엇이라고 말씀하십니까? **"이 천국 복음이 모든 민족에게 증언되기 위하여 온 세상에**

전파되리니 그제야 끝이 오리라" 그 끝은 예수님의 재림과 완전한 하나님 나라의 도래입니다. 그런데 그것과 맞닿아 있는 것이 바로 모든 민족(종족, 족속)에게 천국 복음이 증거되는 세계 복음화라는 것입니다. 온 세계, 온 민족이 복음화되어야 끝이, 주님 다시 오셔서 완전한 하나님 나라를 완성하시는 그 끝이 온다는 것입니다. 이것이 무엇입니까? 바로 우리가 외치는 세계 복음화의 비전입니다.

그러니 그 온 세계, 온 민족, 바로 그 전체를 염두에 두지 않을 수가 없는 것입니다.

그러니 그 온 세계, 온 민족들 가운데 아직 복음을 듣지 못한 이들을 우선적으로 찾아가 복음을 전할 수밖에 없는 것입니다.

선교전략이란 것이 다른 것이 없습니다. 어떻게 하면 전체 가운데서 아직 복음을 듣지 못한 이들에게 복음을 신속히 전할 수 있을지를 찾는 것이 선교전략일 것입니다.

목봉을 나를 때 사람들이 많이 있는 쪽에 가는 것은 목봉이 기울어져 도움이 안 되고, 사람들이 없는 쪽으로 가서 들어야 목봉을 쉽게 나를 수 있습니다. 또 겨울이 되어 잔디를 태울 때 다 태우려면 아직 불이 안 붙은 곳에 가서 불을 붙여야 전체적으로

빠르게 다 태울 수 있는 법인데, 불이 잘 붙는다고 한 곳에만 집중하여 더 잘 타도록 만드는 것은 좋은 방법은 아닐 것입니다. 전쟁에서도 아군이 전면전에 승리하려면 이기고 있는 전선보다는 지고 있거나, 전력이 대등하여 소강상태에 있는 전선에 병력과 장비를 투입해야 전쟁 전체를 승리할 수 있는 것입니다.

마찬가지로 예수님이 전체의 관점을 가지고, 복음이 전해지지 않은 곳에 집중하셨던 것은 바로 예수님이 오신 목적이 전 세계, 모든 족속을 복음화하시기 위한 것이었기 때문입니다. 그저 많은 사람을 구원하는 것이 목적이었다면 복음을 잘 받아들이는 곳에서 집중적으로 사역하셨을 것이지만, 예수님은 그렇게 하지 않으셨습니다. 지금 선교 전략상 어느 한 선교회 단독으로 선교하는 것이라면 조율하는 것이 그래도 좀 쉬울 것인데, 단체마다 나름대로 생각이 달라 선교사들이 한곳에 너무 몰려있는 경향이 있습니다. 인도네시아의 "말랑"이라는 도시만 해도, 이 도시 한 곳에 인도네시아에 있는 전체 선교사의 1/10이 몰려있습니다. 다 이유가 있겠지만, 이래서는 안됩니다. 아직 선교사가 없는 곳이 어디인지 찾아 그곳에 더 많은 선교사를 배치해야 하는 것입니다. 그러므로 이제 우리는 선교의 주인 되신 예수님의 목표가 세계복음화, 모든 족속 복음화의 완성인 것을 기억해야 됩니다.

예수님의 사역이 향하는 방향

예수님의 제자훈련과 위임령을 주심		지상 교회의 선교 과업 실행	재림
복음서 전체에 기록	복음서들 결론에 기록	사도행전과 교회사에 기록	마 24:14, 계 7:9-10에 예언
세계복음화를 위한 타문화 제자훈련	위임령을 주심	모든 종족 복음화를 완수함	예수님의 재림
공생애 기간 동안	부활 후 승천까지 40일간	오순절부터 재림 직전까지	모든 종족 민족에 복음이 전파된 후

위의 도표를 보면 예수님은 3년 동안 제자훈련을 하셨고 부활하신 후에는 위임령을 주셨습니다. 그 다음은 지상교회가 예루살렘부터 모든 종족이 복음을 들을 때까지가 복음 전하는 조건이 완성되면 천사들의 나팔 소리와 함께 예수님이 재림해오시면서 유형적으로 눈에 보이게 이 땅의 채질이 다 풀어 없어지는 새 하늘과 새 땅이 도래하는 영원한 하나님 나라가 완성됩니다. 여기서 강조되는 복음은 천국 복음, kingdom이 강조되는 복음이며, 예수님이 왕으로 오시는 바로 그것입니다. 그렇다면 전도와 선교는

그의 백성을 준비하는 과정이인데 모든 민족이 복음을 들을 때까지 이것은 끝나지 않습니다. 그래서 모든 종족이 다 복음을 들어야 그 다음에 예수님이 재림해 오신다고 하셨습니다. 아직 복음을 듣지 못한 종족이 있다면 그들이 우리의 남은 과업이 되는 것입니다.

이미 예수 믿는 사람이 있는 지역에서 교회를 강화하고 주위에 믿지 않는 사람을 전도하는 일은 좋은 일이지만 이 관점에서 보면 우선순위(priority)가 달리 정해지는 것입니다. 복음을 아직 못 들은 종족, 예수 믿는 사람이 없는 종족에 우선순위가 있는 것입니다.

예수님은 마태복음 24장 14절에서 **"이 천국 복음이 모든 민족에게 증언되기 위하여 온 세상에 전파되리니 그제야 끝이 오리라"**라고 말씀하셨고, 마가복음 13장 10절에서 **"또 복음이 먼저 만국에 전파되어야 할 것이니라"**라고 분명히 말씀하셨습니다. 그래서 우리가 사명으로 여기는 이 세계선교에 있어서 '미전도종족 사역의 우선성, priority'가 있다고 말하는 것입니다.

미전도종족선교의 완성과 재림의 관계(마 24:14, 막 13:10)
이 천국 복음이 모든 민족에게 증언되기 위하여 온 세상에 전

파되리니 그제야 끝이 오리라 **마 24:14**

또 복음이 먼저 만국에 전파되어야 할 것이니라 **막 13:10**

그런데 우리가 솔직히 말하면 선교사들이 교회가 이미 많이 있고 신학교도 많은 곳으로 가 있지 미전도종족이 있는 곳에는 적거나 아예 아직 없는 곳이 많습니다. 그것은 문제가 있다고 봅니다. 선교사로 부름 받은 사람은 복음을 듣지 못한 사람이 있는 곳으로 가야 합니다. 더 구원받아야 할 한 영혼, 개인도 중요하지만 예수님의 관심과 하나님의 관심인 종족단위로 복음이 아직 안 들어간 종족, 복음을 들은 사람이 없는 종족에 우선 관심을 가져야 하는 것이 성경적이며 옳습니다. 우리는 이것이 예수님께서 이 땅에 오셔서 하신 두 가지 중심 사역을 통해 바라보신 매우 중요하고 본질적인 방향이라는 사실을 확인해야 합니다.

바둑에서 이기려면 처음부터 바둑판 전체를 고려한 '포석'을 잘 해야 합니다. 바둑의 승리를 위해 선점해야 할 전략적 거점을 파악해 그곳을 선점하는 것입니다. 선교에 있어서도 마찬가지입니다. 세계와 지역 전체를 보고 복음을 아직 듣지 못한 지역에 복음이 전해지고 하나님 나라가 선포되기 위해 전략적인 거점이 어디인지 파악하여 그곳에 선교적 포석을 두어야 하는 것입니다. 그곳에 우선적으로 선교사와 자원을 보내야 하는 것입니다.

이미 선교의 주인되신 예수님께서 그 제자들에게 본을 보이신 대로 오늘날 그 길을 따라 가는 우리도 그 단순한 원리에 다시 집중할 필요가 있습니다. 우리가 속한 곳이 교회라면 교회에서, 선교단체라면 선교단체에서 지금 복음이 아직 전해지지 않은 지역이 어디인지, 복음을 듣지 못한 종족이 누구인지 찾아 그들에게 우선순위를 두는 것, 그것이 예수님께서 우리에게 맡기신 세계복음화의 비전을 이루는 첩경이 될 줄 믿습니다. 모두 이 세계복음화의 비전에 삶을 드리는 저와 여러분 다 되시기를 축원합니다.

예수님의 선교 원리를 회복하라(전체, 미전도 우선순위, 세계복음화 비전)　**133**

그렇게 지은 바 된 예루살렘 성전인데, 십자가 대속의 사역을 불과 몇일 앞두신 예수님이 목격한 성전의 실상은 인간의 온갖 탐욕과 욕심이 가득한 추악한 곳으로 전락해 버렸습니다. 그래서 예수님은 "강도의 소굴"이라고 강한 어조로 책망하시지 않습니까? 더러운 곳이 되어 버렸을 뿐 아니라, 원래의 목적인 이방인이 발붙일 수도, 아니 발붙이고 싶은 마음조차 들지 않도록 망가진 모습에 예수님이 격노하시는 것은 어쩌면 당연한 것이었을지 모릅니다. 지금 예수님이 예루살렘에 입성하신 이유가 무엇입니까? 나귀 타고 오신 이유가 무엇입니까? 바로 이 성전에 와서 기도해야 할 만민, 모든 열방과 모든 민족들까지 구원하시기 위해 그 속죄제사의 제물로서 십자가에 자신을 드리기 위해 오신 것이지 않습니까? 그런데 그 대속의 중심이 되어야 할 예루살렘 성전이 이 꼴이 되었으니, 예수님의 진노는 참으로 합당한 것이었습니다.

- '예루살렘 입성과 만민이 기도하는 집' 본문 중에서 -

복음서 07

예루살렘 입성과 만민의 기도하는 집

¹ 하나님의 아들 예수 그리스도의 복음의 시작이라 ² 선지자 이사야의 글에 보라 내가 내 사자를 네 앞에 보내노니 그가 네 길을 준비하리라 ³ 광야에 외치는 자의 소리가 있어 이르되 너희는 주의 길을 준비하라 그의 오실 길을 곧게 하라 기록된 것과 같이 ⁴ 세례 요한이 광야에 이르러 죄 사함을 받게 하는 회개의 세례를 전파하니 ⁵ 온 유대 지방과 예루살렘 사람이 다 나아가 자기 죄를 자복하고 요단 강에서 그에게 세례를 받더라 ⁶ 요한은 낙타털 옷을 입고 허리에 가죽 띠를 띠고 메뚜기와 석청을 먹더라 ⁷ 그가 전파하여 이르되 나보다 능력 많으신 이가 내 뒤에 오시나니 나는 굽혀 그의 신발끈을 풀기도 감당하지 못하겠노라 ⁸ 나는 너희에게 물로 세례를 베풀었거니와 그는 너희에게 성령으로 세례를 베푸시리라 ⁹ 그 때에 예수께서 갈릴리 나사렛으로부터 와서 요단 강에서 요한에게 세례를 받으시고 ¹⁰ 곧 물에서 올라오실새 하늘이 갈라짐과 성령이 비둘기 같이 자기에게 내려오심을 보시더니

¹⁷ 예수께서 이르시되 나를 따라오라 내가 너희로 사람을 낚는 어부가 되게 하리라 하시니

– 막 11:1-10, 막 11:17 –

십자가 대속 사역을 바라보시며 예수님께서는 나귀를 타고 예루살렘으로 입성하셨습니다. 복음서를 다 살펴봐도 그것이 무엇이든 짐승을 타고 다니시는 것을 볼 수 없었던 예수님이신데, 뜬금없이 예루살렘 입성을 앞두고 제자들에게 나귀를 준비하라 하시고, 직접 그 나귀에 올라타고 예루살렘으로 들어가신 것입니다. 특이한 장면입니다. 그런데 이렇게 하신 데는 다 이유가 있으셨습니다. 이것은 구약 스가랴 9장 9-10절의 예언이 성취되는 것을 보여주시는 예수님의 일종의 선언적 행보였습니다.

> 9 시온의 딸아 크게 기뻐할지어다. 예루살렘의 딸아 즐거이 부를지어다 보라 네 왕이 네게 임하시나니 **그는 공의로우시며 구원을 베푸시며 겸손하여서 나귀를 타시나니** 나귀의 작은 것 곧 나귀 새끼니라 10 내가 에브라임의 병거와 예루살렘의 말을 끊겠고, 전쟁하는 활도 끊으리니 **그가 이방 사람에게 화평을 전할 것이요 그의 통치는 바다에서 바다까지 이르고 유브라데 강에서 땅 끝까지 이르리라 스가랴 9:9-10**

스가랴 말씀에서 보듯이 예수님께서는 이방 사람들에게, 그것도 땅 끝까지 이르러 화평을 전하시며, 그 모든 영역을 다스리실 정권의 왕으로 예루살렘에 임하실 것이라고 예언되어 있습니다. 그리고 그 상징적인 선언이 바로 나귀를 타고 예루살렘에 입성하시는 것이었습니다.

그러니까 지금 예수님의 이 예루살렘 입성 모습은 물론, 스가랴 9장 9절 말씀처럼 왕이시나 겸손하심을 나타내는 것이기도 했지만, 또한 지금 이렇게 나귀를 타고 예루살렘으로 들어가시는 이가 바로 이스라엘 뿐 아니라, 땅 끝까지 온 세상을 다스리시는 왕이심에 대한 상징적인 선언으로서의 메시지가 더 큰 것이라는 것입니다.

또한 그 왕의 임재 메시지에는 스가랴 말씀에 나타난 그 왕이 어떠한 왕이신지에 대한 메시지도 함축되어 있는데, 9절 중간에 **"그는 공의로우며 구원을 베풀며"**라고 말씀하고 있습니다. 이것을 잘 설명하는 그림이 있는데요.

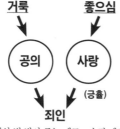

대신 벌 받아 주는 제도 : 속죄 제사

대속자의 조건	사람
	죄 없는 자
	무한자(하나님)

여기 보면, 죄인이 있고 그 죄인에게는 하나님의 거룩하심으로 말미암는 공의가 적용되고, 동시에 좋으신 하나님으로 말미암는 사랑(긍휼)이 적용되는 것을 알 수 있습니다. 그런데 이 죄인에게 있어서 '공의'와 '사랑'이라는 것은 서로 동시에 적용될 수 없는 상반된 개념입니다. 죄를 범한 인간에게 하나님의 공의는 심판의 형벌로 임해야 하고, 여기에는 하나님의 사랑과 긍휼이 들어설 여지가 없는 것이죠. 반대로 하나님의 사랑과 긍휼이 임하실 때에 하나님의 공의와 심판이 함께 임한다는 것은 맞지 않는 것입니다. 그렇기 때문에 이것은 스가랴서에 예수님이 왕이신데 나귀를 타고 오신다는 상징 이상으로 양립하기 어려운 것이라 할 수 있습니다.

그런데 이것을 해결할 수 있는 묘책이 하나님께 있는데, 그것이 바로 예수님이 지금 예루살렘에 들어가셔서 행하시려고 하시는 십자가 대속의 사역인 것입니다. 즉 대속은 대신 벌 받아 주는 제도이고, 이 제도의 예표는 이미 구약에서 속죄 제사를 통해 보여주신 개념입니다. 즉 죄를 범한 인간 대신 속죄 제물을 바침으로 그 죄의 대가를 치른 것으로 인정하여 주셔서 하나님의 공의를 만족케 하고. 또 그 대신 대가가 치러진 죄를 용서하시고 구원하심으로 하나님의 사랑과 긍휼이 만족케 되는 것입니다. 이를 위해 예수님께서는 사람이되, 죄는 없어야 하며, 모든 인류를 대신

할 가치를 지닌 존재, 곧 하나님이셔야 한다는 대속자의 조건을 만족시키시기 위해 겸손히 인간의 모습으로 스스로 비하하여 오셨습니다. 이것이 바로 대신 벌 받아 주는 제도, 속죄 제사의 원리인 것입니다.

그러니 이 나귀를 타고 가는 이 상징 하나에 '공의로우신데, 구원, 즉 대신 속죄 제물이 되시기 위해 인간의 몸으로 오셔서 그렇게 대신 십자가에 죽어주실 만큼 겸손하신 왕'이라는 의미를 다 함축시켜 놓은 것입니다. 예수님은 바로 그러한 왕으로 나귀 타고 예루살렘에 들어가고 계신 것입니다. 그런데 여기서 늘 함께 중요한 것! 그 방향이 어디를 향하고 있는가, 바로 이스라엘 뿐 아니라 이방 사람을 다 아우르는 온 세상, 모든 열방, 모든 종족들을 향하며, 그들에게 평화를 전하고 그들을 다스리실 왕이 되신다는 선언인 것입니다.

> 우리가 아직 죄인 되었을 때에 그리스도께서 우리를 위하여 죽으심으로 하나님께서 우리에 대한 자기의 사랑을 확증하셨느니라 로마서 5:8

예루살렘에 입성하신 후 예수님께서는 먼저 성전을 청결케 하셨습니다. 마가복음 11장 15-16절에 **"성전 안에서 매매하는 자**

들을 내쫓으시며 돈 바꾸는 자들의 상과 비둘기 파는 자들의 의자를 둘러엎으시며 아무나 물건을 가지고 성전 안으로 지나다님을 허락하지 아니하시고"라고 기록되어 있는데, 우리말로 번역된 글로는 사뭇 점잖게 표현되어 있지만, 실제로 그 당시 상황을 묘사해본다면 이 장면은 예수님께서 성경의 기록 가운데 가장 폭력적이고 분노하신 장면으로 그려질 것입니다. 일어난 시기는 다르게 보기도 하지만, 유사한 사건을 기록한 요한복음 2장 15절에 보면 "노끈으로 채찍을 만드사 양이나 소를 다 성전에서 내쫓으시고 돈 바꾸는 사람들의 돈을 쏟으시며 상을 엎으시고"라고 되어 있어서 예수님께서 성전의 부패한 모습을 보고 얼마나 격노하셨는지 알 수 있습니다.

그때 마가복음 11장 17절에 예수님께서는 그렇게 격노하신 이유, 즉 성전의 참된 의미에 대해 가르쳐 주십니다. "내 집은 만민이 기도하는 집이라" 이 말씀은 이사야 56장 7절의 말씀을 인용하신 것입니다.

> 내가 곧 그들을 나의 성산으로 인도하여 기도하는 내 집에서
> 그들을 기쁘게 할 것이며 그들의 번제와 희생을 나의 제단에
> 서 기꺼이 받게 되리니 이는 **내 집은 만민이 기도하는 집이라**
> 일컬음이 될 것임이라 **이사야 56:7**

예수님이 격노하신 진정한 이유, 그것은 물론 성전 안에서 벌어지는 구역질나는 부패한 인간들의 모습 때문이기도 했지만, 그보다 훨씬 더 근본적인 것은 바로 그 성전이 무엇을 위한 장소인가 하는 것이었습니다. 이사야 말씀에 성전은 "만민이 기도하는 집"이었습니다. 만민이 기도하는 장소로 이 성전의 의미와 목적을 두셨다는 것입니다.

하나님께 거룩하게 겸비하여 드려야 할 제물을 불경하게 사고파는 더러운 이익의 수단으로 전락시킨 것도 큰 문제였지만, 예수님께는 사람들이 와서 하나님께 기도할 공간과 그 기회 자체가 차단되어버린 현실에 대한 분노가 더 컸던 것입니다. 성전을 성전되게 하는 그 가치와 이유, 목적이 완전히 파괴된 현장을 예수님은 도저히 그냥 두고 볼 수가 없으셨던 것이죠.

그런데 여기서 더 깊이 예수님의 본심으로 들어가 본다면, 하나님께 기도할 그 사람들이 어떤 사람들인가에 집중할 필요가 있습니다. 그 사람들은 그냥 사람들이 아닙니다. 그저 이스라엘 백성들만이 아닙니다. 이 성전은 애시당초 "만민", 모든 사람들을 위한, 그 만민이 하나님께 나아와 고통을 신원하고, 간절한 소망을 아뢰고, 하나님과 깊은 소통과 교제를 누릴 수 있는 바로 만민을 위한 장소였던 것입니다. 이 만민에는 당연히 처음부터 모든

'이방인들'도 포함되는 것이었습니다.

이 이사야 56장 7절 전제의 근거는 역사를 더 거슬러 올라가 솔로몬의 성전 봉헌 기도에서 찾을 수 있습니다. 동일한 사건이 열왕기상 8장 41-43절과 역대하 6장 32-33절에 똑같이 기록되어 있는데요. 먼저 역대하 말씀으로 한번 보겠습니다.

> ³²주의 백성 **이스라엘에 속하지 않은 이방인에게 대하여도** 그들이 주의 큰 이름과 능한 손과 펴신 팔을 위하여 **먼 지방에서 와서 이 성전을 향하여 기도하거든** ³³주는 계신 곳 하늘에서 들으시고 **모든 이방인이 주께 부르짖는 대로 이루사 땅의 만민이 주의 이름을 알고 주의 백성 이스라엘처럼 경외하게 하시오며** 또 내가 건축한 이 성전을 주의 이름으로 일컫는 줄을 알게 하옵소서 **역대하 6:32-33**

너무 감동적인 기도이지 않습니까? 솔로몬이 처음 이 예루살렘 성전을 지어서 하나님 앞에 봉헌할 때부터 이 성전은 이방인에게도 활짝 열려 있는 만민이 기도하는 집이었습니다. 이방인이라도 먼 지방에서부터 와서 이 성전을 향하여 기도하면 하나님이 들어주시고, 하나님이 하나님 되심을 알게 해 주시고, 그들도 이스라엘처럼 하나님 백성 되게 해 달라는 것입니다. 성전 건축의 목적, 이 성전의 존재 이유 자체가 지극히 선교적이지 않습니까?

중심 내용	성경	내용
솔로몬의 봉헌 기도와 축복	왕상 8:41-43, 60 대하 6:32-33	이방인의 기도를 들어주소서
이사야서의 기록	사 56:7	성전은 만민이 기도하는 집이다.
예수님의 분노	요 2:13-22, 막 11:17	이방인이 받을 영적 은혜를 방해하는 것에 노하심

그렇게 지은 바 된 예루살렘 성전인데, 십자가 대속의 사역을 불과 며칠 앞두신 예수님이 목격한 성전의 실상은 인간의 온갖 탐욕과 욕심이 가득한 추악한 곳으로 전락해 버렸습니다. 그래서 예수님은 "강도의 소굴(막 11:17)"이라고 강한 어조로 책망하시지 않습니까? 더러운 곳이 되어 버렸을 뿐 아니라, 원래의 목적인 이방인이 발붙일 수도, 아니 발붙이고 싶은 마음조차 들지 않도록 망가진 모습에 예수님이 격노하시는 것은 어쩌면 당연한 것이었을지 모릅니다.

지금 예수님이 예루살렘에 입성하신 이유가 무엇입니까? 나귀 타고 오신 이유가 무엇입니까? 바로 이 성전에 와서 기도해야 할 만민, 모든 열방과 모든 민족들까지 구원하시기 위해 그 속죄 제사의 제물로서 십자가에 자신을 드리기 위해 오신 것이지 않습니까? 그런데 그 대속의 중심이 되어야 할 예루살렘 성전이 이 꼴이 되었으니, 예수님의 진노는 참으로 합당한 것이었습니다.

이렇게 만든 책임이 누구에게 있습니까? 바로 이스라엘 백성들, 유대인들이었습니다. 예루살렘 성전이 있다고 하나님을 모르는 이방인들이 스스로 알아서 성전까지 오거나, 성전을 향해 기도할 줄을 알 수 있었겠습니까?

원래 처음부터 이스라엘 백성들은 하나님을 잃어버린 세상과 열방의 모든 사람들로 하여금 하나님을 알고, 하나님의 구원을 듣고 하나님을 경외하는 자리로 나아오게 할 사명을 받은, 그래서 먼저 선택받은 민족이었습니다. 그렇게 구약시대부터 하나님 나라와 구원의 복음을 증거해서 이방인들도 하나님의 구원을 바라며 하나님께 나아오고, 이 성전에 나아와서 간절한 기도를 드리도록 돕는 자들이었어야 했던 것입니다.

그런데 그들이 이 책무와 사명, 먼저 받은 그 은혜의 목적을 망각한 채 마음대로 살았기 때문에 열방으로 전파되어야 했던 복음은 가두어져 있어야 했고, 고인 물이 썩듯 그렇게 부패하여 이와 같은 꼴이 되고 만 것입니다. 그들이 가서 전했어야 했고, 그들이 그 삶으로 하나님의 살아계심을 증명해야 했습니다. 그래서 열왕기상 8장 60절 말씀처럼 **"이에 세상 만민에게 여호와께서만 하나님이시고 그 외에는 없는 줄을 알게 하시기를 원하노라"**한 솔로몬의 기도가 응답되었어야 했던 것입니다. 그것이 "내 집은 만민이 기도하는 집이라"하신 예수님의 성전에 대한 의미 규정의 본질인 것입니다.

이 성전의 원리, 목적, 존재이유는 아직 이 땅에 복음을 듣지 못한 미전도종족들, 아직 예수 그리스도의 구원의 은혜를 누리지 못한 열방의 족속들이 남아 있는 한, 오늘날 우리 교회와 성도들에게도 동일하게 적용되어야 할 원리인 줄 믿습니다.

우리가 그들에게 가서 그 복음을 증거하고, 우리 삶으로 증명해주어야 할 것입니다. 그래서 그들이 그 복음과 우리의 믿음의 삶을 보고 회개하고 하나님을 경외함으로 주께 나아와 구원을 갈망하며 기도하고, 그 고통을 신원하고, 간절한 소망을 간구하는 하나님 백성되게 해야 할 책무와 사명이 오늘 우리에게도 있는 것입니다.

오늘 우리는 이 예루살렘 입성과 그 성전을 청결케 하신 예수님의 사역을 통해 다시 한 번 예수님의 사역의 중심 가운데 흐르는 열방을 향하신 소망, 곧 선교의 심장을 확인합니다. 우리를 구원하신 예수님의 중심이 그러하시다면, 그 심장을 이어받은 저와 여러분 역시 동일한 소망과 비전으로 참 성전 된 삶, 선교의 삶을 살아야 될 줄 믿습니다. 그렇게 믿고, 누리며 사시는 저와 여러분 다 되시기를 주님의 이름으로 축복합니다.

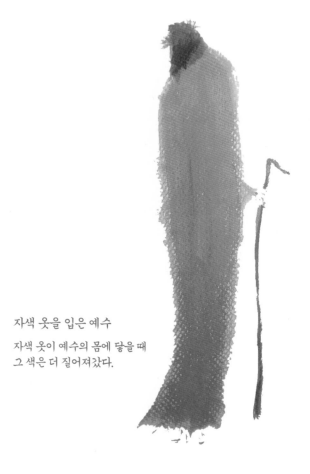

자색 옷을 입은 예수

자색 옷이 예수의 몸에 닿을 때
그 색은 더 짙어져갔다.

그렇습니다. 예수님의 가장 중요한 사역이셨던 '구속'의 사역이 향하는 방향과 목적이 바로 열방을 위한 '선교'였습니다. 예수님의 구속 사역은 그 육신의 몸을 입고 오신 이스라엘 민족만을 위한 것이 아니었습니다. 참 주인이신 하나님께서 약속하신 참 생명의 누림도 없이, 자신이 누구인지, 누구를 위해, 무엇을 위해 살아야 하는지조차 알지 못하고 살아가는 온 세상에 흩어진 수많은 하나님의 잃어버린 영혼들을 위해, 예수님은 오셨고 십자가 대속 사건을 통해 구속의 사명을 이루신 것입니다

- '예수님의 두 가지 중심사역' 본문 중에서 -

복음서 08

예수님의 두 가지 중심사역

⁴⁴ 또 이르시되 내가 너희와 함께 있을 때에 너희에게 말한
바 곧 모세의 율법과 선지자의 글과 시편에 나를 가리켜 기
록된 모든 것이 이루어져야 하리라 한 말이 이것이라 하시
고 ⁴⁵ 이에 그들의 마음을 열어 성경을 깨닫게 하시고 ⁴⁶ 또
이르시되 이같이 그리스도가 고난을 받고 제삼일에 죽은
자 가운데서 살아날 것과 ⁴⁷ 또 그의 이름으로 죄 사함을 받
게 하는 회개가 예루살렘에서 시작하여 모든 족속에게 전
파될 것이 기록되었으니 ⁴⁸ 너희는 이 모든 일의 증인이라

⁴ 아버지께서 내게 하라고 주신 일을 내가 이루어 아버지를
이 세상에서 영화롭게 하였사오니
- 눅 24:44-48, 요17:4 -

성경의 중심주제는 예수 그리스도입니다. 그래서 성경은 예
수 그리스도에 대한 말씀이라고 할 수 있습니다. 예수님께서도 누
가복음 24장 44절, 요한복음 5장 39절 등에서 성경이 예수님 자신
에 대해 말씀하고 증언한 것이라고 직접 말씀하셨습니다.

또 이르시되 내가 너희와 함께 있을 때에 너희에게 말한 바 곧 **모세의 율법과 선지자의 글과 시편에 나를 가리켜 기록된 모든 것**이 이루어져야 하리라 한 말이 이것이라 하시고 **눅 24:44** 너희가 성경에서 영생을 얻는 줄 생각하고 성경을 연구하거니와 이 **성경이** 곧 **내게 대하여 증언하는 것이니라 요 5:39**

그리고 예수님의 행적과 말씀을 기록한 복음서를 중심으로 성경 전체를 볼 때, 예수님의 중심사역은 '구속 사역'과 '제자훈련 사역'으로 요약될 수 있음을 알 수 있습니다. 오늘은 성경에서 발견되는 예수님의 이 두 가지 중심 사역을 살펴보면서, 그 속에서 선교적 의미를 상고해 보려고 합니다.

1. 구속 사역

첫 번째는 구속 사역입니다. 예수님께서는 이 구속 사역과 그 목적에 대해 분명하게 알고 계셨고, 또 제자들에게 말씀해 주셨습니다. 요한복음 12장 32절에 **"내가 땅에서 들리면 모든 사람을 내게로 이끌겠노라"**라고 말씀하십니다. "땅에서 들리면"은 예수님의 십자가 대속 이후 부활과 승천을 의미하는 것입니다. 이를 통해 결국 이 땅의 죄인 된 모든 사람들을 예수님께서 먼저 예비하시는 하나님 나라로 인도하시겠다는 구속의 목적을 분명히 밝히신 것입니다.

또한 예수님 당시의 대제사장 가야바는 요한복음 11장 49-50절에 "··· **너희가 아무 것도 알지 못하는도다 한 사람이 백성을 위하여 죽어서 온 민족이 망하지 않게 되는 것이 너희에게 유익한 줄을 생각하지 아니하는도다**"라고 말했는데, 이는 51-52절에서 "**이 말은 스스로 함이 아니요 그 해의 대제사장이므로 예수께서 그 민족을 위하시고 또 그 민족만 위할 뿐 아니라 흩어진 하나님의 자녀를 모아 하나가 되게 하기 위하여 죽으실 것을 미리 말함이러라**"라고 하여 그가 그 진정한 의미도 모르고 한 예언이지만, 예수님의 구속의 의미를 바르게 설명한 것이었습니다.

그런데 예수님의 구속은 비단 이스라엘 민족만을 위한 것이 아니었습니다. 앞서 요한복음 11장 52절에서 말씀하듯, "그 민족만"이 아니라, "흩어진 자녀" 즉 열방의 사람들까지 하나님의 자녀로 모아 "하나가 되게" 하기 위한 죽으심이었습니다. 요한일서 2장 2절에도 "**그는 우리 죄를 위한 화목 제물이니 우리만 위할 뿐 아니요**", 즉 이스라엘만을 위한 것이 아니라, "**온 세상의 죄를 위함이라**"라고 말씀했고, 요한계시록 5장 9절 역시 "··· **일찍이 죽임을 당하사 각 족속과 방언과 백성과 나라 가운데에서 사람들을 피**

로 사서 하나님께 드리시고"라고 말씀하면서 예수님의 죽으심과 그 은혜의 대상을 선명하게 밝히고 있습니다.

> 또 그 민족만 위할 뿐 아니라 흩어진 하나님의 자녀를 모아 하나가 되게 하기 위하여 죽으실 것을 미리 말함이러라 **요 11:52**
> 그는 우리 죄를 위한 화목 제물이니 우리만 위할 뿐 아니요 온 세상의 죄를 위하심이라 **요일 2:2**
> … 일찍이 죽임을 당하사 각 족속과 방언과 백성과 나라 가운데에서 사람들을 피로 사서 하나님께 드리시고 **계 5:9**

그렇습니다. 예수님의 가장 중요한 사역이셨던 '구속'의 사역이 향하는 방향과 목적이 바로 열방을 위한 '선교'였습니다. 예수님의 구속 사역은 그 육신의 몸을 입고 오신 이스라엘 민족만을 위한 것이 아니었습니다. 참 주인이신 하나님께서 약속하신 참 생명의 누림도 없이, 자신이 누구인지, 누구를 위해, 무엇을 위해 살아야 하는지조차 알지 못하고 살아가는 온 세상에 흩어진 수많은 하나님의 잃어버린 영혼들을 위해, 예수님은 오셨고 십자가 대속 사건을 통해 구속의 사명을 이루신 것입니다.

그러나 우리가 잘 아는 것처럼, 하나님의 방식은 그저 예수님이 구속 사역을 이루심으로 '짠!'하고 모든 사람이 구원 받는 것이 아니었습니다. 고린도전서 1장 21절, **"하나님의 지혜에 있어서는 이 세상이 자기 지혜로 하나님을 알지 못하므로 하나님께서 전도의 미련한 것으로 믿는 자들을 구원하시기를 기뻐하셨도다"** 이 말씀처럼 어쩌면 미련해 보일 수도 있는 '먼저 믿은 사람'이 '아직 믿지 않는 사람'에게 이 구속의 복음을 전하는 "전도"의 방법으로 이 구속 사역이 완성되도록 하신 것입니다.

2. 제자훈련

　　예수님의 중심사역 두 번째는 '제자훈련'이었습니다. 이 십자가 대속을 통한 구속은 예수님만이 하실 수 있고, 또 친히 예수님께서 이루셨습니다. 그러나 예수님 사역의 목표는 모든 종족 중에서 사람들을 구원하여 하나님 나라 백성으로 삼으시는 세계복음화의 완성이었고, 이를 위해서는 예수님의 심장과 열정, 무엇보다 참된 복음의 능력을 가진 훈련된 '전도'할 일꾼들이 필요했습니다. 예수님의 공생애 3년 기간 동안, 직접적으로 구속사역을 위해 할애하신 시간은 사흘 남짓이었을지 모릅니다. 그러나 예수님께서는 거의 대부분의 시간을 이 '사람 길러내는 일' 곧 '제자훈련'에 우선순위를 두시고, 집중하셨습니다.

어떤 제자로 훈련하셨습니까? 열방 가운데 나아가 타문화권 안에서 복음을 전하는 일은 물론, 그와 같은 제자를 훈련하여 재생산이 연쇄적으로 일어날 수 있도록 할 제자들을 훈련하셨습니다. 이것이 "세계복음화를 위한 재생산자를 생산하라(Produce Reproducer for World Evangelization)"라는 예수님의 세계선교를 위한 타문화제자훈련의 비전이라고 할 수 있습니다.

복음은 이스라엘이라는 아주 작은 땅에서 시작되었지만, 궁극적으로 이 복음이 나아가야 할 곳은 온 세상 열방, 그것도 방방곡곡이었습니다. 왜냐하면 '전도'라는 것은 직접 믿지 않는 사람들에게 가서 전해야 효력이 있고, 열매가 있는 것이기 때문이죠. 그러므로 먼저 믿는 사람들은 믿지 않는 사람들이 있는 그 곳이라면 그곳이 어디든 직접 가서 복음을 전해야 하는 것입니다.

그래서 예수님은 우선 공생애 기간 동안 이 목적을 위해 부르신 제자들을 훈련하시고, 마지막에 모든 민족을 제자 삼는 사역을 하도록 제자들에게 위임령을 주심으로 온 세상 열방으로 나아가게 하셨습니다.

그 제자훈련의 시작, 제자를 부르시는 장면이 마태복음 4장 18절 이하에 기록되어 있습니다. 여기서 예수님은 갈릴리 바닷가로 가서서 베드로, 안드레, 야고보, 요한을 제자로 부르시고 이후 차례로 열두 제자를 직접 선택하시고 부르십니다. 그들은 제사장이나 서기관 같은 당대 종교 지도자들이 아닌, 결코 사회적으로 특별하지 않은 어부, 세리 혹은 다른 직업을 가지고 평범하게 각자의 삶을 살던 사람들이었습니다. 그러나 예수님은 평범한 그들을 제자들로 부르셨습니다. 그리고 예수님이 제자로 부르신 때로부터 그들은 모두 자신의 삶을 버리고 예수님께 전적으로 헌신하여 '예수의 비전을 품은 예수의 사람들'로 훈련되기 시작했습니다. 예수님의 훈련 방법은 함께 사시는 것이었습니다. 함께 살며, 가르치시고, 또 본을 보이시면서 조금씩 예수의 비전이 그들 안에서 내면화되게 하셨습니다. 제자들이 예수님의 삶과 사역을 그대로 보고 배우고, 이후 또 다른 사람들을 제자 삼도록 하는, 예수님 스스로 본이 되시는 훈련이었습니다.

그렇기 때문에 그 모든 훈련의 시간을 보내고, 예수님께서 십자가 대속의 사역을 이루시고, 부활 후 승천하실 때, 마태복음 28장 18-20절에서 주신 세계 복음화의 지상명령은 예수님의 제자훈련과 단절된, 새로운 말씀을 주신 것이 결코 아니었습니다. 오히려 예수님의 3년 공생애 기간 동안 삶과 말씀으로 가르치시고 훈련하신 모든 제자훈련의 핵심이 그 속에 함축되어 있었습니다. 3년간 바로 그 지상명령대로 예수님 승천 후의 세계 복음화의 비전을 위해 살 수 있도록 모든 것을 훈련하셨던 것이고, 이제 예수님 없이 제자들 스스로 그 삶을 살아낼 차례였던 것뿐입니다. 그런 의미에서 예수님의 이 마지막 명령은 예수님의 제자훈련 마지막 훈련 메시지였던 것입니다.

> ¹⁸ 예수께서 나아와 말씀하여 이르시되, 하늘과 땅의 모든 권세를 내게 주셨으니 ¹⁹ 그러므로 **너희는 가서 모든 민족을 제자로 삼아** 아버지와 아들과 성령의 이름으로 **세례를 베풀고** ²⁰ 내가 너희에게 분부한 모든 것을 **가르쳐 지키게 하라** 볼지어다 내가 세상 끝날까지 너희와 항상 함께 있으리라 하시니라 **마 28:18-20**

사실 예수님의 제자 훈련을 제대로 이해하기 위해서는 이 예수님의 마지막 제자훈련이라고 할 수 있는 지상명령을 잘 이해할 필요가 있습니다. 마태복음 28장 18~20절의 말씀을 제가 한 번 암송해 보겠습니다. 어느 부분이 틀렸는지 잘 살펴보세요. '예수께서 나아와 일러 가라사대 하늘과 땅의 모든 권세를 내게 주셨으니 그러므로 너희는 제자를 삼아 아버지와 아들과 성령의 이름으로 세례를 주고 내가 너희에게 분부한 모든 것을 가르쳐 지키게 하라 볼지어다 내가 세상 끝날까지 너희와 항상 함께 있으리라 하시니라 아멘'

사랑하는 여러분, 어느 부분이 틀렸습니까? 네, 제가 일부러 "가서 모든 족속으로"를 빼고 읽었습니다. 이렇게 우리가 마음에 안 들면 좀 빼도 될까요? 일점일획도 오류가 없는 하나님의 말씀은 절대로 더하거나 빼서는 안 됩니다. 우리가 아는 것처럼 성경 제일 마지막 요한계시록 22장 18절~19절에는 "**¹⁸ 만일 누구든지 이것들 외에 더하면 하나님이 이 두루마리에 기록된 재앙들을 그에게 더하실 것이요 ¹⁹ 만일 누구든지 이 두루마리의 예언의 말씀에서 제하여 버리면 하나님이 이 두루마리에 기록된 생명나무와 및 거룩한 성에 참여함을 제하여 버리시리라**"라고 말씀했습니다. 성경을 더하고 빼고 하는 것은 굉장히 무서운 죄입니다.

그런데 오늘날 소위 제자훈련하는 사람들을 제가 가만히 볼 때 이 "가서 모든 족속으로"를 빼고 제자훈련만 열심히 하면 되는 줄 아는 것처럼 보일 때가 종종 있습니다. 믿지 않는 사람을 전도해서 기도하는 법, 전도하는 법, 사역하는 법 등을 가르치고, 다음으로 그렇게 영적으로 성숙한 사람을 만들어서 리더십 훈련을 시켜서 사역자로 만들어내는 것이 제자훈련의 다인 줄 아는 거지요. 어디라고 말은 못하지만, 한국교회에서 제자훈련을 잘한다는 교회들도 제가 보기에는 이 "가서 모든 족속으로"를 뺀 열심인 것 같습니다. 제가 잘못 본 것이기를 바라지만, 만약에 정말 그렇다면 사실 그러한 제자훈련은 예수님이 목표하신 대상은 물론, 진정한 제자훈련의 방향을 잃어버린 것이 되고 맙니다.

예수님의 제자훈련은 모든 민족에게 가서 그들을 전도하고 양육해서 그들이 또 다른 제자를 훈련시키고, 그들이 또 다른 종족에게 가서 전도하고 제자 삼고 양육하는 타민족, 타문화 제자훈련을 연쇄적으로 일으키는 것입니다. 그래서 결국 재생산된 그 제자들을 통해 세계 모든 나라 모든 종족이 복음을 듣고 주께로 돌아오게 하는 세계 복음화의 완성이 제자훈련의 본질이자, 목표인 것입니다. 그런데 만약에 그것이 명시적이든, 암묵적이든 내가 이렇게 훈련을 시켰으니 절대로 다른 교회로 가면 안 된다는 식의 제자훈련이라면, 그것은 참된 제자훈련이 아닙니다. 지금 일반적인 한국교회가 하고 있는 제자훈련은 내 교회 일꾼 만들기 프로그램인 경우가 많습니다. 그렇게 되면 결국 그 기초는 창세기 11장 4절의 **"우리 이름을 내고 온 지면에 흩어짐을 면하자"**라고 했던 '바벨탑 정신'과 다를 바가 없지 않습니까?

그러나 예수님의 제자훈련은 타문화 제자훈련 즉, 'cross culture disciples making for world evangelization' 바로 이것입니다. 모든 나라와 모든 종족들을 복음화해서 그들이 하나님 백성이 되어 세워지는 하나님 나라 운동이 예수님의 제자훈련 목표이지 특정 지역교회(local church)의 대형교회(mega church)화가 결코 목표일 수 없다는 것입니다. 다시 한 번 말씀드리지만, 타문화권, 타민족 제자 훈련이 연쇄적으로 일어나서 세계 선교를 완성하는 것이 예수님의 제자훈련 목표라는 것을 여러분 모두가 기억해야 합니다.

예수님은 예수님이 사역하신 유대 땅과 사람들, 또 그 시대의 보편적인 생각을 아셨고, 그것을 충분히 고려하셨습니다. 그러나 그럼에도 불구하고 예수님의 마음 중심에 있는 잃어버린 열방을 구원하시고자 하신 선교의 열정은 결코 보류될 수 없었습니다. 뿐만 아니라, 예수님 사역의 가장 핵심이었던 제자 훈련에 있어서도 제자들에게는 끊임없이 유대인들의 고정관념을 깨뜨리시기 위해 이방인에 대한 관심과 그들에게도 복음이 전해지고, 그들 안에 구원이 선포되고, 누려지는 것을 보여주셨습니다. 그리고 궁극적으로는 제자들을 통해 타문화권과 이방 사람들에게까지 복음이 편만하게 전해져 그들 안에서도 재생산이 일어나고, 그들이 또 다른 민족 가운데 가서 복음을 전하도록 계획하시고, 훈련하셨으며, 또 마지막까지 그 사명에 대해 확실히 명령하신 것입니다.

이렇게 예수님께서 이 땅에 오셔서 행하신 중심사역은 '구속 사역'과 '제자훈련' 사역이었습니다. 그러면 이제 마지막으로 예수님께서 이 중심사역을 어떻게 마무리하셨는지 살펴보겠습니다.

예수님께서는 요한복음 13-17장에서 유월절 마가의 다락방 강화를 통해 사실상 마지막 가르침을 그 제자들에게 말씀하십니다. 우리가 아는 것처럼 그 때에 예수님은 13장에서 성찬예식을 재정하시고 제자들의 발을 씻겨주신 다음 '새 계명을 너희에게 준다. 너희는 서로 사랑하라'고 말씀하시고, 14장은 '너희 있을 곳을 예비하러 간다.', 또 14장 6절에 '내가 곧 길이요 진리요 생명이니 나로 말미암지 않고는 아버지께로 올 자가 없다.'라고 말씀하시는 등 3년간의 훈련을 정리하시는 핵심적인 말씀들로 가르치셨습니다.

그런데 예수님이 제자들을 위해 기도하시는 장면의 시작 부분인 17장 4절에서 예수님은 조금 이상한 말씀을 하셨습니다. **"아버지께서 내게 하라고 주신 일을 내가 이루어 아버지를 이 세상에서 영화롭게 하였사오니"**, 이 구절을 영어성경으로 보면 "I have brought you glory on earth by completing the work you gave me to do"라고 되어있습니다. 아버지께서 내게 하라고 주신 일을 "by completing", '다 완성해서' "I have brought" 이 표현은 현재완료형으로 '성부 하나님이 성자 예수님에게 하라고 주신 일을 다 이루어서 그것이 완료되었고 이미 세상에서 아버지의 이름을 영화롭게 했다.'라는 의미입니다.

I have brought you glory on earth by completing the work
you gave me to do **NIV**

아버지께서 내게 하라고 주신 일을 내가 이루어 아버지를 이
세상에서 영화롭게 하였사오니 **요 17:4**

여러분, 이것이 좀 이상하지 않습니까? 예수님께서 지금 이
말씀을 하신 시점은 아직 예수님의 십자가 대속 사역이 이루어지
기 전 상황, 그러니까 성부 하나님께서 성자 예수님을 이 땅에서
보내셔서 하게 하신 그 일이 아직 완수되지 않은 상황입니다. 그
런데 예수님은 그 일들을 "by completing", '다 이루었다'고 하신
것입니다. 조금 이상하지요?

여기서 우리는 예수님께서 무엇을 다 이루었다고 하신 것인
지 다시 성경의 중심주제로 돌아가서 생각해야 됩니다. 그것은 누
가복음 24장 46절에 **"그리스도가 고난을 받고 제삼일에 죽은 자
가운데서 살아날 것"**과 47절에 **"그의 이름으로 죄 사함을 받게 하
는 회개가 예루살렘에서 시작하여 모든 족속에게 전파될 것"**이라
고 기록되어 있습니다. 이것이 예수님에 대한 두 가지 중심 내용
인데 하나는 '그리스도의 고난과 부활'이고 또 하나는 '세계 선교'
입니다.

그러면 예수님이 요한복음 17장에서 다 이루었다고 하시는 것이 무엇일까요? 문맥과 시점을 고려해 생각해보면 이것은 예수님께서 세계선교를 위해 하신 일이란, 복음을 가지고 다른 문화권으로 가서 제자 삼는 일을 연쇄적으로 하는 '세계 선교'를 완성할 '제자들'을 3년 동안 '훈련'하는 이 일을 다 이루었다는 말입니다. 이제 세계 선교를 위한 일꾼들을 준비하는 일을 다 이루었기 때문에 다음으로 십자가에 달려 죽으시고 부활하시는 예수님이 홀로 하셔야 되는 일만 따로 남아 있게 된 것입니다. 그래서 겟세마네 동산으로 가서 그 다음 날 십자가에 달리실 마지막 시점에 요한복음 17장에 4절에서 예수님이 그렇게 말씀을 하신 겁니다. '아버지께서 주신 일을 다 이루었다.'고 말입니다.

성경의 중심주제와 예수님의 두 가지 중심 사역(눅 24:44-48, 요 5:39)

성경의 중심주제	예수님에 대한 구약의 예언 내용 (눅 24:44, 요 5:39)	
중심 사역 내용	구속 사역(눅 24:46)	세계 선교 사역 (눅 24:47-48)
	십자가의 대속과 부활	타문화 사역 할 제자훈련
사역 기간	3일 간 완수하심 (고난일-부활주일)	공생애 전 기간: 대략 3년 간 완수하심 (요 17:4)

여러분, 다시 한 번 정리하자면 예수님의 중심사역은 대속의 조건과 근거가 되는 '십자가에 죽으심과 부활' 그리고 이 구속의 복음을 온 열방에 증거하는 '세계선교 운동', 이 두 가지였습니다.

요한복음 17장 4절은 대속 사역의 완성인 십자가 사건을 직전에 둔 바로 그 시점, 그리고 3년 동안 열두제자를 'cross culture disciple making', 타문화권에서 제자를 재생산 할 제자들로 훈련하시는 세계선교 운동의 기반이 완성된 그 시점에 제자들에게 '아버지께서 내게 하라고 주신 일을 내가 다 이루어 아버지를 영화롭게 했다.'고 말씀하시고 그들을 위해 기도하신 것입니다.

시공을 초월해서 예수 그리스도를 구세주와 주인으로 모시는 저와 여러분들은 모두 바로 그 역사적 사실 가운데 임하신 구속의 은혜와 세계 선교의 사명을 함께 받은 자들인 줄 믿습니다. 예수님께서는 짧은 3년간의 공생애 기간 동안 오고 오는 모든 세대를 구속하시고, 또 그 은혜를 누리게 하실 완벽한 조건과 준비를 완수하셨습니다.

예수님의 이 두 가지 중심 사역의 터 위에 우리의 구원의 확신은 물론, 우리의 생에 주어진 전도와 선교의 사명 역시 온전히 가능하게 되는 것입니다. 또한 이 사명의 방향은 아직 복음이 전해지지 못한 미전도종족에게 우선적으로 복음이 전해지고, 제자 삼고 교회가 세워지고 재생산이 이루어지는 신속한 복음화, 신속한 세계선교에 있음을 분명히 하시기를 바랍니다. 이를 우리 가슴에 새기고, 예수님이 이루신 그 사명과 사역의 전수자로서 오늘의 삶, 앞으로 우리의 전 생애를 충성되게 드리시기를 주님의 이름으로 축원합니다.

윤슬, 달빛 물고기떼

달빛으로 바다를 씻기듯이
예수님, 나의 발도 씻어주소서!

복음서의 각 위임령을 살펴보기 전에, 한 가지 확인할 것이 있습니다. 그것은 예수님께서 승천하시면서 제자들에게 남기신 이 선교의 위임령은 단순한 지시나 명령과는 다르다는 것입니다. 위임(Mandate)은 '권위와 책임'을 함께 부여하는 것입니다. 그것을 예수님께서는 '명령+약속'의 형태로 말씀하시고 있습니다. 예수님께서는 모든 족속으로 하나님의 백성되게 하시며 하나님 나라를 이루는 선교의 사명을 '명령'하시면서, 그 제자들에게 하나님이 부여하신 권위(능력 수반)를 '약속'으로 주신 것입니다.

- '예수님의 대위임령' 본문 중에서 -

복음서 09

예수님의 대위임령

¹⁸ 예수께서 나아와 말씀하여 이르시되 하늘과 땅의 모든 권세를 내게 주셨으니 ¹⁹ 그러므로 너희는 가서 모든 민족을 제자로 삼아 아버지와 아들과 성령의 이름으로 세례를 베풀고 ²⁰ 내가 너희에게 분부한 모든 것을 가르쳐 지키게 하라 볼지어다 내가 세상 끝날까지 너희와 항상 함께 있으리라 하시니라

– 마 28:18-20 –

예수님께서는 그 참혹한 십자가 고난을 당하시고 죽으셨으나, 사흘 만에 사망권세를 이기시고 부활하셨습니다. 이로써 이 땅에서의 구속사역을 완수하신 것입니다. 그러나 예수님은 곧장 승천하지 않으시고, 40일 동안이나 이 땅에 남아 계셨습니다. 예수님의 부활과 승천 사이 이 40일 간의 시간은 예수님의 공생애, 특히 '구속'과 '제자훈련'이라는 두 가지 중심 사역에 있어서 마치 '화룡점정(畵龍點睛)'과 같은 중요한 의미의 시간이라고 할 수 있습니다. 또는 다이너마이트를 폭파시키기 위한 모든 폭약과 도화선을 다 매설한 후, 마지막으로 도화선 끝에 불을 당기는 것과 같은 의미가 바로 이 40일간 예수님께서 하신 일의 함의라고 할 수 있습니다.

그 핵심은 바로 예수님께서 제자들에게 주신 '선교 위임령'이었습니다. 이 위임령은 매우 중요하기 때문에 우리는 '대 위임령'이라고도 합니다. 예수님께서는 구원의 근거를 마련하신 대속 사역의 이유이자 3년 제자훈련의 결론으로서, 이제 예수님 승천 후 남겨진 제자들이 해야 할 일이 무엇인지를 말씀하신 것이 이 '선교 위임령'이라 할 수 있습니다.

그래서 복음서들은 공히 예수님의 이 선교 위임령으로 마무리 되고 있습니다. 동일한 내용을 다루지만 자세히 보면 강조점이 조금씩 다른 것을 볼 수 있습니다. 이는 각 복음서의 인간 저자와 그 말씀을 처음 듣게 되는 대상에 따라 조금씩 다른 관점을 강조하는 것이라 볼 수 있습니다. 하지만 우리는 이 4복음서를 함께 받았으므로 모든 것을 종합적으로 이해하고, 따름이 합당한 줄 믿습니다.

복음서의 각 위임령을 살펴보기 전에, 한 가지 확인할 것이 있습니다. 그것은 예수님께서 승천하시면서 제자들에게 남기신

이 선교의 위임령은 단순한 지시나 명령과는 다르다는 것입니다. 위임(Mandate)은 '권위와 책임'을 함께 부여하는 것입니다. 그것을 예수님께서는 '명령+약속'의 형태로 말씀하시고 있습니다. 예수님께서는 모든 족속으로 하나님의 백성되게 하시며 하나님 나라를 이루는 선교의 사명을 '명령'하시면서, 그 제자들에게 하나님이 부여하신 권위(능력 수반)를 '약속'으로 주신 것입니다.

이는 어떠한 면에서 창조시 하나님의 형상대로 아담과 하와를 지으시며 창조세계를 다스릴 권한과 함께 이른바 '문화명령'을 주신 것과 맥을 같이 한다고 볼 수 있습니다. 이때도 하나님께서는 창조세계를 다스릴 대리자로서 그들에게 그 권위를 위임하신 것입니다. 하나님의 형상으로 지은 바 되었기 때문에 하나님의 뜻을 온전히 알고 그 뜻에 따라 세상을 다스리고 가꾸어갈 동일한 비전과 능력이 주어졌던 것입니다. 그것이 범죄함으로 다 깨어지기는 하였으나, 이제 예수님께서 오셔서 구속 사역을 통해 이 깨어진 하나님과 사람의 관계를 회복시키시고, 다시 그 뜻을 이룰 이 위임령을 주신 것입니다. 이를 통해 1차적으로는 온 세상에 이 회복의 복음이 증거되어 제자 삼는 일이 가능해졌고, 또한 그들이 제자로서, 더 나아가 하나님의 자녀로서의 권위를 가지고 이 땅을 사는 동안 그들의 삶을 통해 동일한 재생산과 이 땅 가운데 하나님의 뜻을 이루게 하신 것입니다.

이러한 이해를 가지고 각 복음서의 위임령들을 살펴보도록 하겠습니다.

1. 마태복음의 위임령(마 28:18-20)

¹⁸ 예수께서 나아와 말씀하여 이르시되 하늘과 땅의 모든 권세를 내게 주셨으니 ¹⁹ 그러므로 너희는 가서 모든 민족을 제자로 삼아 아버지와 아들과 성령의 이름으로 세례를 베풀고 ²⁰ 내가 너희에게 분부한 모든 것을 가르쳐 지키게 하라 볼지어다 내가 세상 끝날까지 너희와 항상 함께 있으리라 하시니라 **마 28:18-20**

내용 분석

18절 : 명령자의 권위 - 하늘과 땅의 모든 권세를 가지신 자

19-20상 : 명령의 내용 - 가서, 모든 족속을 제자 삼아, 분부한 모든 것을 지키게 하라

20하 : 따르는 약속 - 함께 있겠다.

마태복음에는 예수님께서 제자들에게 이 위임령을 어떠한 권위로서 주시는지 명확하게 언급하고 있습니다. 예수님은 "하늘과 땅의 모든 권세"를 받으신 성자 하나님이십니다. 창조주이시

며, 주인으로서의 권세와 권위로서 지금 제자들에게 명하시는 것입니다. 여기는 "가서", "제자로 삼아", "지키게 하라"는 동사적 사역 행위가 갖는 의미도 중요하지만, 이 사역의 대상이 누구인지가 우선적으로 중요합니다. 바로 "모든 민족"입니다. 예수님의 3년간의 공생애, 그 중 가장 많은 시간을 할애하신 제자훈련의 목적이자 궁극적 대상을 선명하게 "모든 민족"으로 적시하고 계시는 것입니다. 가는 것도 "모든 민족"에게로 가야하고, 제자를 삼는 대상도 "모든 민족"이라야 하며, 가르침 받고, 지킴으로 바뀌어야 할 그들의 삶 또한 "모든 민족"들의 삶에 해당되는 것입니다. 여기서 예수님께서 3년간 제자들을 훈련하시면서, 대놓고는 아니지만, 지속적으로 이방인들을 찾으시고, 이방인들이 구원받는 현장을 경험하게 하신 이유가 분명해지는 것입니다. 처음부터 예수님의 눈은 장차 제자들이 섬겨야 할 "모든 민족"을 향해 계셨던 것입니다.

그리고 이 사명을 위해 예수님께서는 '세상 끝날 때까지 항상 함께 있겠다'는 동행의 약속을 주시고 계십니다. 예수님과 늘 함께 하던 제자들이 이제 예수님이 승천하시면 자기네들끼리만 무엇을 할 수 있을까 내심 염려하고 있었겠지만, 예수님은 '내가 떠나도 떠난 게 아니다. 나는 항상 너희와 함께 있는 거야.'라는 약속으로 그들의 마음을 위로하실 뿐만 아니라, 동행하심의 실제적인 능력을 약속하신 것입니다.

2. 마가복음의 위임령(막 16:15-20)

15 또 이르시되 너희는 온 천하에 다니며 만민에게 복음을 전파하라 16 믿고 세례를 받는 사람은 구원을 얻을 것이요 믿지 않는 사람은 정죄를 받으리라 17 믿는 자들에게는 이런 표적이 따르리니 곧 그들이 내 이름으로 귀신을 쫓아내며 새 방언을 말하며 18 뱀을 집어올리며 무슨 독을 마실지라도 해를 받지 아니하며 병든 사람에게 손을 얹은즉 나으리라 하시더라 19 주 예수께서 말씀을 마치신 후에 하늘로 올려지사 하나님 우편에 앉으시니라 20 제자들이 나가 두루 전파할새 주께서 함께 역사하사 그 따르는 표적으로 말씀을 확실히 증언하시니라 **막 16:15-20**

내용 분석

15절 : 선교의 명령 – "온천에 다니며 복음을 전파하라"

16절 : 사역의 결과 – 천국 또는 지옥

17-18절 : 약속 – 따를 표적

19절 : 주님의 승천과 보좌 우편에 앉으심

20절 : 제자들의 순종과 주님의 약속 이행의 시작

마가복음에서는 "온 천하에 다니며 만민에게 복음을 전파하라"고 하셨는데 여기서 "온 천하", "만민"의 범위는 "온", 그야말로 전체 다입니다. 또한 주님이 주시는 약속을 믿는 자에게 "표적"이 따르겠다고 하시면서, 전도와 선교의 명령에 순종해 복음을 전할 때에 주님의 '함께 하심'으로 인해 나타나는 현상들을 설명하고 있습니다. 마태복음은 주요 독자층인 유대인을 전제하고 기록되었기 때문에 하나님이신 예수님이 "세상 끝 날까지 너희와 항상 함께 있으리라"는 말씀만으로 충분했습니다. 그러나 황제도 신이고 바다의 포세이돈도 신이라는 다신교적 배경의 로마인들을 주요 독자층으로 전제하면서 기록된 마가복음은 복음 전할 때 하나님이 함께 계시면 믿는 자들에게 구체적으로 이러한 표적이 나타난다는 실제를 설명해 주는 것이 필요했던 것입니다. 이것이 마가복음과 마태복음 간의 디테일 차이라고 할 수 있습니다.

3. 누가복음의 위임령(눅 24:44-49)

44 또 이르시되 내가 너희와 함께 있을 때에 너희에게 말한 바 곧 모세의 율법과 선지자의 글과 시편에 나를 가리켜 기록된 모든 것이 이루어져야 하리라 한 말이 이것이라 하시고 45 이에 그들의 마음을 열어 성경을 깨닫게 하시고 46 또 이르시되

이같이 그리스도가 고난을 받고 제삼일에 죽은 자 가운데서 살아날 것과 [47] 또 그의 이름으로 죄 사함을 받게 하는 회개가 예루살렘에서 시작하여 모든 족속에게 전파될 것이 기록되었으니 [48] 너희는 이 모든 일의 증인이라 [49] 볼지어다 내가 내 아버지께서 약속하신 것을 너희에게 보내리니 너희는 위로부터 능력으로 입혀질 때까지 이 성에 머물라 하시니라 **눅 24:44-49**

내용 분석

44절 : 구약을 다시 설명하심

45절 : 제자들의 마음을 열어 성경을 깨닫게 해 주심

46-47절 : 구약을 두 주제로 요약해 주심

46절 : 그리스도의 고난과 부활

47절 : 회개의 죄사함(복음), 전파(세계 선교)

48절 : 제자들이 이 모든 일에 증인이라 하심

49절 : 성령강림의 약속

누가복음에서는 예수님이 '모세의 율법, 선지자의 글, 시편'으로 구성되는 당시 성경(**오늘날의 구약**)의 중심주제가 바로 '그리스도의 고난과 부활', '죄사함의 회개' 이 두 가지라고 말씀하십니다. 그리고 이 일에 **"너희(제자들)는 이 모든 일의 증인이라"**이라는 말씀으로 '선교 위임령'을 주시고 있습니다. 특히 성경의 중심주제뿐 아니라, 이것이 "모든 족속에게 전파될 것" 역시 성경에 다 기록되었음을 분명히 하시며, 이 위임령과 사명이 그 자체로 성경에

근거한 이른바 '성경적인' 것임을 강조하고 계시는 것입니다.

우리가 하는 일의 옳고 그름의 근거와 기준은 '성경적인가?', 즉 '과연 성경이 그렇게 말하고 있는가?'일 것입니다. 이것이 최종적 권위인 것입니다. 왜냐하면 말씀은 곧 하나님(요1:1)이시며, 이는 믿는 자들에게 절대적 권위를 부여하기 때문입니다. 그것은 당시 유대인들에게는 더 절대적인 영향력이 있는 것이었습니다.

그래서 예수님은 스스로가 그 말씀이심에도(요1:14) 불구하고 그 성경의 최종적 권위에 의거하여 듣는 제자들에게 이 위임령의 성경적 타당성과 절대적 권위를 부여하고 계신 것입니다. 고로 이 말씀을 받은 제자들은 바로 그 "증인"으로서 사명을 부여받고 따라야 할 확실한 명분을 확인하게 된 것입니다.

그리고 누가복음은 특별히 **"위로부터 능력으로 입혀질 때까지 이 성(예루살렘)에 머물라"**라는 구체적인 지침과 함께 오실 성령을 약속하고 계십니다. 이는 하나님이신 성령께서 오심으로서 '항상 함께 하신다'는 마태복음의 약속은 물론, 명령과 함께 권위와 능력 주심에 대한 구체적인 실현 방법을 말씀하신 것이기도 합니다.

4. 요한복음의 위임령 (요한복음 20:21-23)

²¹ 예수께서 또 이르시되 너희에게 평강이 있을지어다 아버지
께서 나를 보내신 것 같이 나도 너희를 보내노라 ²² 이 말씀을
하시고 그들을 향하사 숨을 내쉬며 이르시되 성령을 받으라 ²³
너희가 누구의 죄든지 사하면 사하여질 것이요 누구의 죄든지
그대로 두면 그대로 있으리라 하시니라 **요 20:21-23**

내용 분석

21절 : 제자들을 파송하심
22절 : 성령을 부어주심
23절 : 전도자의 권위

요한복음에서는 **"아버지께서 나를 보내신 것처럼 바로 나
도 너희를 보내노라"**라는 일종의 '선교 파송장'을 보는 것 같습니
다. 성부 하나님이 성자 예수님을 보내실 때와 동일한 목적, 즉 세
계 모든 나라, 모든 종족을 구원해서 하나님 나라 백성을 삼으시
기 위해 예수님께서도 제자들을 보내신다고 그 사명을 위임해 주
시는 것입니다.

그러면서 "성령을 받으라"는 말씀으로 성령으로 함께 하시

겠다는 약속을 주시는데, 여기서는 독특하게 "숨을 후 내시며" 성령을 받으라고 하십니다. 이는 마치 창세기에서 하나님이 사람을 흙으로 지으시고 그 코에 "생기"를 불어넣으시는 것을 연상케 합니다. 이로써 사람이 단지 생명이 아니라, 하나님의 영이 함께 하시는 "생령"이 되었듯이, 이제 다시 예수 그리스도 안에 있는 믿음으로 하나님과의 관계가 회복되어 하나님이 함께 하심을 약속하는 것이며, 동시에 예수님이 주시는 이 사명을 위한 성령 임재의 약속이 같이 붙어있는 것이라 이해할 수 있습니다.

지금까지 살펴본 바와 같이 사복음서의 위임령은 강조점과 표현 방식이 조금 다르지만, 동일하게 '명령+약속'의 형태로 주어지고 있습니다. 마태복음은 제자 삼으라는 명령 더하기 세상 끝날 때까지 함께 있어주시겠는 약속이, 마가복음은 온 천하에 다니며 복음 전하는 전도 명령이 강조되면서 실제적인 표적으로 나타내 주겠다는 약속이 나옵니다.

또 누가복음은 세계선교의 근거를 제시하는 방법으로 명령을 주시면서 위로부터 능력을 받으라는 약속을 주셨고, 요한복음은 마치 '선교 파송장'과 같은 위임령의 결정판과 함께 사람 창조를 연상케 하듯 숨을 내쉬며 성령을 받으라는 약속을 주셨습니다.

성경 본문	중심 내용	사역 대상	따르는 약속
마태 28:18-20	타민족 제자훈련	모든 민족	주님의 동행
마가 16:15-18	복음전파	온 천하, 만민	따르는 표적
누가 24:44-49	성경 예언의 성취	예루살렘에서 모든 족속	위로부터 능력으로 입혀짐 - 성령
요한 20:21-23	성부가 성자께 맡기신 사역의 계속	세상	성령 받으라
사도행전 1:8	예수의 증인 됨	예루살렘에서 땅끝까지	성령 임하시고, 권능을 받는다.

이와 같은 각 복음서의 결론인 위임령은 다시 사도행전 서두로 이어지는데, 사도(ἀπόστολος)라는 말 자체가 "보내심을 받은 자"로서 **"그의 이름을 위하여, 모든 이방인 중에서 믿어 순종하게 하는 자(롬 1:5)"**입니다. 그래서 1장 8절 **"오직 성령이 너희에게 임하시면 너희가 권능을 받고 예루살렘과 온 유대와 사마리아와 땅 끝까지 이르러 내 증인이 되리라 하시니라"**라는 말씀으로 약속된 성령과 땅끝까지 이르는 증인으로서의 사명이 서두에 연결되면서

예수님이 부활 후 승천하시기 전 이 40일 동안 만남과 가르침의 결론으로서 '명령+약속'의 형태로 '4+1(복음서4 + 사도행전1)' 위임령이 완성되고 있습니다.

어떤 사람이 왜 그 글을 썼는지 간단히 아는 방법은 결론을 읽어보면 됩니다. 마태가 마태복음을 쓴 이유는 가서 모든 족속 제자를 삼으라는 이 위임령이 결론으로 말하고 있습니다. 마가복음은 온 천하 만민에게 전하라는 말을 하려고 썼고. 누가복음 역시 마찬가지고, 요한복음 21장에 내가 이 책에 기록된 모든 걸 기록하는 이유는 너희로 예수님의 아들임을 알고 믿고 구원받게 하려는 것임을 말씀하고 있어서 그 결론을 보면 모든 복음서 저작의 이유와 목적은 모두 '선교'임을 알 수 있습니다.

그리스도로 말미암아 죄사함과 구원, 새롭고 영원한 생명을 선물 받으신 여러분, 하나님의 우리를 향하신 축복은 거기에 그치지 않습니다. 이제 오늘 살펴본 이 예수님 사역의 결론인 선교의 대 위임령을 저와 여러분에게도 적용되는 거룩하고 위대한 사명으로 받으시기 바랍니다. 그것은 무겁고 힘겨운 짐이 아니라, 구원받은 하나님의 백성인 우리가 남은 인생의 시간 동안 그 주신 은혜에 합당하게, 하나님 백성답게 살아갈 기쁨의 여정이자, 동시에 축복이 되는 줄 믿습니다. 하나님께서 이를 위해 사명과 함께 하나님 임재와 능력의 약속까지 주셨습니다. 우리가 살아갈 남은 인생의 여정은 그저 세상 사람들이 바라듯 잘 먹고 잘 살고 무탈 평안한 삶이 아닐 것입니다. 아직 복음을 듣지 못한 수많은 열방의 미전도종족들에게 우리가 직접 나아가서 또는 우리의 섬김을 통해서 복음이 전해지고, 그래서 모든 민족이 주께로 다 돌아오는 영광스러운 그 날을 속히 오게 하는 것, 이것이 우리의 남은 인생의 여정이 되어야 할 것입니다. 그리할 때, 우리의 모든 수고와 헌신은 우리의 삶을 더욱 복되고 영광스럽게 할 것입니다. 바로 우리에게 구원과 함께 위임된 선교의 사명을 함께 이루어가는 저와 여러분 다 되시기를 위임령의 명령권자 되시는 우리 주님의 이름으로 축복합니다.

흙으로 빚은 사람

마치 흙으로 빚은 몸에 생기를 불어넣어 생명을 주시듯
숨을 후 내시며......... 성령을 받으라!

처음에 복음이 유대주의 문화에서 시작되었다
가 헬라, 라틴, 게르만, 앵글로색슨, 그리고 세
계 모든 문화 속으로 점차 퍼져나가게 되는데,
그 과정에서 장애가 되었던 중요한 요소 중 하
나는 바로 '문화'였습니다. 모든 문화는 공유할
수 있는 유사성이 있는 반면, 차이점도 존재하
는데, 이것이 복음 전하는 사람이 속한 문화와
복음 받는 사람이 속한 문화 간의 '문화적인 거
리감' 또는 '문화적 이질성'으로 존재한다고 할
수 있습니다.

- '선교, 문화를 고려하다' 본문 중에서 -

선교, 문화를 고려하다

오직 성령이 너희에게 임하시면 너희가 권능을 받고 예루
살렘과 온 유대와 사마리아와 땅 끝까지 이르러 내 증인이
되리라 하시니라
- 행 1:8 -

기독교 역사를 돌아보면 복음이 처음에는 율법주의로 고립
된 유대 문화에 담겼지만, 이후 사도와 제자들을 통해 지중해 연
안의 헬라 문화권으로 증거됩니다. 그리고 수많은 믿음의 선진들
의 순교의 피로 말미암아 로마가 복음화 되면서 시대를 넘어 라틴
문화권으로 기독교 복음이 흘러가게 됩니다. 또한 이 복음이 유럽
에 있던 게르만족들과 앵글로색슨족으로 흘러가고 그들을 통해
이제 전 세계적으로 복음이 증거 되었습니다.

사실 복음이 흘러간 경로도 그렇지만 전파자로서의 역할을 했던 사람들도 처음 예수님이 제자훈련 하실 때는 주로 유대인들이었고 그 다음에 헬라, 라틴, 게르만, 앵글로색슨 사람들로 흘러 이제 우리 한국인들, 또 중국계의 많은 분들이 세계 복음화를 위해서 쓰임 받는 시대가 되었습니다.

우리가 앞으로 보게 될 이 사도행전은 그러한 복음 선교 역사의 첫 번째 책이며, 사도행전에 나오는 인물들이 곧 복음시대의 첫 '선교사'들이었습니다. 뿐만 아니라 사도행전에 기록된 '수리아, 에베소, 로마' 등과 같은 수많은 지명들이 당시의 '선교지'들이었고, 사도행전의 내용 역시 "예루살렘과 온 유대와 사마리아와 땅 끝까지"라는 동질문화권으로부터 타문화권으로 복음이 전파된 '선교역사'가 기록되어 있습니다. 이러한 맥락에서 오늘은 그러한 선교의 시작이라 할 수 있는 사도행전 1장 8절 말씀을 통해 예수님께서는 그 처음 출발선에서 무엇을 생각하시고, 고려하셨는지 살펴보도록 하겠습니다.

사도행전에서 전파된 중심 메시지

(1) 예수 그리스도: 행 2:36, 4:10, 5:42, 8:5, 12,
9:22, 17:3, 18:5, 28, 26:23, 28:23, 31
(2) 하나님 나라: 행 1:3, 8:12, 19:8, 20:25, 28:23, 31

앞서 말한 바와 같이 처음에 복음이 유대주의 문화에서 시작되었다가 헬라, 라틴, 게르만, 앵글로색슨, 그리고 세계 모든 문화속으로 점차 퍼져나가게 되는데, 그 과정에서 장애가 되었던 중요한 요소 중 하나는 바로 '문화'였습니다. 모든 문화는 공유할 수있는 유사성이 있는 반면, 차이점도 존재하는데, 이것이 복음 전하는 사람이 속한 문화와 복음 받는 사람이 속한 문화 간의 '문화적인 거리감' 또는 '문화적 이질성'으로 존재한다고 할 수 있습니다.

고로 고립적인 유대주의 토양에서 시작된 복음이 어떻게 이문화적인 거리감을 극복하고 타문화권으로 흘러갈 수 있었는가? 역사적으로 보면 처음 유대주의에서 헬라 문화로 가는 그 과정이 가장 중요하고 어려운 때였습니다. 그것은 소위 복음의 '색깔(color)'이 처음 결정되는 순간이었기 때문입니다. 그리고 그것이 바로 사도행전의 이야기였습니다.

사도행전의 요절을 꼽으라면, 역시 사도행전 1장 8절이라고 할 수 있습니다. **'오직 성령이 너희에게 임하시면 너희가 권능을 받고 예루살렘과 온 유대와 사마리아와 땅 끝까지 이르러 내 증인이 되리라 하시니라.'** 아멘.

이 말씀을 요절이라 할 수 있는 것은 바로 이 한 절의 말씀 속에 앞으로 펼쳐질 선교역사와 복음행진의 청사진이 함축되어 있기 때문입니다. 이 본문은 예수님께서 단순히 복음의 시작이 당신께서 지금 서 계신 이 예루살렘이며 그 이후 복음이 전파되기를 희망하는 지역들을 거리순으로 나열한 것이 아니었습니다. 이 말씀 속에는 비단 지리적인 개념뿐 아니라 그보다 더 본질적으로 복음을 전해 받아야 할 사람들이 속한 '문화'에 대한 개념이 전제되어 있었습니다. 사도행전 1장 8절에 근거해서 보면 본문에 등장하는 지역들은 여기(아래 왼쪽 지도)입니다. 지도상으로 볼 때, 예루살렘은 유대 지역에 속한 동일한 지역으로 볼 수 있고, 사마리아는 같은 이스라엘에 속하였으나 지리적으로 다른 지역으로 볼 수 있습니다.

문화에 따른 선교대상 레벨, 사도행전 1장 8절

그런데 선교 훈련 프로그램인 '미션 퍼스펙티브스(Mission Perspectives)'를 처음부터 구상하고 지도하셨던 랄프 윈터 박사는 사도행전 1장 8절에 근거해서 복음을 전하는 사람과 받는 사람의 문화적인 거리감 정도에 따라 선교지 레벨 개념을 정의했습니다. 즉 '예루살렘과 온 유대'는 자기와 언어가 같고 문화적 정서(mentality)도 같은 사람들에게 복음 전하는 경우, 'M(E)1', 'Mission1 또는 Evangelism1', 즉 '동질문화권 선교(전도)'라고 합니다.

다음으로 '사마리아'는 구약 열왕기하 17장을 읽어보면 솔로몬 시대 이후 남쪽은 유다와 베냐민 지파 두지파의 남 유다로, 북쪽은 다른 열 지파로 구성된 북 이스라엘로 분단됩니다. 그래서 남 유다는 르호보암 이후 솔로몬의 자손들로 이어지고, 북 이스라엘은 왕조가 여러 번 바뀌면서 주전 722년에 앗수르에 의해서 패망하였습니다. 열왕기하 17장 6절에 보면 앗수르 왕이 북 이스라엘 사마리아 사람들을 대거 앗수르로 잡아가고, 24절에는 대규모의 이방 족속들을 사마리아로 이주시켜 살게 했습니다. 이스라엘의 순수혈통과 민족성 자체를 파멸시키기 위해 이스라엘 혼혈정책이 시작된 것입니다.

> 호세아 제구년에 앗수르 왕이 사마리아를 점령하고 이스라엘 사람을 사로잡아 앗수르로 끌어다가 고산 강 가에 있는 할라와 하볼과 메대 사람의 여러 고을에 두었더라 **왕하 17:6**

앗수르 왕이 바벨론과 구다와 아와와 하맛과 스발와임에서 사
람을 옮겨다가 이스라엘 자손을 대신하여 사마리아 여러 성읍
에 두매 그들이 사마리아를 차지하고 그 여러 성읍에 거주하
니라 **왕하 17:24**

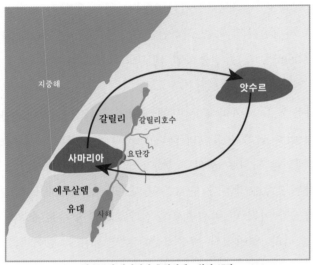

앗수르의 사마리아 혼혈정책 : 왕하 17장

　그 후 예수님이나 초대교회 바울의 시대는 무려 700여 년 이
상 세월이 흘렀습니다. 앞서 말씀드린 이 앗수르의 혼혈정책 이후
이 사마리아 사람들은 이미 혈통적으로나 문화적으로 이방 사람
과 이스라엘 사람들의 혼혈족이 되었습니다. 그래서 우리가 복음
서를 통해서 보듯이 당시 유대인들은 사마리아인들과 상종도 하

지 않았습니다.

그러니 이 사마리아인들은 처음 복음을 받은 유대인들과 확실히 구분되면서도, 또 완전히 다르지는 않은 정도의 '비슷한' 문화권이었습니다. 이렇게 비슷한 문화권 사람들에게 복음을 전하는 것을 'M(E)2', 'Mission2 또는 Evangelism2', '유사문화권 선교(전도)'라고 합니다.

그 다음 '땅 끝까지'라는 것은 언어도 다르고 문화적 정서도 완전히 다른 타문화권을 의미하는데, 이러한 타문화권 사람에게 복음을 전하는 것을 'M3 또는 E3', 'Mission3 또는 Evangelism3'이라고 합니다. 이것은 지리적이 아닌 문화적인 거리감을 두고 하는 말입니다.

다시 한 번 정리하면 나와 같은 언어나 문화에 속한 사람에게 복음을 전하는 것을 'M1 또는 E1', '동질문화권 선교(전도)', 비슷한 문화에 속한 사람에게 복음을 전하는 것을 'M2 또는 E2', '유사문화권선교(전도)', 완전히 다른 언어와 다른 문화를 가진 사람에게 복음 전하는 것을 'M3 또는 E3', '타문화권 선교(전도)'로 구분할 수 있다는 것입니다.

그래서 사도행전의 **'예루살렘과 온 유대와 사마리아와 땅 끝까지 이르러'**라는 이 말씀은 단지 당시 사역 대상에 대한 지역적 구분이 아니라, 동질문화권, 유사문화권, 타문화권 사람들에게까지 이르러 복음이 증거되게 하시겠다는 예수님의 선교전략 청사진을 제시하신 말씀이라고 할 수 있습니다.

복음은 결코 가만히 머물러 있을 수 없는 운동력의 본질을 가집니다. 복음은 끊임없이 움직이기 때문에 내게 익숙한 문화, 내가 사는 주변을 넘어서 이질적인 언어와 문화 속에도 전파되어야 할 숙명을 가진 생명력을 가진 것입니다. 그렇기 때문에 복음은 처음부터 문화를 고려한 청사진이 필요했고, 이와 같이 사도행전은 그러한 문화를 고려한 예수님의 선교전략 청사진으로부터 시작됩니다. 사도행전은 그 자체로 선교행전입니다. 예수님의 승천 이후 초대교회의 선교 이야기로 집약된 이 성경 말씀을 살펴보는 것은 오늘날 새로운 선교적 돌파와 함께 선교 자체의 본질을 되새겨야 하는 이 시대에 참으로 의미 있는 작업이 될 것입니다. 사도행전과 함께 다시 한 번 선교를 꿈꾸는 시대가 되기를 축원합니다.

사도행전 1장 8절에서 예수님께서 사도들과 제자들에게 주신 "증인이 되리라"라는 선교명령은 앞서 "오직 성령이 너희에게 임하시면"이라는 말씀에서 보듯 반드시 성령강림이 선행되어야 함을 알 수 있습니다. 그러므로 사도행전의 핵심은 성령님께서 사도들과 초대교회 가운데 임하셔서 그들로 하여금 이 복음을 가지고 어떻게 예루살렘과 온 유대의 이스라엘 유대주의 문화를 넘어서, 유사문화권인 사마리아와 완전히 타문화권인 땅 끝까지 이르러 증인되게 하셨는지 보여주시는 것이라 할 수 있습니다.

- '증인되게 하는 성령강림' 본문 중에서 -

증인되게 하는 성령강림

¹ 오순절 날이 이미 이르매 그들이 다같이 한 곳에 모였더
니 ² 홀연히 하늘로부터 급하고 강한 바람 같은 소리가 있
어 그들이 앉은 온 집에 가득하며 ³ 마치 불의 혀처럼 갈라
지는 것들이 그들에게 보여 각 사람 위에 하나씩 임하여
있더니 ⁴ 그들이 다 성령의 충만함을 받고 성령이 말하게
하심을 따라 다른 언어들로 말하기를 시작하니라 ⁵ 그 때
에 경건한 유대인들이 천하 각국으로부터 와서 예루살렘
에 머물러 있더니 ⁶ 이 소리가 나매 큰 무리가 모여 각각 자
기의 방언으로 제자들이 말하는 것을 듣고 소동하여 ⁷ 다
놀라 신기하게 여겨 이르되 보라 이 말하는 사람들이 다
갈릴리 사람이 아니냐 ⁸ 우리가 우리 각 사람이 난 곳 방언
으로 듣게 되는 것이 어찌 됨이냐
- 행 2:1~8 -

1. 사도행전은 성령행전입니다.

사도행전은 사도들의 사역을 담은 책이라는 의미에서 사도
행전이라는 제목이 붙여졌지만, 사실 성령님께서 사도들보다 높

은 권위로 그들을 통해 일하신 실질적인 주체시라는 관점에서 '성령행전'이라 해도 과언이 아닙니다. 이는 사도행전 1장에서 분명하게 나타납니다. 사도행전 1장에서 예수님께서는 부활 후에 승천하시면서 제자들에게 세계선교의 명령을 주셨지만, 한편 그들에게 성령을 기다리라는 말씀도 하셨습니다. **"예루살렘을 떠나지 말고 … 아버지께서 약속하신 것을 기다리라(4절)"**, **"성령으로 세례(5절)"** 받을 때까지 기다리라고 말씀하십니다. 그리고 **"성령이 너희에게 임하시면 … 땅 끝까지 이르러 내 증인이 되리라(8절)"**라고 말씀하셨습니다. 그래서 당시 제자들은 그 말씀대로 마가의 다락방에 모여 열심히 기도하며 기다렸습니다.

사도행전 1장 8절에서 예수님께서 사도들과 제자들에게 주신 "증인이 되리라"라는 선교명령은 앞서 "오직 성령이 너희에게 임하시면"이라는 말씀에서 보듯 반드시 성령강림이 선행되어야 함을 알 수 있습니다. 그러므로 사도행전의 핵심은 성령님께서 사도들과 초대교회 가운데 임하셔서 그들로 하여금 이 복음을 가지고 어떻게 예루살렘과 온 유대의 이스라엘 유대주의 문화를 넘어서, 유사문화권인 사마리아와 완전히 타문화권인 땅 끝까지 이르러 증인되게 하셨는지 보여주시는 것이라 할 수 있습니다.

이는 흔히 '사도행전 29장'을 산다고 말하는 오늘날 우리 성도와 교회에도 동일하게 적용되어야 하는 성경적 인식입니다. 복음을 듣고 회심한 후, 성령이 내주하시는 증인으로서의 우리 삶과 사역은 바로 동일하게 성령님께서 우리를 증인되게 하시는 사도행전 29장 이야기의 연장선상에 있는 것입니다. 우리가 사도행전 1장 8절대로 성령이 거듭나게 하시고 내주하시는 성도가 맞다면 그 말씀대로 순종하여 증인되는 삶을 살아야 하고, 또 살고자 한다면 우리의 삶은 성령행전이 되는 줄 믿습니다.

2. 열방을 향하게 하는 오순절 방언 사건

예수님의 지상명령과 승천 후에 이제 사도행전 2장에서 기다리던 제자들에게 드디어 '오순절 날이 이미 이르매(1절)' 약속하신대로 성령님께서 강림하십니다. 그날 성령이 강림하시자, 각 사람 위에 불의 혀처럼 갈라지는 것이 있고(3절), 각 사람이 다른 언어들로 말하기 시작합니다(4절). 그때 예루살렘에는 유대의 3대 절기 중 하나인 이 오순절을 지키기 위해 세계 각지에서 모여든 경건한 유대인들이 많았습니다. 요즘 말로 하면 디아스포라 유대인들이라고 할 수 있는 이들이 제자들의 말하는 소리를 듣고 깜짝 놀랍니다.

왜요? 8절에 **"우리가 우리 각 사람이 난 곳 방언으로 듣게 되는 것이 어찌 됨이냐"** 이상한 소리가 들려 가봤더니 거기 모인 유대 사람들이 디아스포라 유대인들인 자기들이 나서 살고 있는 나라의 말을 하고 있었던 것입니다.

> 우리가 우리 각 사람이 난 곳 방언으로 듣게 되는 것이 어찌
> 됨이냐 **행 2:8**

자, 여기서 주의해야 할 것이 있습니다. 오순절 마가의 다락방에서 나타난 "방언" 사건은 우리가 소위 '방언 은사 받았다.'라고 하는 그러한 단순한 은사 체험이 아니라는 것입니다.

이를 단지 성령의 강력한 임재를 경험한 제자들에게 초점을 맞추어 해석하는 것은 적절하지 않습니다. 적어도 성경의 이야기 전개 방식, 문맥의 흐름을 보면 성령이 임하셔서 제자들이 "방언"을 말하고, 곧장 그 언어를 사용하는 사람들이 그 말을 알아듣게 되는 일련의 사건을 연속적으로 배치해 보여주는 것은 의도하는 바가 분명히 있다는 것입니다. 그것은 바로 오순절 성령강림의 결과로 나타난 이 "방언" 사건이 향하고 있는 방향과 목적이 무엇인지를 명확하게 보여주는 것입니다. 제자들의 각국 방언을 말함이

단지 개인적인 영적 체험 차원이 아니라, 앞서 예수님께서 명하신 대로 그들이 전해야 할 복음이 어디를 향해야 하는가? 바로 자신들이 성령의 임재 가운데 말한 그 언어를 알아듣고 놀라고 있는 세계 열방의 사람들에게로 향하도록 되어 있다는 것입니다.

그래서 바로 이러한 맥락에서 방언은 사도행전 1장 8절의 응답으로서, 제자들이 '언어와 문화가 다른 타문화권에서 증인이 되리라'라고 하신 그 명령이 성령과 함께 성취될 것에 대한 증거로 보는 것이 타당한 것입니다. 만약 그것이 아니고, 이것이 단지 성령의 은사 체험으로서의 방언이라면, 그와 함께 그 자리에 있는 다른 제자들 중에서 그 방언을 통역하는 현상이 제시되는 것이 더 개연성 있는 전개였을 것입니다. 그러나 성경은 즉시로 그 언어를 쓰는 사람들이 제자들이 하는 자기네 말을 알아듣고 있음을 보여주고 있기 때문에 문맥적으로도 선교적 관점에서 이 현상을 이해하는 것이 훨씬 자연스러워 보입니다.

3. 차세대 선교의 주역, 디아스포라

다음으로 생각해볼 것은 오순절 날에 그 현장에서 성령 강림을 목격했던 이 사람들이 앞서 언급한 '디아스포라(Diaspora)' 사람들이라는 사실입니다. 이 사람들은 바로 해외에서 나서 살다가 유대인의 절기를 지키기 위해 예루살렘에 와있던 유대인들입니다. 이것에 매우 중요한 의미가 담겨 있습니다.

'디아스포라'는 원래 헬라어 'διασπορά(씨를 뿌리다)'에서 온 것으로 이 사람들의 기원을 생각해보면, 주전 722년경에 앗수르에 의하여 북조 이스라엘이 망했을 때, 혹은 주전 586년에 바벨론에 의해 예루살렘이 함락되고 남조 유다가 망했을 때, 포로로 잡혀가 세계 각지로 흩어진 사람들의 후손들이라 할 수 있습니다. 그리고 주전 320년 경 알렉산더 대왕이 지중해 연안을 완전히 제패하면서 이를 기념하기 위해 자기 이름을 따서 점령한 지역마다 '알렉산드리아'라는 도시를 건설했는데, 그는 이곳에 자기가 점령한 나라 사람들을 강제로 이주시켜서 살게 했습니다. 그 중에는 유대인들도 있었고, 그들 중에 특별히 서기관, 제사장들과 같은 종교지도자들이 많이 있었습니다. 그래서 그들로 하여금 강제로 히브리어로 된 구약성경을 당시에 일반적으로 통용되었던 '코이네 헬라어'로 번역시켜서 구약성경의 헬라어 번역판이 마련되었던 것이죠. 이것이 70명의 유대 학자들에 의해 번역했다고 해서 '70인역(Septuagint)'이라고 하는 것입니다. 당시 유대주의적 관점에서는 결코 다른 언어로 성경을 번역하려고 하지 않았을 것입니다. 그러나 비록 강제적으로 이루어진 일이지만 그렇게 성경은 세계적으로 읽혀질 준비를 하게 되었다고 할 수 있습니다. 이를 누가 하셨겠습니까? 역사의 주인이신 하나님이 하신 것입니다.

이렇게 예수님 당시와 사도행전 시대에는 과거 700여 년 전, 600여 년 전, 300여 년 전에 잡혀가 강제 이주된 사람들의 후손들이 본토를 떠나 지중해 연안 각 처에 많이 흩어져 살고 있었습니다. 이 지역은 헬라어를 주로 사용하는 헬라 문화권에 속한 곳이었기 때문에 그곳에 살던 유대 후손들을 '헬라파 유대인'이라고 불렀고, 이들을 두고 '디아스포라 유대인'이라고도 부르는 것입니다. 그리고 본토에 남아 여전히 히브리 문화권에 속해 살고 있는 사람들을 '히브리파 유대인'이라고 불렀던 것이죠.

그런데 유대인 남자 성인이라면 적어도 일 년에 세 차례씩 절기 때마다 예루살렘에 와서 하나님 앞에 경배해야 하는 구약 율법의 명령이 있었습니다. 비록 해외에 거주하고 있었지만 여전히 유대 율법을 따르며 살아가던 많은 디아스포라 유대인들도 그 해 절기를 지키기 위해 예루살렘 성전에 경배하러 왔는데, 바로 그때 성령강림이 이루어진 것입니다.

사도행전 2장 9절-11절을 봅니다.

> [9] 우리는 바대인과 메대인과 엘람인과 또 메소보다미아, 유대
> 와 갑바도기아, 본도와 아시아, [10] 브루기아와 밤빌리아, 애굽
> 과 및 구레네에 가까운 리비야 여러 지방에 사는 사람들과 로
> 마로부터 온 나그네 곧 유대인과 유대교에 들어온 사람들과 [11]
> 그레데인과 아라비아인들이라 **행 2:9~11**

그들은 당시 공용어인 헬라어도 사용했을 것이고, 또 각 지방 특유의 방언들도 사용했을 것입니다. 그런데 이들이 "우리가 다 우리의 각 언어로 하나님의 큰 일을 말함을 듣는도다"라고 고백하고 있는 것입니다.

결국 그 자리에 있던 디아스포라 유대인들은 제자들이 성령의 능력으로 자기네 방언으로 하는 "하나님의 큰 일"에 관한 것을 들었다는 말입니다. 그러나 그것을 듣는 것만으로는 그 상황에 대해 반응이 분분하였기 때문에(12-13절), 성령님께서는 곧이어 14절 이하 말씀에서 베드로를 통해 바로 그 성령강림과 관련된 사건들의 의미가 무엇인지, 특히 자기네 말로 들은 "하나님의 큰 일"에 관한 것이 무엇인지를 구약 성경에 익숙한 디아스포라 유대인에게 맞게 구약의 선지자 "요엘"의 말씀으로부터 시작해서 너무나 선명하게 선포하게 하신 것입니다.

결국 성령강림을 목격하고 곧이어 사도행전 2장 38-39절에 "³⁸ **베드로가 이르되 너희가 회개하여 각각 예수 그리스도의 이름으로 세례를 받고 죄 사함을 받으라 그리하면 성령의 선물을 받으리니 ³⁹ 이 약속은 너희와 너희 자녀와 모든 먼 데 사람 곧 주 우리 하나님이 얼마든지 부르시는 자들에게 하신 것이라**"라는 이 말씀을 듣고, 그 날에 무려 3천명이 회개하고 세례를 받았는데, 그 중에 상당수가 디아스포라 유대인들이었던 것입니다.

이 대목이 시사하는 바가 매우 큽니다. 이 디아스포라 유대인들은 성령강림 이후 이제 복음이 향해야 할 타문화권에 이미 익숙한 사람들이었습니다. 게다가 성령강림 사건을 목도한 그들은 하나님 믿는 신앙을 지켰던, 그것도 대충이 아니라 그 먼 곳에서부터 절기를 지키기 위해 예루살렘으로 올 만큼 신실했던 사람들이었습니다. 그런데 그들이 바로 그 자리에서 성령강림 사건과 베드로의 복음 설교까지 듣고 회심해버린 것입니다.

이제 이 일 후에 이들이 살던 나라로 돌아가서 어떻게 되었겠습니까? 사도행전에서 볼 수 있는 회심자들의 일반적인 모습을 생각해보면 이들은 아마도 자기 살던 곳으로 가서 자기와 동일한 주변 디아스포라 유대인들에게 자기가 보고 들은 바, 사건 즉 복음을 증거했을 것입니다. 그뿐이었을까요? 그들이 살고 있는 곳에는 디아스포라 유대인보다 훨씬 더 많은 이방인인 그 땅 거민들이 있었을 것이고, 그 사건의 증거와 함께 자연스럽게 그들에게도 복음은 증거되었을 것입니다. 오늘날 관점에서 보면 그 즉시로 무슨 일이 일어난 것입니까? 바로 선교가, 사도행전 1장 8절에서 명령하셨던 이미 예루살렘, 온 유대, 사마리아를 넘어서 땅 끝까지 복음이 삽시간에 전파되고 증거될 수 있었던 것입니다.

복음의 근원지였던 예루살렘 초대 교회에서는 공식적으로 사도행전 15장에 가서야 이방인들에게 복음을 전하고, 그들을 교회의 일원으로 받아들이게 되지만, 사실 그것을 결의한 예루살렘 공의회 역시 이미 세계 전역에 증거되어 믿게 된 이방인 성도들에 관한 논란에서 비롯된 것이었음을 생각하면 사실상 사도들과 제자들을 통해 공식적인 선교가 시작되고 진행되었지만, 이 디아스포라 유대인들을 통해 지극히 비공식적으로 이미 복음은 놀랍도록 확산되고 있었던 것입니다.

따지고 보면 성경의 중심인물들 대부분이 디아스포라였습니다. 구약에는 아브라함, 야곱, 모세, 다니엘, 예레미야, 에스겔, 에스더, 느헤미야, 에스라 등이 있고, 신약에서도 바울, 바나바, 디모데, 브리스길라와 아굴라 등 일일이 다 열거하기 힘들 정도로 많습니다. 이들에게 주효했던 것은 바로 그들이 유대문화도 알고,

타문화도 아는 소위 '이중문화(Bi-culture)'의 강점, 그리고 그것에서 비롯된 '타문화 적응력'을 가지고 있었다는 것입니다. 이는 디아스포라 유대인들에게는 이미 그 속에 복음이 유대문화에서 타문화로 건너가는 가교(架橋)가 내재되어 있었다고 볼 수 있는 것입니다.

이는 오늘날 선교에서도 마찬가지입니다. 세계 각지의 디아스포라 그리스도인들은 오늘날 세계선교의 주역으로 그 역할을 감당하고 있습니다. 이미 선교지의 언어와 문화에 익숙한 그들은 선교적으로 잘 훈련된다면 훨씬 수월하게 선교 현장에서 훌륭한 선교사로 사역할 수 있습니다. 또한 조금은 다른 관점이지만, 국내로 들어온 외국인 이주민들 역시 한국에서 복음을 듣고 잘 훈련되면 고국으로 돌아가서 동족에게 효과적으로 전도하는 사역자로 세워질 수 있기 때문에 디아스포라 개념의 연장선에서 매우 중요하게 다뤄질 필요가 있는 것입니다.

이처럼 사도행전 2장의 오순절 성령강림 사건은 예수님이 승천하시며 약속하셨던 성령 하나님께서 임하셨다는 그 자체로도 너무나 중요하지만, 그 사건의 결과로 나타난 향후 '성령행전으로서의 복음전도와 선교의 역사', 그리고 '방언' 사건이 지시하는바 '열방으로 향하는 복음의 방향성', 또 그 방언을 듣고 즉각적으로 반응했던 '디아스포라 유대인들이 갖는 중요한 선교적 의미' 등 시사하는 바가 큰 사건이었다고 할 수 있습니다. 이는 여전히 성령행전의 연장선상에 살고 사역하고 있는 오늘날 우리들에게도 동일한 의미와 방향을 제시해주고 있음을 확인하게 됩니다. 그 의미를 되새기고, 되살려서 성령행전의 주역으로 쓰임받는 여러분 되시기를 축원합니다.

생각해 볼 수 있는 또 다른 이유는 10장 28절을 보면 알 수 있는데, 아마도 이것이 더 근본적인 이유였을 것입니다. 사도행전 10장 28절, "이르되 유대인으로서 이방인과 교제하며 가까이 하는 것이 위법인 줄은 너희도 알거니와" 그것은 사도들이 유대인으로서 이방인과 접촉하고 교제하는 것을 율법을 어기는 행위라고 '착각'하고 있었던 것입니다. 그래서 예수님의 제자훈련을 3년씩이나 받았고 예수님의 선교 위임령을 직접 받은 사도들임에도 불구하고 이방인에게 복음을 전하는 것은커녕, 이방인과 접촉하는 것조차 꺼려했던 것입니다. 그래서 성령께서는 먼저 시범조교처럼 사마리아에서 일 잘하고 있던 빌립 집사에게 유대광야로 내려가서 예루살렘에서 예배드리고 자기 나라로 돌아가는 에디오피아 사람을 만나라고 지시하신 것입니다.

- '땅 끝까지 이르는 그 길 위에서' 본문 중에서 -

사도행전 03

땅 끝까지 이르는 그 길 위에서

주의 사자가 빌립에게 말하여 이르되 일어나서 남쪽으로
향하여 예루살렘에서 가사로 내려가는 길까지 가라 하니
그 길은 광야라
- 행 8:26 -

　　'모든 족속으로 제자 삼으라.'라는 예수님의 지상 명령과 '땅
끝까지 이르러 증인'되게 하시는 성령 강림 사건 이후 이 땅에 교
회가 시작되었습니다. 그러나 이후에도 예수님의 제자들은 한동
안 예루살렘에 머물러 있었습니다. 성령강림의 역사로 용기와 능
력의 사람들로 변화된 그들이 곧장 땅 끝까지 복음 들고 나아갈
것처럼 보였지만 그렇지는 않았습니다. (물론 성령강림 사건을 목
격하고 베드로의 말씀을 들은 무리들 가운데는 회심하고 각자의
곳으로 흩어지며 그 사건의 증인으로서 자연스럽게 복음을 전한
사람들은 있었습니다.)

　　이에 대해 여러 해석이 있을 수 있지만, 사실 그들이 처음에

예루살렘에 머물렀던 것은 성령의 섭리 속에 이루어진 일이었다고 볼 수 있습니다. 왜냐하면 기독교는 예루살렘에서 시작되어야만 했기 때문입니다. 그곳은 예수님의 십자가 사건이 있었고, 수많은 사람들이 그 죽으심을 목격했으며, 사흘 만에 예수님의 부활 사건이 일어난, 모두가 다 아는 그 무덤이, 또한 이 모든 일의 목격자들이 있었던 바로 그 곳이었습니다.

이와 같은 십자가, 부활, 성령강림이라는 일련의 역사적 사건의 현장에서, 이를 직접 목도한 목격자들에게, 이 사건이 도대체 무엇을 의미하는지 설명하고 깨닫게 하는 것이 필요했습니다. 뿐만 아니라 이것이 당시 예루살렘에서 증거된 복음의 핵심 진술이자 초대교회를 향한 자연스러운 시대적 요청이었을 것입니다. 그렇기 때문에 복음과 교회는 예루살렘에서 시작되어야 했고, 또한 이 과정이 충분히 준비될만한 시간이 필요했던 것입니다.

그래서 그들은 예루살렘 안에서 치열하게 복음의 싸움을 싸웠습니다. 사도행전 5장에 보면, 그들은 담대하게 복음을 전하다가 붙잡혀 채찍에 맞아 피투성이가 되어 나오면서도 **"그 이름을 위하여 능욕 받는 일에 합당한 자로 여기심을 기뻐**(행 5:41)**"**하였습니다. 또한 그 다음 절을 보면 **"그들이 날마다 성전에 있든지 집에 있든지 예수는 그리스도라고 가르치기와 전도하기를 그치지 아니**

하니라"라는 말씀이 나옵니다.

　　그리고 그 결과 오순절 날 삼천 명(행 2:41), 미문의 앉은뱅이가 고침 받던 날은 남자 어른만 오천 명(행 4:4)이 회개했으며, 당시 유대 종교지도자들이 "**우리가 이 이름으로 사람을 가르치지 말라고 엄금하였으되 너희가 너희 가르침을 예루살렘에 가득하게 하니**(행 5:28)"라고 말하는 것을 보아 예루살렘에 엄청난 부흥이 일어난 것을 알 수 있습니다. 뿐만 아니라, 그들은 자신들의 소유를 팔아 사도들 발 앞에 갖다놓고(행 4:37), 사람들의 필요를 따라 나누어주는 (행 4:35) 헌신과 나눔의 공동체였으며, 사람들에게 칭찬받는 세상에서 찾아보기 힘든, 그래서 이후 오고 오는 모든 세대에 회복해야 할 모델이 될 특별한 공동체로 세워져갔습니다.

　　그러나 복음은 이 예루살렘 교회의 부흥만을 위한 것이 아니었습니다. 예루살렘에서 복음이 경험되고 증명되자 교회는 급속도로 부흥하고 커져갔지만, 복음은 거기에 머물 수 없었습니다. 아직 이 복음을 들어야할 수많은 족속들과 열방이 기다리고 있었고, 복음은 그들을 향해 또 나아가야만 했습니다. 그것이 예수님의 명령과 성령님이 지향하시는 바, 복음의 본질이었고, 역동성이었습니다. 그래서 사도행전 6장 이하에서 복음이 정체된 예루살렘 교회에 이상 징후들이 나타나기 시작했습니다.

0. 머물러 있었던 복음 : 이상 징후

사도행전 6장 1절은 **"그 때에 제자가 더 많아졌는데"**라고 시작하고 있습니다. 제자들이 많아진 것은 좋은 일인 것 같은데, 아이러니하게도 이어지는 내용은 좋은 내용이 아닙니다. 1절 후반절에 **"헬라파 유대인들이 자기의 과부들이 매일의 구제에 빠지므로 히브리파 사람을 원망하니"**, 지금 무슨 문제가 발생했습니까? 쉽게 말해 헬라파 과부들이 교회로부터 도움 받는 구제에서 자꾸 누락되는 것이었습니다. 왜 그랬을까요? 사랑과 성령이 충만했던 교회였는데, 벌써 그 마음이 식어서 히브리파 성도들이 헬라파 과부들에게 소위 텃세를 부리며 차별하기 시작했다는 것일까요? 언뜻 보면 마치 그런 것 같기도 하지만, 사실 근본적인 원인은 다른데 있었습니다.

> 그 때에 제자가 더 많아졌는데 헬라파 유대인들이 자기의 과
> 부들이 매일의 구제에 빠지므로 히브리파 사람을 원망하니
> **행 6:1**

원인을 찾을 수 있는 단초는 앞서 언급한 1절 처음에 **"그 때에 제자가 더 많아졌는데"**입니다. 교회로 들어온 사람들의 수가 너무 많았던 것입니다. 여러분, 상식적으로 한 번 생각해 봅시다.

그나마 설교 들을 때는 좀 덜했겠지만 마이크 시스템도 없던 당시 상황을 감안하면, 아마도 광고시간에는 앞에서 하는 말이 제대로 전달되었겠습니까? 지금도 광고시간에는 서로 담소도 나누고 그렇지 않습니까? 또한 지금 구제를 필요로 하는 사람들은 과부들인데, 통상 성경에서 말하는 과부는 나이 많은 여자들을 가리킵니다. 가뜩이나 연세가 있어 귀도 어두운데 주변 상황도 소란스럽고 어수선하니 구제에 대한 광고를 잘 듣기가 어려웠을 것으로 짐작됩니다.

게다가 당시 히브리 사람들이 보통 사용하던 언어는 아람어였는데, 외국에서 온 이 헬라파 과부들이 그 아람어를 잘 알아듣지 못했을 가능성도 배제할 수 없습니다. 오늘날 우리도 해외 교포 2세, 3세만 되어도 한국어를 잘 하지 못합니다. 이민 간 지 50년이 채 되지 않아도 그런데, 이들은 많게는 700여 년 전에 강제 이주된 포로들의 후손들이었습니다. 그러니 서로간의 소통이 잘 안 되는 일이 다반사였을 것입니다. 그러니 이 사단이 난 본질적인 원인을 추론해 본다면, 예루살렘 교회 한 곳에 너무 많은 다양한 출신의 사람들이 출석하고 있었던 것이 아닐까요?

이런저런 상황이긴 하지만, 구제에 대한 광고를 듣지 못한 헬라파 과부들이 나중에야 뒤늦게 그 사실을 알고 나면 일단은 마음이 섭섭하고, 소위 말하는 시험에 들게 되는 것이지요. 그래서 결국 그 불만이 누적되다가 헬라파 유대인 대 히브리파 유대인 간의 갈등으로 비화된 것으로 충분히 유추해 볼 수 있을 것 같습니다.

그래서 이 문제에 대해 사도들이 기도하며 내린 결론이 무엇입니까? 사도행전 6장 3절에 **"형제들아 너희 가운데서 성령과 지혜가 충만하여 칭찬 받는 사람 일곱을 택하라 우리가 이 일을 그들에게 맡기고"** 이와 같은 일을 나누어 맡을 사람들, 일곱 집사들을 세우게 된 것입니다. 그런데 5절에 그 이름들이 소개되는데, 그 이름이 다 헬라식 이름입니다. **"스데반, 빌립, 브로고로, 니가노르, 디몬, 바메나, … 안디옥 사람 니골라"**였습니다. 이들 모두 헬라파 유대인이었던 것이죠. 이제 이 일곱 집사들을 통해 교회 내부적으로 공평한 사무처리를 기대할 수 있게 되었고, 그렇게 교회가 한 고비를 넘기는 것 같았습니다.

> 하나님의 말씀이 점점 왕성하여 예루살렘에 있는 제자의 수가 더 심히 많아지고 허다한 제사장의 무리도 이 도에 복종하니라 **행 6:7**

성경은 7절에서 예루살렘에 제자의 수가 많아졌음을 다시 한 번 강조하고 있습니다. 그것도 '더 심히'라는 표현을 더하면서 말이지요. 그런데 성경을 가만히 보시면 이렇게 수가 많아졌는데, 여기서도 마찬가지로 뒤이어 좋은 일이 아니라 오히려 더 큰 어려움을 만나게 됩니다. 이는 앞선 교회 내부적인 갈등과는 비교도 안 될 외부적인 큰 박해였습니다. 그러나 여기 복음과 박해의 역설이 나타납니다.

1. 그러나 유대인에게게만 : 동질문화권 선교(Mission1)

일곱 집사가 세워지고 그 중 **"스데반이 은혜와 권능이 충만하여 큰 기사와 표적을 민간에 행하니(8절)"** 어떤 사람들이 스데반과 논쟁을 하게 됩니다. 9절에 보면, 그들은 **"자유민들 즉 구레네인, 알렉산드리아인, 길리기야와 아시아에서 온 사람들"** 즉 헬라파 유대인들이었습니다. 이는 헬라파 유대인들에게 복음이 증거되는 것에 따른 반작용이었다고 볼 수 있습니다. 그렇게 같은 헬라파 유대인들에게 고소를 당한 스데반은 마지막까지 복음을 증거하다가 돌에 맞아 순교하고 말았습니다. 문제는 이 사태가 거기서 끝나지 않고, 8장 1절에, **"… 그 날에 예루살렘에 있는 교회에 큰 박해가 있어"**, 성령강림 이후 부흥하던 교회가 처음으로 엄청난 시련을 맞게 된 것입니다. 그러나 이어지는 1절 하반절 말씀에,

"**사도 외에는 다 유대와 사마리아의 모든 땅으로 흩어지니라**" 이 박해는 예루살렘 교회 성도들을 흩어놓게 되었습니다.

그런데 이 1절의 진술을 주의 깊게 볼 필요가 있습니다. 성경은 교회에 불어 닥친 큰 박해와 시련에 대해 그 참상의 현실을 상세히 보도하기보다, 이 박해에 대한 해석적 관점을 먼저 제시하고 있습니다. 단도직입적으로 말해 이 박해의 의의는 교회와 성도가 '고통을 당했다.'가 아니라, 교회를 '모든 땅으로 흩어지게' 만들었다는 것이다. 이 진술은 지금 성경이 어디에 관심이 있는지, 지금 왜 이 사안을 다루고 있는지 해석한 것이라 할 수 있습니다. 심지어 '드디어 흩어지기 시작했다.'라고 말씀하는 것 같아 보이기까지 합니다. 그러한 성경의 의도를 추론할 수 있게 하는 것이 이 진술과 함께 사용하는 "유대와 사마리아의 모든 땅으로"라는 구절입니다. 어디서 많이 본 것 같지 않으십니까? 바로 사도행전 1장 8절의 "**예루살렘과 온 유대와 사마리아와 땅 끝까지 이르러**"를 떠올리게 됩니다. 이 박해의 사건은 바로 열방을 향해 나아가야 할 복음의 본질과 닿아 있었던 것입니다.

그리고 실제로 4절에, "**그 흩어진 사람들이 두루 다니며 복음의 말씀을 전할새**"라고 기록하고 있습니다. 흩어진 사람들이 그저 박해를 피해 도망가 숨은 것이 아니라, 두루 다니며 가는 곳마다 복음을 전했다는 것입니다. 비록 교회가 박해를 당하게 되지만, 그로 인해 성령의 의도하심대로 복음이 확산되기 시작한 것입니다. 이 역시 합력하여 선을 이루시는 성령님의 섭리였음을 인정하게 되는 대목입니다.

여러분, 그러나 여기에도 여전히 한계가 있었습니다. 언뜻 보면 이제 말씀대로 복음이 모든 족속에게 전해지기 시작한 것으로 생각하게 되는데, 꼭 그렇지만은 않았던 것이죠. 잠깐 훌쩍 건너 뛰어, 사도행전 11장 19절을 보면 이런 기록이 있습니다. "**그때에 스데반의 일로 일어난 환난으로 말미암아 흩어진 자들이 베니게와 구브로와 안디옥까지 이르러 유대인에게만 말씀을 전하는데**", 어디에 주목해야 합니까? 바로 "유대인에게만". 스데반의 순교와 뒤이은 박해로 인해 성도들이 다 이방인의 땅, 열방으로 흩어지긴 했습니다. 그리고 가는 곳마다 복음을 전하기도 했습니다. 그런데 이들이 누구에게만 복음을 전했다는 것입니까? 같은 '유대인들에게만' 복음을 전했다는 말입니다.

이들의 전도는 아직까지 동질문화권 선교(Mission1), 즉 같은 유대 민족, 같은 유대 문화권에 있는 사람들을 벗어나지 못하고 있었다는 것입니다. 실제로 사도행전 10장의 '고넬료 전도'에서, 베드로가 가진 이방인 전도에 대한 고정관념에서 볼 수 있듯이, 그

전까지는 베드로마저도 아직 성령과 복음이 지향하는 타문화권, 다른 족속 사람들에게까지 복음을 전하는 것은 생각조차 못하고 있었던 것을 보면 알 수 있습니다. 복음을 전해야 할 당사자들의 인식과 상황이 그러함에도 불구하고 성령과 복음은 계속해서 모든 상황을 통해 한 걸음, 한 걸음 마땅히 나아가야 할 방향을 향해 섭리해 나아가고 있었습니다.

2. 사마리아 사람에게 복음을 : 유사문화권선교(Mission2)

8장 5절에 보면, **"빌립이 사마리아 성에 내려가 그리스도를 백성에게 전파하니"**, 빌립이 사마리아 땅에서 복음 전한 이야기가 나옵니다. 빌립이 간 사마리아 성이 어떤 곳입니까? 우리가 잘 아는 것처럼 이 땅은 유대인들이 멸시하던 혼혈족의 땅이었습니다. 역사적으로 북이스라엘이 앗수르에게 멸망당한 후, 앗수르의 강제이주와 혼혈정책 시행으로 인해 사마리아는 이스라엘과 이방족속의 혼혈족들로 채워지게 되었지요. 혼혈이 문제가 아니라, 그로 인해 이스라엘의 하나님 섬기는 신앙 자체가 소멸되거나 변질되는 것이 문제였습니다. 그래서 그들은 혈통뿐만 아니라, 종교·문화적으로도 혼합되었던 것입니다. 그런 이유에서 예수님 당시에도 유대인들은 이 사마리아를 이방보다 더 못한 부정한 존재로 멸시하였고, 이는 초대교회 당시에도 마찬가지였습니다.

그런 곳에서 빌립 집사가 복음을 전했다는 것입니다. 이 사실이 시사하는 바가 무엇일까요? 그리고 박해 후 시작된 다른 지역 전도들과의 차이가 무엇이겠습니까? 그것은 바로 초대교회 전도가 드디어 유대인만을 대상으로 한 전도의 한계를 넘어섰다는 것입니다. 예루살렘에만 머물러 전도하던 초대교회 성도들이 박해로 인해 여러 지역으로 흩어졌지만, 그곳에서도 그들은 유대인들에게만 전도했지, 다른 족속의 사람들에게는 전도하지 않았습니다. 아니 못했다고 하는 편이 더 맞을 것입니다. 그런데 사마리아 사람들은 순수 이스라엘 민족이라고 보기는 어렵지만, 그렇다고 완전히 이방인도 아니었고, 종교나 문화적으로도 정통 유대교는 아니지만, 또 완전히 이방 종교도 아닌, 완전히 같지도 다르지도 않은 유사한 사람들이라고 할 수 있었습니다. 즉 사마리아 성에서의 전도는 이른바 "유사문화권 선교(Mission2)"의 단계까지 진보한 상태라고 볼 수 있습니다. 중요한 것은 예수 복음이 유대인들만의 것으로 묶여있지 않고, 드디어 다른 족속들에게도 흘러가기 시작했다는 것입니다.

그런데 그 이전까지 다른 사람들은 못했는데 어떻게 빌립은 그 한계를 넘어서 전도할 수 있었을까요? 빌립은 그 이름으로 볼 때에 이방 땅에서 자란 헬라파 유대인이었던 것으로 보입니다. 그러한 배경을 전제로 생각해보면, 빌립 입장에서는 이방인에 대한 문화적 이질감이 훨씬 덜했을 것이고, 그렇기 때문에 그에게는 이 사마리아 사람들에 대한 거리낌도 본토에 살던 유대인들이 느끼는 것보다는 상대적으로 덜 했던 것이죠. 그래서 빌립은 사마리아 성에 가서도 복음을 전할 수 있었던 것입니다. 그랬더니 사마리아 땅에서도 다른 곳에서의 전도와 동일하게 그 복음을 듣고, 한 마음으로 따르는 사람들이 나오고, 성령께서 역사하셔서 귀신이 쫓겨나고 중풍병자와 못 걷는 사람들이 낫는 표적이 나타나 그 성에 큰 기쁨이 있었습니다(6-7절). 정통 본토 유대인에게는 어려웠을 유사문화권(Mission2), 사마리아 선교는 이미 타문화 훈련이 되어 있는 헬라파 유대인 빌립 집사를 통해 드디어 시작되었습니다.

자, 이제 이 소식을 예루살렘에 있는 사도들이 들었습니다. 그래서 14절에, 사도들은 이를 확인하고자 베드로와 요한을 사마리아로 보냅니다. 무엇을 확인하는 것입니까? '과연 유대인 아닌 이 혼혈족 사마리아 사람들도 정말 예수 복음으로 구원 받은 것이 사실인가?' 하는 것이었겠지요. 이른 바 '사마리아 구원 검증단' 그런 것이 아니었을까 싶습니다. 검증방법은 무엇이었습니까? 이미 복음을 받아들이고 믿음을 고백했기 때문에 결정적인 성령이 임하시는지를 확인해야 했을 것입니다. 그래서 이들은 사마리아의 예수 믿는 사람들을 위해 성령이 임하시도록 간구합니다. 그리고 **"이에 두 사도가 그들에게 안수하매 성령을 받는지라(17)"** 예수님의 이름으로 베푼 세례만 받았던 이들에게도 동일한 성령님의 임재와 그 증거들이 나타나게 된 것입니다. 이 일로 사도들도 사마리아 사람들에게 복음 전하는 일을 인정하고, 교회가 이 사실을 받아들이게 되었습니다. 그리고 25절에 **"두 사도가 주의 말씀을 증언하여 말한 후 예루살렘으로 돌아갈 새 사마리아인의 여러 마을에서 복음을 전하니"**, 그들도 이제 예루살렘으로 돌아가는 길에 여러 사마리아 마을들을 들러 복음을 전하였습니다. 그전에는 상상하기 어려운 일들이 빌립의 사마리아 전도를 통해 공식적으로 가능해진 것입니다. 사도행전 1장 8절 말씀 중에서, "예루살렘과 온 유대"를 넘어 "사마리아"까지 왔습니다. 먼저 빌립을 시작으로 이후 베드로와 요한이 확인하고, 직접 전도하기 시작하여 유사문화권 선교의 문이 열리게 된 것입니다.

3. 이방 족속을 위한 선교 : 타문화권 선교(Mission3)

이제 사도행전 8장 26절 이하에서는 아프리카 에티오피아 내시 한 사람이 예루살렘에 예배를 드리러 온 사건이 기록되어 있습니다. 이 본문은 사도행전 1장 8절의 **"예루살렘과 온 유대와 사**

마리아와 땅 끝까지" 중에서 사마리아를 넘어 땅 끝으로 나아가는 이야기를 다루고 있다고 볼 수 있습니다. 인류를 일반적으로 노아의 세 아들에서 비롯된 셈족, 함족, 야벳족 이렇게 세 종족으로 크게 나눌 수 있는데, 우리처럼 알맞게 구워지고 잘 생긴 사람들이 셈족, 아프리카나 태평양 군도에서 사시는 밤에는 전혀 안보이시는 분들이 함족, 얼굴 하얀 코카시안 백인들을 야벳족으로 분류합니다. 그런 관점에서 이 아프리카 에티오피아 내시는 함족에 속한 사람이라고 볼 수 있지요. 그래서 성경이 여기서 이 에티오피아 내시의 에피소드를 다루고 있는 것은 교회가 동족 유대인과 유사 문화권인 사마리아를 넘어 완전히 다른 종족, 다른 문화권 선교를 어떻게 하게 되는지 이야기하고자 하는 것입니다. 즉 타문화권 선교(Mission3)를 다루고 있는 것이죠.

성경은 이 에티오피아 내시가 예루살렘에 예배드리러 왔다고 했습니다. 에디오피아에서 병거를 타고 출발해서 애굽과 가사, 유대 광야를 거쳐 예루살렘까지 와서 예배를 드리고, 다시 유대 광야와 가사를 지나 자기 나라로 돌아가는 길이었습니다. 우리가 상식적으로 생각해 봅시다. 이 에티오피아 사람이 예루살렘까지 와서 예배를 드리러 와서 한동안 머물렀다는 것인데, 지금 예루살렘에는 베드로, 안드레, 야고보, 요한 등 예수님의 제자들인 사도 그룹이 있었습니다. 그렇다면 이 사람에게 예루살렘에 있던 사도들이 복음을 전할 수 있지 않았겠습니까? 그런데 사도들은 이 사람에게 복음을 전하지 못했습니다.

왜 그랬을까요? 그 이유는 첫째, 말이 통하지 않았습니다. 사도들은 대부분 많은 교육을 받지 못한 사람들이었기 때문에 에티오피아 말은 당연하고, 당시 지중해 연안의 공용어인 헬라어도 유창하게 구사하지는 못했을 것입니다. 그러니 외국인인 에티오피아 사람이 예배드리러 왔지만, 전도할 마음이 있었어도 그에게 쉽게 다가가 복음을 전하지는 못했을 것입니다. 예를 들어 인도네시아 사람이 한국에 왔는데, 우리 중에 인도네시아어나 영어를 잘할 수 있는 사람이 한 명도 없다면 마음은 있어도, 그 인도네시아 사람에게 복음을 전할 수는 없을 것이라는 것이죠. 그런데 인도네시아어를 배웠고 익숙한 인도네시아 선교사가 한 명 있다면, 얼마든지 자유롭게 복음을 전할 수 있을 것입니다. 본문의 상황도 사도들 가운데 에티오피아어나 적어도 헬라어를 자유롭게 구사할 수 있는 사람이 있었어야 그에게 제대로 복음을 전할 수 있었을 것입니다.

생각해 볼 수 있는 또 다른 이유는 10장 28절을 보면 알 수 있는데, 아마도 이것이 더 근본적인 이유였을 것입니다. 사도행전 10장 28절, **"이르되 유대인으로서 이방인과 교제하며 가까이 하**

는 것이 위법인 줄은 너희도 알거니와" 그것은 사도들이 유대인으로서 이방인과 접촉하고 교제하는 것을 율법을 어기는 행위라고 '착각'하고 있었던 것입니다. 그래서 예수님의 제자훈련을 3년씩이나 받았고 예수님의 선교 위임령을 직접 받은 사도들임에도 불구하고 이방인에게 복음을 전하는 것은커녕, 이방인과 접촉하는 것조차 꺼려했던 것입니다. 그래서 성령께서는 먼저 시범조교처럼 사마리아에서 일 잘하고 있던 빌립 집사에게 유대광야로 내려가서 예루살렘에서 예배드리고 자기 나라로 돌아가는 에디오피아 사람을 만나라고 지시하신 것입니다. 그 내려가는 길에 이 에디오피아 사람이 병거 타고 가면서 무엇을 하고 있었습니까? 그는 두루마리 성경을 읽고 있었습니다. 그가 히브리어를 잘 알지는 못했을 것이니, 그가 읽고 있는 것은 아마도 히브리어 구약성경을 헬라어로 번역한 70인역(Septuagint) 성경이었을 것입니다. 그리고 그가 읽고 있던 성경은 예수님의 십자가 고난에 대한 예언이 담긴 구약 이사야 53장이었습니다. 그가 어떠한 연유로 하나님을 알고 믿게는 되었지만, 이사야 53장을 읽으며 이것이 누구에 대한 이야기인지 그 말씀의 의미가 도대체 무엇인지는 알 길이 없었을텐데, 바로 그 때 빌립이 나타난 것입니다. 빌립이 "여보시오 읽는 것을 깨달으시오?", 그는 아마도 유창한 헬라어로 물었겠지요? 그러자 에티오피아 사람이 "아니 가르쳐주는 사람이 없는데 어떻게 압니까?", 빌립이 "그럼 내가 좀 가르쳐줄까요?", 에티오피아 사람이 "오, 성경을 아는 사람입니까? 이리로 올라와서 가르쳐 주십시오." 그렇게 해서 빌립은 함께 병거를 타고 가면서 말씀을 풀어서 예수 그리스도의 복음을 증거했습니다. 그리고 에티오피아 사람은 예수님을 알게 되어 즉시 믿고 영접하게 되었고, 마침 가는 길에 물이 있어 내려가 그 자리에서 세례를 받습니다. 완전히 타문화권 이방인인 함족 사람을 위한 복음 증거 역시 헬라파 유대인으로서 이미 타문화에 대해 익숙했던 빌립 집사에 의해서 처음으로 이루어지게 되었습니다.

실제로 이 사건이 최초의 타문화권 선교의 사건이었는지는 장담할 수 없습니다. 하지만, 빌립은 유사문화권(M-2)인 사마리아 선교에 이어 타문화권 선교(M-3)에 있어서도 성령강림과 초대교회 설립 이후, 공식적으로 성경에 기록된 첫 번째 선교사라는 영광을 누리게 되었습니다. 그리고 적어도 성경은 예루살렘 교회의 공식적인 직분자인 빌립 집사를 통해 예루살렘을 떠나 유대 땅도, 사마리아 땅도 아닌, 이방 나라로 가는 노중(路中)에서 타문화권 사람, 그것도 에티오피아의 고관에게 복음을 전하는 사건을 비교적 짧지 않은 분량으로 다루고 있습니다. 이는 비록 복음이 진행해가는 여러 과정 중 하나이지만, 이 장면이 매우 중요한 의미를 가지고 있기 때문일 것입니다. 사실상 전혀 예수 복음을 알지 못하던(에티오피아 사람은 유대교 신앙은 있었던 것으로 추정) 이방인들에게 차별 없는 복음전도의 문이 열리는 것은 몇 차례 과정을 더 겪어야 했지만, 바로 이 사건이 공식적인 타문화권 선교의 시작이라고 인정할 수 있을 것입니다. 또 한 가지 눈여겨 볼 것은, 26절에 **"예루살렘에서 가사로 내려가는 길까지 가라"**에서 보듯, 빌립이 이 이방인을 만나 전도한 곳이 '이방으로 가는 노중(路中)'이었습니다. 이처럼 그 순간 복음과 선교도 사도행전 1장 8절의 주님의 명령대로 "땅 끝까지 이르러" 나아가는 노중(路中)에 있었다는 사실입니다.

주 안에 사랑하는 여러분, 이처럼 우리는 사도행전 5장부터 8장에서 기록된 일련의 사건들을 통해 성령님께서 어떻게 사도행전 1장 8절의 **"예루살렘과 온 유대와 사마리아와 땅 끝까지 이르러"** 예수님의 지상 명령을 교회와 성도들을 통해 이루어 가시는지 살펴보았습니다. 그 과정에서 성령님께서는 교회 안에 있는 사람들과 그들이 가진 배경과 특성들을 적절히 사용하시며 복음이 나아갈 길에 쓰임 받도록 인도하셨습니다. 성령님께서는 오늘도 변함없이 자격없는 우리를 부르셔서 그 복음이 없는 곳, 복음이 필요한 바로 그 땅 끝까지 복음을 증거케 하시는 줄 믿습니다. 저와 여러분의 삶과 사역도 바로 그 복음이 가는 그 노중(路中)에 있음을 알고, 그 길 끝까지 주님과 함께 걸어가시는 충성된 은혜가 함께 하시기를 축복합니다.

성령께서 강권하심으로 빌립을 통해서 사마리
아 유사문화권선교(M-2)를, 그리고 역시 빌립을
통해서 함족 에티오피아인 타문화권(M-3)를 하
게 하셨습니다. 그 후에 이제 쐐기를 박기라도
하시듯, 예루살렘 교회의 가장 영향력 있는 사
도인 베드로에게 환상이라는 비상한 방법을 통
해 결국 당시 로마 세계의 주류 종족이었던 야벳
족을 위한 선교를 직접 수행하게 하신 것입니다.
그리고 그를 통해 이제 온 예루살렘 교회가 '이
방인을 향한 복음'을 인정하게 되었습니다.

- '같은 선물을 그들에게도 주셨으니: 베드로의 선교적 회심'
본문 중에서 -

사도행전 04

같은 선물을 그들에게도 주셨으니
: 베드로의 선교적 회심

¹ 유대에 있는 사도들과 형제들이 이방인들도 하나님의 말씀을 받았다 함을 들었더니 ² 베드로가 예루살렘에 올라갔을 때에 할례자들이 비난하여 ³ 이르되 네가 무할례자의 집에 들어가 함께 먹었다 하니 ⁴ 베드로가 그들에게 이 일을 차례로 설명하여 ⁵ 이르되 내가 욥바 시에서 기도할 때에 황홀한 중에 환상을 보니 큰 보자기 같은 그릇이 네 귀에 매어 하늘로부터 내리어 내 앞에까지 드리워지거늘 ⁶ 이것을 주목하여 보니 땅에 네 발 가진 것과 들짐승과 기는 것과 공중에 나는 것들이 보이더라 ⁷ 또 들으니 소리 있어 내게 이르되 베드로야 일어나 잡아 먹으라 하거늘 ⁸ 내가 이르되 주님 그럴 수 없나이다 속되거나 깨끗하지 아니한 것은 결코 내 입에 들어간 일이 없나이다 하니 ⁹ 또 하늘로부터 두 번째 소리 있어 내게 이르되 하나님이 깨끗하게 하신 것을 네가 속되다고 하지 말라 하더라 ¹⁰ 이런 일이 세 번 있은 후에 모든 것이 다시 하늘로 끌려 올라가더라 ¹¹ 마침 세 사람이 내가 유숙한 집 앞에 서 있으니 가이사랴에서 내게로 보낸 사람이라 ¹² 성령이 내게 명하사 아무 의심 말고 함께 가라 하시매 이 여섯 형제도 나와 함께 가서 그 사람의 집에 들어가니 ¹³ 그가 우리에게 말하기를 천사가 내 집에 서서 말하되 네가 사람을 욥바에 보내어 베드로라 하는 시몬을 청하라 ¹⁴ 그가 너와 네 온 집이 구원 받을 말씀을 네게 이르리라 함을 보았다 하거늘 ¹⁵ 내가 말을 시작

할 때에 성령이 그들에게 임하시기를 처음 우리에게 하신 것과 같이 하는지라 [16] 내가 주의 말씀에 요한은 물로 세례를 베풀었으나 너희는 성령으로 세례를 받으리라 하신 것이 생각났노라 [17] 그런즉 하나님이 우리가 주 예수 그리스도를 믿을 때에 주신 것과 같은 선물을 그들에게도 주셨으니 내가 누구이기에 하나님을 능히 막겠느냐 하더라 [18] 그들이 이 말을 듣고 잠잠하여 하나님께 영광을 돌려 이르되 그러면 하나님께서 이방인에게도 생명 얻는 회개를 주셨도다 하니라

- 행 11:1~18 -

본문 앞 사도행전 9장 31절에 보면, **"그리하여 온 유대와 갈릴리와 사마리아 교회가 평안하여 든든히 서가고, 주를 경외함과 성령의 위로로 진행하여 수가 더 많아지니라"**라고 말씀하고 있습니다. 이 말씀은 예루살렘에서 시작된 복음이 지금 어디까지 전해지고 있는지 그 진도를 보여주는 것이라 할 수 있습니다. "온 유대와 갈릴리와 사마리아 …", 그렇다면 이제 복음이 어디로 향하고 있겠습니까? 그렇습니다. 바로 "땅 끝"으로 향하고 있습니다.

선교학에서는 사도행전 1장 8절 말씀을 근거로 '예루살렘과 온 유대'에 해당하는 '동질문화권'인 M-1(Mission1)과 '사마리아'로

대변되는 '유사문화권'인 M-2(Mission2) 그리고, '땅 끝'으로 대변되는 '타문화권'인 M-3(Mission3)로 구분합니다. 그런 맥락에서 본문을 보면, 사도행전 8장에서 빌립 집사를 통해 시작된 사마리아 전도(M-2)가 어느새 든든한 교회로 세워져가는 단계에까지 나아가고 있음을 알 수 있습니다.

그리고 타문화권 선교(M-3) 역시 사도행전 8장 26절 이하에서 빌립 집사가 에티오피아 내시에게 복음을 전하면서 시작되었고, 이제 9장과 10장에서 그 바통이 베드로에게 전해지면서 본격적인 타문화권 선교가 어떻게 진행되는지 보게 됩니다.

1. 베드로의 선교적 회심의 과정

9장 마지막 절에 베드로가 욥바라는 곳에 있는 시몬이라는 무두장이의 집에서 머물게 되었다고 나옵니다. 그런데 베드로는 시몬의 직업이 피장(皮匠, 짐승의 가죽을 다루어 물건을 만드는 장인)이어서 아주 불편했을 것입니다. 왜냐하면 베드로와 같은 유대인들이 목숨 걸고 지켜야 하는 유대 율법의 정결규례에 따르면 죽은 사람이나 죽은 짐승을 접촉하면 부정한 사람이 되고, 그 부정한 사람이 무엇인가를 만지면 이것 역시 부정한 것이 되고, 이것을 또 누군가가 만지면 그 사람 또한 부정하게 되는 것이죠. 그런데 이 무두장이 시몬이라는 사람은 그 직업상 죽은 동물의 가죽을 벗겨 소금물 같은 것에 무두질해서 가방과 같은 가죽 제품을 만드는 사람이니 어쩔 수 없이 항상 부정하게 되는 것입니다. 그가 집에 들어가려고 문손잡이를 잡으면 집 전체가 부정한 집이 되고, 그가 밥을 먹었던 그 식기까지도 다 부정하게 되니, 지금 그 집에 있는 유대인 베드로로서는 얼마나 불편했겠습니까? 그러나 베드로를 이러한 상황에 두신 것 또한 이제 보게 되는 선교역사상 중대한 사건을 위한 하나님의 준비였습니다.

　　본문을 살짝 건너뛰어서 10장 9절에 보면, 베드로가 제 육시 즉 낮 12시가 되어 기도하러 지붕, 즉 옥상으로 올라갔다고 되어 있습니다. 아마도 집 안에서 기도하려니 여기 저기 부정한 이 집 안이 마뜩치 않아 옥상으로 올라간 것으로 보입니다. 그런데 그 시간이 낮 12시라 배가 고플 때인데, 마침 환상 중에 위로부터 큰 보자기 같은 것에 무엇인가 싸여져 내려옵니다. 베드로가 그것을 보니 유대인의 정결규례 상 부정하다고 해서 유대인들이 먹어서는 안 되는 짐승들이 들어 있는 것입니다. 그 때, **"베드로야 일어나 잡아먹어라(13절)"**라는 소리가 들리는 게 아니겠습니까? 그러자 베드로는 **"주여 그럴 수 없나이다 속되고 깨끗하지 아니한 것을 내가 결코 먹지 아니하였나이다(14절)"**라고 말합니다. 유대인 베드로로서는 당연한 반응이었습니다. 그러자 **"하나님께서 깨끗하게 하신 것을 네가 속되다 하지 말라(15절)"**라는 소리가 또 나는 것입니다. 이러기를 세 번 반복하더니 그 그릇이 올라가 버리는 것이었습니다. 베드로는 속으로 아마 '부정한 집에 와있으니 별 일이 다 있다.'라고 생각했을지 모르겠습니다.

그런데 그 때 마침 누군가가 그 집에 찾아왔습니다. 19절에 가뜩이나 베드로는 지금 이상한 환상을 보고 어리둥절하고 있는데, 성령께서는 베드로가 그들을 만나기도 전에 '내가 두 사람을 보냈으니 너는 의심하지 말고 함께 가라'라고 말씀하십니다. 그래서 나가보니 정말 자기를 찾는 사람들이 온 것이죠. 그 사람들은 '가이사랴에 사는 고넬료라는 사람의 명을 받고 베드로, 당신을 모셔가기 위해서 왔다.'라고 말합니다. 고넬료가 그렇게 베드로를 청하게 된 과정 이야기가 바로 우리가 건너 뛴 사도행전 10장 1-8절의 내용입니다.

자, 그러면 고넬료는 도대체 누구이며, 무슨 일이 있었기에 베드로의 말씀을 듣겠다고 이렇게 멀리까지 와서 사람을 모셔가려고 하는 것일까요? 1절에서 소개하고 있듯이 고넬료는 가이사랴에 사는 이달리야 부대의 백부장이었습니다. 로마 군대 그것도 이달리야 인들로 구성된 부대의 백부장인 사람인데, 성경은 **"그**

가 경건하여 온 집안과 더불어 하나님을 경외하며", 게다가 "많이 구제하고, 하나님께 항상 기도하더니"라고 기록하고 있습니다. 이 소개는 지금 기도 중에 환상을 보고 하루 꼬박 걸리는 길을 사람을 보내서 베드로를 모셔오게 한 이가 어떤 사람인지에 대해 전제하고 있는 것입니다. 고넬료는 이방인이었지만, 하나님 앞에 경건했고 기도 중에 하나님의 환상을 보고 이렇게 실행할만한 신실함을 가진 사람이었다는 것입니다. 뿐만 아니라, 이는 역으로 그가 본 환상이 하나님의 섭리와 인도하심이 맞다는 것을 이야기하고 있는 것입니다. 그리고 그 환상이 하루 길 떨어진 욥바의 베드로에게도 임하신 환상과 서로 통하고 있음을 성경은 의도적으로 암시하고 있는 것입니다.

그렇게 고넬료는 기도 중 환상대로 지금 가이사랴에서 욥바까지 사람들을 보내서 베드로를 모셔 오라고 한 것입니다. 그 때 베드로 역시 성령께서 그들을 따라가라는 환상을 보았으니, 뭐가 뭔지는 모르겠지만 그 요청을 거절할 수 없었던 것입니다. 10장 24절을 보면 그들이 그 이튿날 가이사랴에 도착했는데 고넬료가 그의 친척과 가까운 친구들을 모아 기다리고 있다고 되어 있습니다. 고넬료가 누구입니까? 야벳족으로 분류되는 로마 사람입니다. 고넬료가 로마 사람이니 그의 친척과 그의 친구들도 다 로마 사람, 이방인들입니다. 성령께서 셈족인 유대인들을 통해 함족

(에티오피아 내시)을 넘어 이제 야벳족 사람들에게까지 타문화권 선교 (M-3)가 이루어지는 현장으로 강권적으로 몰아가시는 것입니다.

25절에, 베드로가 그 집으로 들어갈 때에 고넬료는 베드로가 천사나 하나님의 사자 쯤 되는 줄 알았는지 그 발 앞에 엎드려 절합니다. 하나님께서 직접 환상 중에 명하셔서 모셔온 이 베드로에게 엄청난 경외심과 기대를 가지고 있었던 듯합니다. 그러나 26절에, 베드로가 그를 일으키면서 "나도 사람이라"라고 말하면서 모인 사람들에게 말씀하는데, 이 28절 말씀이 본문의 열쇠가 되는 구절입니다. 중요하니 잘 보시기 바랍니다.

> 이르되 유대인으로서 **이방인**과 교제하며 가까이 하는 것이 위법인 줄은 너희도 알거니와 하나님께서 내게 지시하사 **아무도 속되다 하거나 깨끗하지 않다 하지말라** 하시기로 **행 10:28**

자, 이 28절 말씀에 보면, 베드로를 비롯한 예루살렘 초대 교회의 성도들은 예수님의 선교 위임령을 받았고 성령충만하고 사랑이 충만하며 위험을 두려워하지 않는 사람들이었음에도 불구하고 이방인과 교제하는 것은 어떻게 생각하고 있었다는 것입니까? "위법", 즉 하나님의 법을 어기는 행위라고 생각하고 있었다는 것입니다.

이처럼 가까이 교제하는 것조차 위법이라고 생각했는데, 지금 베드로가 어떤 상황에 처했습니까? 성령께서 명하셔서 일단 가이사랴 고넬료라는 이방인의 집까지 오긴 했는데, 여기는 집안에 있는 모든 이들이 다 이방인들입니다. 28절 말씀에 따르면, 그들 속에 초대받아 들어가는 것조차 어쩌면 위법이 될 수도 있는 상황인데, 지금 베드로가 그들 중에 서서 무엇을 해야 하는 것입니까? 이들에게 말씀을 전하고 복음을 증거해야 하는 상황에 처한 것입니다.

그런데 28절 중간에 베드로는 "··· **위법인 줄은 너희도 알거니와**" 즉, '그것이 위법이기는 하지만'이라고 말하면서 이어서, **"하나님께서 내게 지시하사 아무도 속되다 하거나 깨끗하지 않다 하지 말라 하시기로"**라고 말하고 있습니다.

사실 본문 앞부분 베드로가 본 환상에서 하나님은 베드로에게 '아무도(any man)'라고 말씀하신 적이 없습니다. 15절의 영어 번역에 봐도 'anything'이라고 하셨지, 직접 사람을 지칭하시지는 않으셨습니다. 그런데 지금 28절에서 베드로는 '아무도'라는 사람을 지칭하는 표현을 쓰고 있습니다. 즉 베드로는 환상 중에 "하나님께서 깨끗하게 하신 것을 네가 속되다 하지 말라"는 말씀을 세 번이나 들었는데, 그 환상은 짐승 또는 음식에 대한 것이었지만,

아마도 고넬료 집으로 오는 과정에서 또 고넬료의 집에 들어서 기대에 찬 얼굴로 모여 있는 그 이방인들을 대하면서, 그것이 바로 이제 만나게 될 '이방 사람'들에 대한 말씀임을 깨달은 것으로 보입니다.

특히 30절부터 이어지는 베드로를 모시게 된 고넬료의 사정을 듣고 34-35절에, "… **내가 참으로 하나님은 사람의 외모를 보지 아니하시고 각 나라 중 하나님을 경외하며 의를 행하는 사람은 다 받으시는 줄 깨달았도다**"라고 말씀합니다. 이는 베드로가 당시 초대교회의 가장 영향력 있는 지도자로서 하나님께서 이방인에게도 차별 없이 구원의 은혜를 베푸신다는 사실을 깨달았고, 이를 처음 공식적으로 인정한 것이었습니다.

그러고 나서 베드로는 곧장 36절부터 십자가 대속의 복음을 증거하였고, 43절에 "… **그를 믿는 사람들이 다 그의 이름을 힘입어 죄 사함을 받는다**…"라는 말씀이 증거될 때, 44절에 "**성령이 말씀 듣는 모든 사람에게**" 임하시고, 46절에 "… **방언을 말하며 하나님 높임**…"을 목격하게 됩니다. 이에 베드로는 47절에서 성령이 임한 그들에게 "… **이 사람들이 우리와 같이 성령을 받았으니 누가 능히 물로 세례 베풂을 금하리요** …"라고 하며 주저함 없이 예수 그리스도의 이름으로 세례를 베풀게 됩니다. 말씀을 증거한 베드로는 물론 그 자리에 함께 한 기존 유대인 신자들도 모두 이 광경을 보고 놀랍니다.

> ³⁴ 베드로가 입을 열어 말하되 내가 참으로 하나님은 **사람의 외모를 보지 아니하시고** ³⁵ 각 나라 중 하나님을 경외하며 의를 행하는 사람은 **다 받으시는 줄** 깨달았도다 행 10:34-35
>
> ⁴⁵ 베드로와 함께 온 할례 받은 신자들이 **이방인들에게도 성령 부어 주심으로** 말미암아 놀라니 ⁴⁶ 이는 방언을 말하며 하나님 높임을 들음이러라 ⁴⁷ 이에 베드로가 이르되 이 사람들이 **우리와 같이 성령을 받았으니** 누가 능히 물로 세례 베풂을 금하리요 하고 ⁴⁸ 명하여 예수 그리스도의 이름으로 세례를 베풀라 하니라 그들이 베드로에게 며칠 더 머물기를 청하니라 행 10:45-48

놀랄 일이지요. 아니 놀람 이상의 충격과 설명할 수 없는 감격이 이들에게 가득했을 것입니다. 이 사건 이전에도 빌립 집사 등을 통해 이방인들에게도 복음이 전해지는 일들이 있었지만, 여전히 유대인 신자들은 전통적인 관념대로 이 천국 복음이 유대인들만의 전유물이라는 생각에 머물러 있었습니다.

그런데 이 사건은 예외적으로 일어나던, 그래서 어쩌면 다들 알면서도 애써 모른 체하던 수준을 넘어서서 초대교회의 핵심 지도자에게 하나님이 직접 환상으로 계시하시고, 또 역시 직접 환상을 통해 후대에도 그 이름과 소속, 지역까지 정확하게 검증할 수 있는 고넬료 같은 사람을 지정하셔서, 이방인에게도 복음이 전해지고, 성령이 임하시고, 구원의 세례가 베풀어질 수 있다는, 아니 마땅히 그래야만 한다는 것을 너무나 드라마틱한 방식과 과정으로 확증하시는 사건이었습니다. '그동안 복음 전하느라 애썼지만, 애들아, 그동안 너희 유대인들과 사마리아 정도에만 머물지 말고 이 복음은 이처럼 너희가 속되다 하던 완전한 이방인들에게까지 향해야 하는 것이란다.'라는 하나님의 강력한 메시지이자, '땅 끝까지 증인되라'고 하셨던 지상명령의 재연(revival)이자 세계비전 부흥(revival)의 시작이었던 것입니다.

2. 예루살렘 교회의 선교적 회심

그런데 진정 차별 없는 복음증거가 역사적으로 공인되기 위해서는 넘어야 할 산이 하나 더 있었습니다. 그것은 예루살렘 교회였습니다. 이제 11장 이하의 말씀을 보면, 베드로가 고넬료와 이방인들에게 복음을 전하고 성령이 임하신 사건은 베드로와 함께 목격한 여섯 명의 유대인 신자들에게는 성령의 인도로 받아들여질 수밖에 없었지만, 여전히 율법주의에 묶여있는 예루살렘의 교인들 입장에서는 쉽게 받아들여질 수 없는 일이었습니다. 그들에게는 뭔가 일이 잘못 돌아가고 있다고 생각된 것입니다. 그래서 예루살렘 교회 안에는 베드로가 이방인(무할례자)의 집에 가서 같이 먹고 지낸다는 소문이 먼저 돌았습니다. 그들은 베드로가 말했듯이 그것이 '위법, 하나님의 법을 어기는 행위'라고 생각했고, 베드로가 돌아오면 따져봐야 한다고 벼르고 있었던 모양입니다.

그래서 다시 예루살렘으로 돌아온 베드로가 11장 4절 이하에서 이 일을 욥바 무두장이 시몬의 집에서 임했던 '부정한 음식 환상'부터 시작해서 직접 겪은 일들을 차례로 소상히 예루살렘 교회 앞에 설명하기에 이릅니다. 그 설명의 말미에서 베드로는 이 사건에 대한 자신의 결정적인 깨달음과 결론을 증언합니다. 바로 15절에서 17절 말씀입니다.

> 15 내가 말을 시작할 때에 성령이 그들에게 임하시기를 **처음 우리에게 하신 것과 같이** 하는지라 16 내가 주의 말씀에 요한은 물로 세례를 베풀었으나 **너희는 성령으로 세례를 받으리라** 하신 것이 생각났노라 17 그런즉 하나님이 우리가 주 예수 그리스도를 믿을 때에 주신 것과 **같은 선물을 그들에게도 주셨으니 내가 누구이기에 하나님을 능히 막겠느냐** 하더라 행 11:15-17

여기서 베드로의 요지는 '우리가 예수 그리스도를 믿을 때 주셨던 성령의 선물을 이방인, 그들이 믿을 때에도 주시는데, 이것이 하나님께서 이방인들에게도 구원을 베푸시는 것이라고 인정할 수밖에 없지 않겠는가? 그렇다면 이것을 사람인들, 율법인들 누가 막겠는가? 그러므로 이제 복음과 구원은 이방인에게도 전해져야 한다는 것이 하나님의 뜻이다.' 예루살렘 교회 앞에 선 베드로의 증언은 증언 이상의 하나님의 뜻, 말씀의 선포였습니다.

바로 이 순간 예루살렘 교회가 드디어 이방인들에게도 복음을 허락되었음을 정식으로 받아들이게 됩니다. 18절 말씀대로, **"그들이 이 말을 듣고 잠잠하여 하나님께 영광을 돌려 이르되 그러면 하나님께서 이방인에게도 생명 얻는 회개를 주셨도다"**

자, 한 번 생각해봅시다. 외형적으로만 보면 얼마나 놀라운 교회입니까? 예수님이 직접 세우신 사도라는 훌륭한 지도자들이 인도하는, 온 교회가 성령이 충만하고, 사랑이 충만해 자기 소유를 팔아 서로 나누어주는 교회입니다. 핍박이 와도 견디며, 흩어져 더욱 복음을 잘 전하는 사람들입니다. 사실 예수님의 사도적인 가르침을 그대로 가르치고 따르고 있는 교회입니다. 그런데 이렇게 완벽한 교회임에도 불구하고 전통적인 유대적 관념대로 이방인과 교제하며 사귀는 것, 이방인들에게 가서 복음 전하는 것은

'위법'이라는 생각을 벗어나지 못한 채 그 동안 사실 알면서도 선교, 타문화 복음 전도는 시도조차 하지 못하고 있었던 것입니다.

이렇게 전통과 문화가 신념 또는 신앙과 결합될 때, 그 힘은 생각 이상으로 강력해집니다. 어쩌면 그 안에 살아가던 그들 스스로는 결코 넘어설 수 없는 거대한 장벽과 같은 것이었는지 모릅니다. 그들은 할 수 없었고, 하지 않았습니다. 그래서 하나님이 직접 개입하신 것입니다.

성령께서 강권하심으로 빌립을 통해서 사마리아 유사문화권 선교(M-2)를, 그리고 역시 빌립을 통해서 함족 에티오피아인 타문화권교(M-3)를 하게 하셨습니다. 그 후에 이제 쐐기를 박기라도 하시듯, 예루살렘 교회의 가장 영향력 있는 사도인 베드로에게 환상이라는 비상한 방법을 통해 결국 당시 로마 세계의 주류 종족이었던 야벳족을 위한 선교를 직접 수행하게 하신 것입니다. 그리고 그를 통해 이제 온 예루살렘 교회가 '이방인을 향한 복음'을 인정하게 되었습니다.

여러분, 19절과 20절은 이 사건의 결과로 나타난 안디옥을 중심으로 한 선교 상황을 묘사하고 있습니다. 19절에 "… 흩어진 자들이 … 유대인에게만 말씀을 전하는데" 이전에는 유대인인 동질문화권(M-1) 사람들에게만 복음을 전했는데, 20절에서는 **"그 중에 구브로와 구레네 몇 사람이 안디옥에 이르러 헬라인에게도 말하여 주 예수를 전파하니"** 유사문화권(M-2), 타문화권(M-3) 사람들에게도 복음 전하는 일이 일어나고 있다는 것을 확인할 수 있습니다.

그 결과 21절에 이 안디옥에서 놀라운 부흥이 일어납니다. **"주의 손이 그들과 함께 하시니 수많은 사람들이 믿고 주께 돌아오더라"** 이 주께 돌아오는 수많은 사람들이 어떤 사람들이었겠습니까? 문맥상 동질문화권은 물론, 유사문화권, 타문화권을 막론한 모든 사람들을 가리키는 것일 것입니다. 차별없이 모든 사람들에게 복음이 전해지고, 하나님이 함께 하셔서 수많은 사람들이 주께로 돌아오게 되었다는 것입니다.

> 20 그 중에 구브로와 구레네 몇 사람이 안디옥에 이르러 **헬라인에게도 말하여 주 예수를 전파하니** 21 주의 손이 그들과 함께 하시매 수많은 사람들이 **믿고 주께 돌아오더라** 행 11:20-21

그러자 22절에서는 이제 예루살렘 교회가 안디옥 선교를 위해서 바나바라는 구브로 출신의 헬라 문화에 익숙한 헬라파 유대인을 파송하게 되고, 헬라문화권인 안디옥에서는 더욱 교회가 부흥됩니다. 이로써 문화를 고려한 복음의 진보는 베드로의 선교적 회심을 기점으로 폭발적인 확장력을 가지게 되고, 이제 유대문화권인 예루살렘에서 헬라문화권인 안디옥을 중심으로 헬라문화 전역에 모든 이방인들에게 복음이 증거됩니다.

주 안에 사랑하는 여러분, 오늘 우리에게 복음이 증거되고, 우리가 믿음의 사람으로, 또 믿음의 가정을 이루고, 우리말로 선포되는 하나님의 말씀을 들을 수 있는 교회 공동체를 누릴 수 있게 된 복이 바로 오늘 나눈 베드로의 드라마틱한 선교적 회심을 기점으로 가능한 것이었습니다.

이제 이 복을 우리가 소유했으니, 감사함으로 누리기만 하면 되는 것입니까? 베드로 당시 복음이 초대 교회의 전통적 유대 관념 안에 결코 머물 수 없어서, 하나님의 직접적인 환상까지 동원된 비상한 방법으로 복음이 그 관념의 벽을 뚫고 이방인에게로 나아갔던 것처럼, 오늘 여러분이 누리고 있는 이 복음 역시 우리에게 머물러 있지 아니하고 땅 끝까지 나아가려고 꿈틀대고 있음이 느껴지지 않습니까? 복음은 필연적으로 복음이 필요하지만 전하는 이 없어 복음이 없는 미전도종족과 미전도지역으로 향하게 되어 있습니다. 그것이 복음이 복음되게 하는 것입니다.

복음의 나아갈 방향은 지금 여기가 아니라, 계속해서 '땅 끝'인 줄로 믿습니다. 베드로에게 이 놀라운 선교적 회심이 일어났듯이, 오늘 이 시대를 사는 모든 교회와 성도들에게도 동일한 선교적 회심이 임하여 '모든 곳에서 모든 곳으로(from everywhere to everywhere)', 복음이 필요한 미전도종족들에게 달려가는 역사가 일어나기를 간절히 축원합니다.

선교운동을 위해서 따로 세워진 사람들을 가리켜서 선교학적으로 우리가 '소달리티'라고 하는데, 이것이 바로 본문에서 비롯된 개념입니다. 원래 안디옥 교회는 목양적 구조를 가지고 있는 소달리티의 반대 개념인 '모달리티'입니다.

- '안디옥 교회와 선교단, 모달리티와 소달리티'
본문 중에서 -

사도행전 05

안디옥 교회와 선교단, 모달리티와 소달리티

¹⁹그 때에 스데반의 일로 일어난 환난으로 말미암아 흩어진 자들이 베니게와 구브로와 안디옥까지 이르러 유대인에게만 말씀을 전하는데 ²⁰그 중에 구브로와 구레네 몇 사람이 안디옥에 이르러 헬라인에게도 말하여 주 예수를 전파하니 ²¹주의 손이 그들과 함께 하시매 수많은 사람들이 믿고 주께 돌아오더라 ²²예루살렘 교회가 이 사람들의 소문을 듣고 바나바를 안디옥까지 보내니 ²³그가 이르러 하나님의 은혜를 보고 기뻐하여 모든 사람에게 굳건한 마음으로 주와 함께 머물러 있으라 권하니 ²⁴바나바는 착한 사람이요 성령과 믿음이 충만한 사람이라 이에 큰 무리가 주께 더하여지더라²⁵바나바가 사울을 찾으러 다소에 가서 ²⁶만나매 안디옥에 데리고 와서 둘이 교회에 일 년간 모여 있어 큰 무리를 가르쳤고 제자들이 안디옥에서 비로소 그리스도인이라 일컬음을 받게 되었더라

¹안디옥 교회에 선지자들과 교사들이 있으니 곧 바나바와 니게르라 하는 시므온과 구레네 사람 루기오와 분봉 왕 헤롯의 젖동생 마나엔과 및 사울이라 ²주를 섬겨 금식할 때에 성령이 이르시되 내가 불러 시키는 일을 위하여 바나바와 사울을 따로 세우라 하시니 ³이에 금식하며 기도하고 두 사람에게 안수하여 보내니라

- 사도행전 11:19~26, 13:1~3 -

성경에서 '안디옥'이라는 이름은 사도행전 6장에서 처음 등장합니다. 여기서 초대교회가 일곱 집사를 세우는데, 그 중 한 명이 니골라라는 '안디옥 사람'이었지요. 그 후에 한참 언급이 없다가, 11장 19절에서 스데반 순교 후 일어난 박해 때문에 흩어진 제자들이 '안디옥'까지 가서 복음을 전했다는 기록이 나옵니다.

그런데 그때 제자들이 처음에는 유대인에게만 복음을 전하다가 본문 20절에서 구브로와 구레네 출신의 디아스포라 신자 몇 사람이 헬라인에게도 복음을 전했고, 주의 손이 함께 하셔서 수많은 사람들이 믿고 주께 돌아오는 일이 일어납니다.

이에 22절에 예루살렘 교회는 바나바를 파송하여 '안디옥' 교회를 개척하였고, 그렇게 사도행전 후반부에서 이 '안디옥'이 복음과 선교역사의 본격적으로 등장하게 됩니다.

안디옥교회 : 타문화 복음전도를 통해 처음 설립된 교회

¹⁹ 그 때에 스데반의 일로 일어난 환난으로 말미암아 흩어진 자들이 베니게와 구브로와 안디옥까지 이르러 유대인에게만 말씀을 전하는데(M-1) ²⁰ 그 중에 구브로와 구레네 몇 사람이 **안디옥**에 이르러 **헬라인에게도** 말하여 주 예수를 전파하니(M-2, M-3) ²¹ 주의 손이 그들과 함께 하시매 수많은 사람들이 믿고 주께 돌아오더라 행 11:19-21

안디옥 교회는 타문화 복음 전도를 통해서 세워진 첫 번째 교회였습니다. 안디옥 교회는 많은 다종족, 다문화 사람들로 구성된 교회였기 때문에, 이제 문화적으로 유대주의에 매이지 않고, 글로벌한 헬라문화를 배경으로 한 새로운 교회가 탄생한 것이었습니다.

이를 위해 파송된 바나바는 이 헬라지역 교회 개척과 목회에는 최적의 인물이었음을 알 수 있습니다. 우선 그 역시 헬라파 유대인이었기 때문에 헬라 문화에 익숙했고, 헬라 성도들을 잘 이해할 수 있었습니다. 게다가 그는 24절에서 **"착한 사람이요, 성령과 믿음이 충만한 사람"**이라고 평하듯, 여러 다양한 출신과 배경의 성도들을 잘 아우르고 포용하며, 잘 목양할 수 있는 사람이었습니다. 그래서 큰 무리가 주께 더하여져 안디옥 교회가 부흥하기 시작했습니다.

어쩌면 바나바는 이러한 자신의 강점을 잘 살려서 혼자서도 안디옥 교회를 건강한 지역교회로 잘 성장시켰을지 모릅니다. 그러나 바나바는 하나님의 역사에서 이 안디옥교회가 감당해야 할 선교적 사명이 무엇인지 정확히 알았습니다. 하나님은 단지 잘 모이고, 크게 성장하는 잘 나가는 지역교회를 원하셨던 것이 아니라, 앞으로 이 안디옥교회를 세계복음화를 위한 전초기지로 삼으시고, 본격적인 이방 선교의 모판으로 쓰시기 위해 세우셨던 것입니다.

이를 위해서 바나바는 사람을 품고 모으는 목양 뿐 아니라, 참 진리로 양육할 수 있는 말씀 사역에 탁월한 동역자의 필요를 인식했던 것 같습니다. 그래서 그는 25절에서 자신보다 젊은 바울을 발탁하기 위해 직접 다소로 찾아가는 수고를 마다하지 않았습니다. 왜냐하면 바울은 회심 후 3년 간 아라비아 광야에서의 훈련을 받고, 무려 10년간 성경 연구에 매진하던 바로 말씀 사역에 탁월한 적임자였기 때문입니다. 그리고 그의 겸손한 수고는 한 성령 안에서 부르심을 확인한 바울과 함께 안디옥 교회에서 일 년 간 큰 무리를 가르칠 수 있는 길을 열게 하였습니다.

당시 이 두 사람의 사역으로 인한 사람들의 변화와 그 열매가 얼마나 인상적이었던지, 본문 26절에, "… **둘이 교회에 일 년간 모여 있어 큰 무리를 가르쳤고 제자들이 안디옥에서 비로소 그리스도인이라 일컬음을 받게 되었더라.**"라고 증언하고 있습니다. 드디어 이방 땅에서조차 신앙의 정체성이 확연하게 드러나 자타가 인정하는 신앙 공동체를 이루게 되었던 것입니다.

더욱이 이 공동체는 '유대인', '아랍인'처럼 족속으로 대변되

지 않고, 그 따르는 신앙의 주인이신 그리스도의 이름으로 일컬어
지는 공동체였습니다. 구약 성경에서도 하나님께서 이스라엘 백
성을 "내 이름으로 일컫는 내 백성"이라고 하시지만, 사회적으로
는 그들을 '이스라엘 민족, 유대인'이라고 불렀지 '여호와인', '하
나님인'이라고 부르지는 않았습니다. 그러나 이제는 명실상부 하
나님이신 그리스도의 이름으로 일컬음을 받게 되었던 것입니다.
이는 또한 앞서 언급하였듯이 이 사람들의 종족과 출신이 다양하
였기 때문에 어느 한 종족의 종교로 한정할 수 없는 다민족으로
구성된, 요즘 말로 '글로벌' 종교로서의 면모를 갖추기 시작하였
기 때문이기도 하였습니다. 그리고 바울과 바나바가 자신의 어떠
함을 내세우지 않고, 오직 그리스도만을 전하고 가르쳤기 때문에
그 순전함의 결과라고 생각됩니다.

바나바가 자신보다 젊고, 아직 당시 교계에서 검증되지 않았
던 바울을 발굴하여 함께 목회하기로 했던 것은 사실 인간적인 관
점에서 보면 쉽지 않은 일일 수 있었습니다. 하지만 결국 이처럼
자신의 영광을 위하는 마음 없이 정말 하나님의 뜻만을 세우려는
겸손하고 온유한 리더십이 있었기 때문에 신생 안디옥 교회가 선
교 역사의 중추적인 역할을 감당하는 교회로 전면에 나설 수 있었
습니다.

¹ 안디옥 교회에 선지자들과 교사들이 있으니 곧 바나바와 니게르라 하는 시므온과 구레네 사람 루기오와 분봉 왕 헤롯의 젖동생 마나엔과 및 사울이라 ² 주를 섬겨 금식할 때에 성령이 이르시되 **내가 불러 시키는 일**을 위하여 바나바와 사울을 따로 세우라 하시니 ³ 이에 금식하며 기도하고 두 사람에게 안수하여 보내니라 **행 13:1-3**

그러한 바나바를 통한 안디옥교회의 겸손한 리더십과 다양성에 열린 모습은 오늘 두 번째 본문 13장 1절에서 안디옥 교회를 섬기는 선지자와 교사들의 면면을 보면 더 잘 이해가 됩니다. 첫째는, 바나바 자신이고, 둘째, 니게르라 하는 시므온입니다. 니게르는 흑인을 의미하는 니그로와 같은 어원입니다. 그러므로 이 사람은 피부가 검은 아프리카 출신 사람이었을 것입니다. 셋째, 구레네 사람 루기오입니다. 구레네는 리비아의 행정수도인 트리폴리의 고대 지명이라고 봅니다. 그러므로 이 사람도 아프리카 지역 사람으로 볼 수 있습니다. 넷째, 분봉왕 헤롯의 젖동생 마나엔입니다. 젖동생이란 '유모의 자녀'를 가리키는 말이지만, 헤롯왕과 함께 자란 측근으로서 사회적으로 높은 계급에 속한 사람이라고 할 수 있습니다. 그리고 마지막이 사울이었습니다. 그는 길리기야 다소 출신으로 로마 시민권을 가지고 있었고 당대 최고 율법학자인 가말리엘 문하로서 성경 지식이 탁월했으나, 교회 핍박에 앞장섰던 인물이었습니다.

이처럼 안디옥교회를 섬기는 지도자들 자체가 출신과 신분이 다양한 인물들이었습니다. 이러한 구성을 한마디로 아우르자면 '다양성 가운데서 하나됨'이라고 할 수 있을 것 같습니다. 성경은 이러한 안디옥교회를 통해 선민의식으로 똘똘 뭉쳐진 유대인들만의 민족종교가 아닌, 다양한 인종, 출신, 사회 계층의 사람들이 함께 어우러져 하나의 교회를 이루는 완전히 새로운 하나님의 백성 공동체 모델을 제시하고 있는 것입니다.

안디옥교회는 부흥하는 교회의 새로운 모델을 제시하는데 그치지 않고, 앞서 언급한대로 하나님께서 이 안디옥교회를 세우신 역사적인 목적, 그 사명을 실행하게 됩니다. 13장 2절에 보면 **"주를 섬겨 금식할 때에"**라고 말씀하고 있습니다. 우리가 보통 언제 금식을 합니까? 무엇인가 하나님 앞에 간절한 소원이 있을 때, 그 간절함으로 먹지도 마시지도 않으면서 하나님 앞에 있는 것이죠. 여기에 명시적으로 나와 있지는 않지만, "주를 섬겨"라고 되어 있는 것으로 보아 교회 공동체가 하나님의 일을 섬김에 있어서 어떠한 중요한 결정이나 간구의 제목이 있었던 것 같습니다. 특히 2절에 성령께서 **"내가 불러 시키는 일을 위하여"**라고 말씀하고 있는데, 성령께서 이 안디옥교회를 세우신 목적, 그 사명과 관련해서 중요한 명령을 하시는 때였던 것 같습니다. 그러니 안디옥교회의 지도자들이 함께 금식까지 하면서 그 뜻을 구하는 것이죠.

그 간구의 결과가 무엇이었습니까? 2절, **"내가 불러 시키는 일을 위하여 바나바와 사울을 따로 세우라"** 먼저 안디옥교회의 가장 핵심적인 지도자인 바나바와 사울을 따로 세우라고 말씀합니다. 그리고 3절에, 교회는 다시 **"금식하며 기도하고 두 사람에게 안수하여 보내니라"** 라고 합니다. 어디로 보냅니까? 4절, **"성령의 보내심을 받아 실루기아에 내려가 거기서 배 타고 구브로에 가서 살라미에 이르러"** 거기서 무엇을 합니까? **"하나님의 말씀을 유대인의 여러 회당에서 전할새"**

자, 성령께서 안디옥교회의 중대한 사명을 위해 금식까지 하게 하시면서 주신 명령이 바나바와 사울을 따로 세워 구브로 지역 '선교'를 하게 하시는 것입니다. 아까 앞에서 이 안디옥교회의 사명이 무엇이라고 했습니까? 이 교회를 세계복음화를 위한 전초기지로 삼으시고, 본격적인 이방 선교의 모판으로 쓰시기 위함이라고 하지 않았습니까? 이제 그 일이 시작되고 있는 것입니다.

문화적으로 고정관념에 묶여 있지 않았던 안디옥교회는 **성령께서 선교를 위하여 자유롭게 쓰실 수 있는 교회**였습니다. 다양성 가운데 하나됨이 있던 교회로서 **첫 선교사를 파송한 교회가 안디옥교회입니다.**

어쩌면 이것은 너무나 자연스러운 일이었습니다. 왜냐하면 이 안디옥 교회의 구성원들은 모두 다문화에서 온 사람들이었기 때문에 자기들은 예수 믿고 구원 받아 하나님께 감사하지만 자기들이 살던 동네와 종족들을 생각하면 아직도 예수 믿는 사람은커녕 복음을 전해 준 이도 없는 이 상황이 얼마나 마음에 부담이 되었겠습니까?

그러므로 주를 섬겨 금식할 때 구브로 출신인 바나바는 '내가 어릴 때 나에게 맛있는 음식을 만들어주셨던 그 옆집 아줌마와 그 아들딸들, 아직도 예수님 알지 못하고 살고 있는데 나 그 사람들한테 복음 전해야 한다.'라는 마음이 있었을 것입니다.

또 바울 같으면, '길리기야 다소에서 나랑 공부하고 뛰놀던 그 친구들, 아직도 복음을 모르는데 내가 그들에게 복음을 전해야 되는데..' 이런 마음이 생기지 않았겠습니까? 그리고 분명히 예수님의 가르침에 대해서도 사도들에게 들었겠지요. '가서 모든 족속으로 제자를 삼으라.', '온 천하에 다니며 만민에게 복음 전해라.' 이런 말씀을 생각하면서 '오, 나도, 우리 안디옥교회도 그 말씀에 순종해야 되는데 어떻게 하지?'라며 고민했을 것이고, 그 고민이 간절하니 금식하면서 기도하고 있었던 것입니다.

교회의 이중 구조 (The Double Structure of the Church)

① 모달리티 (Modality) : **양육 중심의 목양적 구조**
- 한 지역에서 지역 성도들을 양육하는데 효과적인 구조
- M-1에 적합한 구조

② 소달리티 (Sodality) : **과업 중심의 선교구조**
- 전투적 교회로 타문화권 선교에 필요한 적응력과 기동성에 특화된 구조
- M-2, M-3에 적합한 구조

바로 그 때 성령께서 **"내가 불러 시키는 일을 위하여 바나바와 사울을 따로 세우라"** 말씀하신 것입니다. 자연스러운 동기와 함께 더 중요한 것은 여기서부터 입니다. 여기 "따로 세우라." 영어로 'Set apart for~'. 이 말은 '따로따로 뚝뚝 띄어 놓으라.'라는 말입니다. 이처럼 선교운동을 위해서 따로 세워진 사람들을 가리켜서 선교학적으로 우리가 '소달리티'라고 하는데, 이것이 바로 본문에서 비롯된 개념입니다. 원래 안디옥 교회는 목양적 구조를 가지고 있는 소달리티의 반대 개념인 '모달리티'입니다. 모달리티를 쉽게 설명하면 온누리교회, 내수동교회, 지구촌교회와 같은 지역교회(Local Church)를 생각하면 됩니다. 소달리티는 GP선교회, WEC, OMF, UPMA 등과 같이 우리가 일반적으로 선교회라고 말하는 기관들을 생각하면 쉽습니다. 모달리티라는 목양적 구조를 가진 교회에서 전적으로 선교사역을 위해 성령께서 내가 불러

시키는 일을 위하여 따로 떼어 놓으라, 따로 세우라, 'Set apart for~'하라고 하셔서 세운 소달리티가 본문의 바나바와 바울의 선교단이었던 것입니다.

모달리티와 소달리티 모두 하나님의 일을 하는 '교회'입니다. 모달리티는 한 지역에서 같은 언어를 사용하고 같은 문화를 가진 동질문화권 안에서 효과적인 조직입니다. 특히 시간을 두고 지속적으로 양육해야 하는 교회의 목양 사역에 적합하기 때문에 신분, 출신, 지위고하를 막론하고 모든 이들에게 복음을 전하고, 구원을 누리게 하고, 제자로 양육하고, 또 그 안에서 재생산을 위한 전도와 선교 자원을 길러내는 하나님이 세우신 귀한 교회입니다.

반면에 소달리티는 사역적 기동성과 문화 적응력을 바탕으로 타문화권 선교사역에 효과적인 조직입니다. 모달리티에서 인적 물적 자원을 공급받아 유사문화와 타문화권에서 복음을 전하기 위해 전방위적으로 하나님 나라를 확장하는 역시 하나님이 세우신 귀한 교회입니다.

그렇습니다. 모달리티로서의 지역교회에서 열심히 목양과 제자양육을 통해 헌신된 주의 일꾼들을 길러내고 선교자원을 길러내는 선교의 모판과 같은 역할을 감당해내면, 이를 바탕으로 소달리티로서의 선교단체들은 하나님의 뜻에 따라 지역, 종족, 종교, 사역에 전문화된 사역을 수행하는 것입니다. 본문에서 보듯이 모달리티와 소달리티의 교회는 함께 하나님의 목적이신 선교를 이루어가는 동역관계로 세워져 가는 것입니다.

그런데 여기서 우리가 한 가지 주목해 보아야 할 것이 있습니다. 지금 이 안디옥교회의 선교를 위해 세워지는 바나바가 어떤 사람이었습니까? 바나바는 말하자면 안디옥교회를 개척한 사람이었고, 가장 리더십이 탁월한 사람이었습니다. 그리고 사울 즉 바울은 또 어떤 사람이었습니까? 복음적인 성경해석 분야에서는 아마 당대 최고였을 것이며, 안디옥교회에서도 바나바 못지않은 영향력을 가진 사람이었을 것입니다. 그런데 성령님은 다른 여러 지도자들 중에서 굳이 바울과 바나바 이 두 사람을 따로 빼내어 세우시는 것입니다. 이해하기 쉽게 말하면 한 지역교회에서 담임목사님과 그에 버금가는 수석 부목사님을 따로 빼내어 선교사로 보내라고 하시는 것과 같은 것입니다. 바로 최고의 실력과 영향력을 가진 사람들을 모달리티에서 빼내어 소달리티를 이끌게 하시는 것입니다.

왜 그렇게 하셨을까요? 이 대목에서 우리는 하나님의 관점이 무엇인지 주목해 보아야 합니다. 교회와 선교의 주인이신 하나님은 계속해서 복음이 없는 곳, 교회가 없는 곳, 하나님을 향한 예배가 없는 곳으로 최상의 자원을 투입하고자 하시는 것입니다. 이는 전장의 관점과 동일합니다. 평시에는 각 지역별로 고루 자원을 배분하겠지만, 전시에는 전쟁을 신속하게 끝내고, 승리하기 위해 아직 아군이 점령하지 못한 적지에 최상의 전력과 화력을 집중하는 것이 마땅한 것이죠.

선교는 그야말로 'in operation in the enemy' 곧 적진 한가운데에서 작전을 수행하는 것과 같기 때문에 하나님은 계속해서 적지와 같은 선교현장에서 싸워야 하는 소달리티에 우선적으로 탁월하고 헌신된 일꾼들을 배치하시는 전략적 선택을 하고 계시는 것입니다. 아직 복음이 점령하지 못한 타문화권 속에 가서 그곳을 복음화하고, 세계선교를 완성해야하기 때문에 어떤 의미에서는 'calling leading calling', 곧 '부름 받은 사람들 중에서도 부름 받은 사람'으로 더 큰 희생을 각오할 수 있는 특별히 헌신된 사람들을 선발하여 보내시는 것입니다. 그만큼 이 과업들이 중차대하고, 전체 하나님 나라의 관점에서 가장 핵심적인 과업이기 때문일 것입니다. 즉 소달리티로서 가장 전장 개척에 적합한 일꾼들을 보내시는 것입니다.

지금까지 본문 말씀을 통해 '안디옥 교회'의 설립과 '바나바와 바울 선교단'이 세워지는 모습을 보았습니다. 그리고 여기서 이방을 향한 하나님의 선교 열정과 이를 위한 매우 전략적이고 계획적인 역사의 진행을 볼 수 있었습니다. 이 역사는 비단 그 때 당시에만이 아니라, 바로 오늘 우리 시대에도 그대로 유효합니다. 이는 모달리티로서의 지역교회보다 소달리티로서의 선교단체가 더 중요하다는 의미가 아니라, 이 둘이 하나로 연합하여 보다 효율적이고 신속한 세계 복음화의 과업을 이루어가는 상호동역의 관계를 강조하는 것입니다.

지역교회는 지역교회로서 지역사회 속에서 사랑과 관용의 덕을 나누며, 더욱 탁월하게 복음과 말씀을 증거하고, 헌신된 사람을 길러내며, 복음의 지경을 넓혀 파송해야 할 것입니다. 그러면 선교단체들을 이와 같은 건강하고 힘 있는 지역교회들을 바탕으로 더욱 전문적인 전략과 탁월한 헌신으로 남은 선교적 과업을 완수하기 위해 전 세계 곳곳마다 복음을 전하며, 그곳에 또 모달리티로서의 새로운 지역교회를 세우는데 매진하는 것입니다. 여러분은 지금 어느 위치에 계십니까? 그곳이 어디이든, 또 앞으로 서게 될 곳이 어디이든 이 일을 위해 모두 각자의 자리에서 맡은 바 충성을 다하여 주님 오실 그 날을 앞당기는 저와 여러분 다 되시기를 주님의 이름으로 축원합니다.

바울이 쉼과 안식에 앞서 또는 그와 함께 행한 일은, 바로 오늘날로 말하자면 '선교 보고'를 한 것입니다. 적어도 바울이 보여준 안식년 시간의 중요한 목적은 이것이었습니다. '아니 선교사도 쉬어야지, 온전히 안식해야지.'라고 말할 수 있습니다. 물론 그렇습니다. 충분한 쉼과 안식, 재충전이 다음 사역을 위해서도, 오랫동안 충성하기 위해서도 필수적입니다. 하지만, 이 선교보고를 여기서 강조하고자 하는 것은 이것이 선교사로서의 소명에서 매우 중요한 한 영역을 담당하기 때문입니다.

오늘날 선교보고는 곧 선교동원, 선교모금이라는 잘못된 등식이 성립된 듯한데, 사역을 위한 정당한 동원과 모금이 중요하지만, 그보다 선교보고는 성경에서 말씀하고 있는 그대로 교회와 성도들에게 하나님이 선교사 자신을 통해 이방 가운데 행하신 그 일들을 '모두, 낱낱이' 알게 하는 시간입니다.

- '바울과 선교사의 소명' 본문 중에서 -

사도행전 06

바울과 선교사의 소명

² 주를 섬겨 금식할 때에 성령이 이르시되 내가 불러 시키는 일을 위하여 바나바와 사울을 따로 세우라 하시니 ³ 이에 금식하며 기도하고 두 사람에게 안수하여 보내니라

⁴⁴ 그 다음 안식일에는 온 시민이 거의 다 하나님의 말씀을 듣고자 하여 모이니 ⁴⁵ 유대인들이 그 무리를 보고 시기가 가득하여 바울이 말한 것을 반박하고 비방하거늘 ⁴⁶ 바울과 바나바가 담대히 말하여 이르되 하나님의 말씀을 마땅히 먼저 너희에게 전할 것이로되 너희가 그것을 버리고 영생을 얻기에 합당하지 않은 자로 자처하기로 우리가 이방인에게로 향하노라 ⁴⁷ 주께서 이같이 우리에게 명하시되 내가 너를 이방의 빛으로 삼아 너로 땅 끝까지 구원하게 하리라 하셨느니라 하니 ⁴⁸ 이방인들이 듣고 기뻐하여 하나님의 말씀을 찬송하며 영생을 주시기로 작정된 자는 다 믿더라

– 행 13:2~3, 44~48 –

사도행전에 기록된 복음의 행진은 예루살렘에서 시작되어 온 유대와 사마리아를 넘어 그야말로 땅 끝까지 뻗어나갔습니다.

그 결과 복음의 불모지였던 19세기 말 우리 조선 땅에도 이 복음이 전해져서 수많은 순교자의 피와 신앙 선진들의 희생 위에 이제는 전국 방방곡곡 교회가 없는 곳이 없고, 누구든지 원하면 어디에서든지 복음을 들을 수 있는 복음이 편만한 땅이 되었습니다. 그뿐 아니라, 과거에는 선교사가 필요했지만 이제는 170여 개국에 28,000여 선교사를 파송하는, 전 세계에서 미국 다음으로 선교사를 많이 보내는 나라가 되었습니다. 사도행전을 묵상하고 있노라면 이러한 사실은 참으로 놀라운 복음의 진보가 아닐 수 없습니다.

그러나 성경이 말씀하는 주님 재림의 마지막 때의 조건, 마태복음 24장 14절 **"이 천국 복음이 모든 민족에게 증언되기 위하여 온 세상에 전파되리니 그제야 끝이 오리라"**라는 말씀에 근거해서 생각해 볼 때, 한국교회가 그렇게 많은 선교사들을 파송해 왔지만, 전 세계에 아직도 복음이 필요한 미전도종족의 비율이 41.6%**(17,307개 중 7,375개 종족)**나 되는 현실은 우리가 무엇에 더욱 초점을 두고 선교사를 선발하고, 파송해야 하는지 다시 생각하게 합니다. 그러한 의미에서 본문은 바울을 통해 어떤 사람이 선교사가 되어야 하며, 선교사가 될 사람에게 가장 중요한 것은 무엇인지 말씀하고 있습니다. 이는 핵심적으로 '선교사의 소명이 무엇인가?'라는 주제와 깊은 연관이 있을 것입니다.

1. 선교사의 소명

선교사라면, 우선 말씀에 순종하여 소명을 받고 선교사로 나서야 합니다. 성경에 보면 자신이 그러한 말씀에 따른 소명의식이 없이 나서는 경우들이 있습니다. 창세기 12장 4절에 보면, **"이에 아브람이 여호와의 말씀을 따라갔고 롯도 그와 함께 갔으며 …"**라고 말씀합니다. 아브람은 여호와의 말씀을 따라갔지만, 롯은 직접 자신에게 주신 말씀을 따라 간 것이 아니라, 말씀을 받은 아브람을 따라 갔다는 말입니다.

또 사도행전 13장 5절에 보면, **"(바나바와 바울이) 살라미에 이르러 하나님의 말씀을 유대인의 여러 회당에서 전할새 요한을 수행원으로 두었더라"**라고 되어 있습니다. 여기 요한은 바나바의 생질인 마가 요한인데, 그도 나름의 결심이 있었겠지만, 성경 말씀만을 놓고 보면 자신에게 주시는 말씀을 받고 나선 것은 아니었던 것 같습니다.

결국 결과적으로 롯이나 마가 요한이나 하나님의 일에 계속해서 동참하지 못하고, 다른 길로 갔던 것을 보게 됩니다. 하나님의 일, 특별히 선교사로 나서는 사람에게는 말씀에 순종하여 소명을 받는 것은 무엇보다 중요한 일입니다. 그만큼 이 일이 결코 만

만치 않으며, 그럼에도 포기하지 않고 해낼 수 있는 동기는 우리의 주인되신 하나님께서 불러서 맡기신 일이라는 부인할 수 없는 확신과 그로 인해 하나님이 주시는 능력이 있어야만 가능하기 때문일 것입니다.

그런데 이러한 선교사로서의 소명에 대해 언뜻 상반되는 것 같은 두 견해가 있습니다. 먼저 '모든 그리스도인이 선교사'라는 견해입니다. 성경에 주님께서 "모든 민족을 제자로 삼아"라고 명령하셨고, "온 천하에 다니며 만민에게 복음을 전파하라"라고 하셨으므로 이 말씀을 받는 모든 기독교인은 모두 다 이 명령에 순종하여야 한다는 것입니다. 그러므로 선교사로서 특별한 소명이 없더라도 모든 그리스도인은 다 선교사라야 한다는 것입니다.

이에 대해 물론 성경 말씀이 주시는 일반적인 명령에 근거하지만, 개인적인 특별한 요청을 통하여 하나님께서 선교사로 부르심을 확인해야 한다는 견해가 있습니다. 그러한 경험은 개인마다 차이는 있겠으나, 창세기 12장에서 '아브라함을 부르신 사건'이나 사도행전 9장에서 '바울을 다메섹 도상에서 부르신 사건'과 같은 특별한 부르심의 경험을 통하여 하나님께서 자신을 선교사로 부르신 것을 확인해야 한다는 것입니다.

두 견해 모두 성경적인 근거에서 비롯되었기 때문에 둘 중 하나만을 취하는 것은 어렵습니다. 다만 현실적으로 그리스도인이 되면 모두가 직업을 버리고 선교사가 되어야 한다는 것은 어려운 일이기 때문에 어디에 강조점을 두느냐에 따라 우리는 모두 취할 수 있을 것 같습니다.

전자는 보다 폭넓은 의미에서 모든 그리스도인들이 자신의 삶과 직업에서 선교사와 같은 삶을 살라는 선교사'적' 삶을 촉구하는데 적합할 것입니다. 그러나 모든 그리스도인들이 선교사적 삶을 산다 하더라도, 실제로 그 삶을 전적으로 헌신하여 복음이 필요한 열방으로 가서 복음을 전할 사람들은 여전히 필요하기 때문에 후자의 견해는 그러한 일반적인 의미의 '현장 선교사'가 될 그리스도인들에게 반드시 필요한 것입니다.

무엇이 되었든지, 모든 그리스도인들이 물리적 헌신의 정도와 직간접성의 차이가 있을지라도 모두 자신이 있는 그 삶의 자리에서 복음과 선교에 대한 책임을 가져야 하는 것은 분명합니다. 또한 동시에 하나님께서 어디든 가라고 하시는 곳으로 소명을 받고 직접 가서 전적으로 자신의 삶을 헌신하여 복음과 선교 사역에 매진할 풀타임(full time) 현장 '선교사'들은 오늘도 필요합니다.

2. 선교사로 부름 받는 바울의 소명의식(행22:21, 롬1:5)

이러한 풀타임 현장 선교사의 소명을 말할 때, 가장 대표적인 모델은 아무래도 바울일 것입니다. 다메섹 도상에서 예수님을 만나고 회심한 바울이 이방 선교의 소명을 받는 과정을 보면, 하나님은 먼저 그를 도울 사람에게 말씀하셨습니다. 사도행전 9장 15절에 보면, 하나님께서 아나니아에게 **"주께서 이르시되 가라 이 사람은 내 이름을 이방인과 임금들과 이스라엘 자손들에게 전하기 위하여 택한 나의 그릇이라"**라고 먼저 말씀하시는 것을 볼 수 있습니다.

이는 아마도 바울이 바로 전까지 예수님의 제자들을 박해하던 교회의 위협적인 존재였기 때문에 교회 공동체가 먼저 바울의 회심과 변화된 사실을 받아들일 수 있도록 섭리하신 것일 수 있습니다. 그래서 교회 공동체가 바울에 대한 경계를 거두고, 그를 보호하고 온전한 사역자로 준비될 수 있도록 도울 수 있었을 것입니다.

물론 하나님께서는 당사자인 바울에게도 그의 소명에 대해 말씀하셨습니다. 사도행전 22장 21절에, **"… 내가 너를 멀리 이방인에게로 보내리라 하셨느니라"**라고 바울 자신에게 말씀하신 하나님의 부르심이 있었습니다. 또한 바울은 이와 같은 부르심의 말씀에 대해 스스로의 고백을 통해 자신은 물론 공동체 가운데 그 소명을 확인합니다. 로마서 1장 5절, "그로 말미암아 우리가 은혜와 사도의 직분을 받아 그의 이름을 위하여 모든 이방인 중에서 믿어 순종하게 하나니"

간혹 목사나 선교사가 되시는 분들 중에 "저희 부모님이 제가 어려서 저를 목사 혹은 선교사로 만들겠다고 서원을 하셨습니다."라든가, "저희 담임 목사님이 저에게 목사 혹은 선교사가 될 자질이 보인다."라고 하셔서 그 말이 동기가 되어서 헌신하게 되었다는 분들을 보게 됩니다. 물론 바울에게 아나니아와 같은 소명의 안내자가 있었던 것처럼 그분들의 조언이 동기가 될 수는 있습니다. 하지만, 이 헌신의 길을 가기 위해서는 가족이나 공동체의 확인에 더하여 반드시 하나님께서 자신에게 말씀하시는 그만의 음성을 들어야 합니다. 어떤 신비한 체험을 말하는 것이 아니라, 하나님과 자신만의 교제의 통로를 통해 하나님의 부르심의 소명을 스스로 확인하고, 또 확신해야 한다는 말입니다. 바울은 그러한 관점에서 확실한 부르심을 받았고, 스스로 그것을 확인하고 고백하고 있습니다.

3. 예언의 말씀을 명령으로 받는 바울의 태도
- 이방의 빛(행13:46-47, 사49:6)

바울은 직접 하나님의 부르심을 확인하기도 했지만, 성경 말씀을 통해서 성경 속에서 말씀하시는 하나님의 말씀을 자신도 명령으로 받아 순종하였습니다. 사도행전 13장에서 바울과 바나바가 비시디아 안디옥에 들어가 유대인들에게 복음을 전했습니다. 그런데 그때 그곳 사람들이 반박하고 비방하자, 바울과 바나바는 그 유대인들을 향해 담대하게 46절, **"하나님의 말씀을 마땅히 먼저 너희에게 전할 것이로되 너희가 그것을 버리고 영생을 얻기에 합당하지 않은 자로 자처하기로 우리가 이방인에게로 향하노라"** 라고 선포합니다. 그러면서 자신들이 그렇게 하는 이유를 말씀하는데, 47절에 **"주께서 이같이 우리에게 명하시되 내가 너를 이방의 빛으로 삼아 너로 땅 끝까지 구원하게 하리라 하셨느니라"**, 이 말씀은 이사야 49장 6절 말씀 **"…이스라엘 중에 보전된 자를 돌아오게 할 것은 매우 쉬운 일이라 내가 또 너를 이방의 빛으로 삼아 나의 구원을 베풀어서 땅 끝까지 이르게 하리라"**를 인용한 것이었습니다. 즉 하나님께서 먼저 선택받은 이스라엘 백성 뿐 아니라, 이방인들까지도 구원하시기로 작정하셨다는 이 말씀을 근거로 말씀하는 것입니다.

즉 이 이사야 말씀은 1차적으로는 하나님께서 당시 이사야에게 주시는 예언의 말씀이었는데, 실제로는 장차 예수 그리스도께서 오셔서 이루어질 일을 예언한 것이었습니다. 즉 이 말씀은 하나님께서 이루시려는 하나님의 일이었고, 하나님의 뜻이었습니다. 그리고 실제로 예수님께서 오셔서 그 문을 활짝 여셨지요. 그래서 바울은 지금 이 말씀을 자신들에게도 적용하여 그들 역시 순종하여 따라야 할 명령으로 받은 것입니다.

하나님께서 성취하시려는 하나님의 뜻이 분명하게 알려졌다면, 그것은 부르심 받은 우리에게는 이를 성취하기 위해 순종과 성실로 노력하라는 하나님의 지침 또는 명령으로 받아들여야 합니다. 우리가 잘 아는 사도행전 1장 8절 **"오직 성령이 너희에게 임하시면 너희가 권능을 받고 예루살렘과 온 유대와 사마리아와 땅 끝까지 이르러 내 증인이 되리라"** 이 말씀은 그 자체로는 "~되리라"하신 예언의 말씀이지만, 이 말씀을 받는 우리는 그것이 하나님의 뜻이므로 그대로 명령으로 받아들이고, 순종하여야 하는 것입니다.

즉, 부르심 받은 사람이라면, 우리는 하나님이 주신 예언의 말씀에 대하여 '어떻게 이루어지나?' 지켜만 보는 '관망자'가 아니라, 그 말씀 그대로 성취되게 하는 '실행자'로서 역할을 담당해야 할 자들입니다.

4. 소명을 이루려는 바울의 선교 열정(행 17:6, 24:5)

이방선교의 소명을 받은 바울은 참으로 열정적으로 복음을 전하고 말씀을 가르쳤습니다. 어느 정도였는가 하면, 사도행전 17장 6절에 바울과 실라를 두고, "천하를 어지럽게 하던 이 사람들"이라고 칭할 정도였습니다. 여기서 천하를 어지럽게 하는 자는 영어로 "men who have turned the world upside down"을 번역한 것인데, 직역하면 '세상의 윗면을 아래로 바꾸었다.', 즉 '세상을 뒤집어 놓았다.' 정도가 될 것입니다. 아무리 복음을 열정적으로 전했다손 치더라도 세상을 뒤집어 놓았다고 말할 정도였으니 바울이 얼마나 열정적으로 복음을 전했는지 알 수 있습니다.

또한 사도행전 24장 5절에 보면, 앞선 예와 비슷한 상황에서 이번에는 **"우리가 보니 이 사람은 전염병 같은 자라 천하에 흩어진 유대인을 다 소요하게 하는 자요 …"** 라고 하며, "전염병 같은 자"라고 말하고 있습니다. 전염병 자체는 나쁜 것이지만, 당시 반대파들이 보기에는 그만큼 바울이 전하는 복음의 전파력이 엄청났다는 것을 방증해주는 것으로 이해할 수 있기 때문에 역시 바울이 당시 사람들에게 얼마나 강력하고 효과적으로, 또한 열정적으로 복음을 전했는지 알 수 있는 대목입니다.

5. 복음과 함께 고난을 받는 바울의 태도(행9:16, 20:24, 21:13, 고후11:23-27)

바울의 소명의식은 그가 복음과 함께 고난을 받는 태도에서
도 잘 나타납니다. 사도행전 9장 16절에 보면 예수님께서 아나니
아에게 다메섹에서 예수님을 만난 바울에게 가라고 하시면서, **"그
가 내 이름을 위하여 얼마나 고난을 받아야 할 것을 내가 그에게
보이리라 하시니"**라고 말씀하셨지요. "얼마나 고난을 받아야 할
것을" 예수님이 직접 그렇게까지 말씀하신 것은 보통 고난이 아니
라는 말씀입니다. 뿐만 아니라 바울의 고난을 가장 상세하게 언급
하는 구절이 고린도후서 11장 23절 이하에 말씀하고 있습니다.

> [23] 내가 수고를 넘치도록 하고 옥에 갇히기도 더 많이 하고 매
> 도 수없이 맞고 여러 번 죽을 뻔하였으니 [24] 유대인들에게 사
> 십에서 하나 감한 매를 다섯 번 맞았으며 [25] 세 번 태장으로 맞
> 고 한 번 돌로 맞고 세 번 파선하고 일주야를 깊은 바다에서 지
> 냈으며 [26] 여러 번 여행하면서 강의 위험과 강도의 위험과 동족
> 의 위험과 이방인의 위험과 시내의 위험과 광야의 위험과 바
> 다의 위험과 거짓 형제 중의 위험을 당하고 [27] 또 수고하며 애
> 쓰고 여러 번 자지 못하고 주리며 목마르고 여러 번 굶고 춥고
> 헐벗었노라 **고후11:23-27**

바울이라는 한 사람의 생애에 참으로 엄청난 고난을 다 당했

습니다. 그럼에도 불구하고 이러한 고난의 삶 앞에서도 바울의 태도는 확고했습니다. 바울은 이렇게 고백합니다.

> 내가 달려갈 길과 주 예수께 받은 사명 곧 하나님의 은혜의 복음을 증언하는 일을 마치려 함에는 <u>나의 생명조차 조금도 귀한 것으로 여기지 아니하노라</u> **행20:24**
> 나는 주 예수의 이름을 위하여 <u>결박당할 뿐 아니라 예루살렘에서 죽을 것도 각오하였노라</u> **행21:13**

바울은 예수님께 받은 자신의 소명 즉, 하나님의 은혜의 복음을 증언하는 일을 위해서라면 그 숱한 고난은 물론이거니와 심지어 죽임을 당하는 것도 각오하였다고, 자신의 생명조차 조금도 귀한 것으로 여기지 아니한다고 담대히 고백했습니다. 이것은 그저 그 개인이 굳은 의지를 갖는다거나, 특별히 용감해서 되는 일이 아니지요. 이는 정말 소위 목에 칼이 들어와도 흔들리지 않는 확고한 소명의식이 있기 때문에 가능한 것이었습니다. 더욱이 그 소명은 스스로 생각해서 결심한 것이 아니라 전적으로 인생의 주인, 복음의 주인이신 예수 그리스도 우리 하나님께서 직접 그에게 맡기시고, 능력 주신 소명이었기 때문에 가능했던 것입니다. 그는 그의 생애와 사역의 순간뿐만 아니라, 순교 당하는 마지막 순간까지도 그 소명에서 흔들리지 않았습니다. 그리고 그는 그 모든 고난과 죽임 당함까지도 하나님 앞에서 영광이요, 기쁨으로 여겼습니다.

6. 바울의 소명과 사역지 결정 원칙(롬 15:20-21)

바울은 어느 한 지역에서 평생을 사역한 지역 선교사가 아닌 여러 지역을 다니며 사역한 순회 선교사였습니다. 그래서 그는 3차례에 걸친 선교여행에서 수없이 많은 사역지 결정을 내려야만 했습니다. 그때마다 바울은 상황이 되는대로 사역지를 결정한 것이 아니라, 분명한 성경의 원리에 따라 그 소명의 길을 달려갔습니다. 로마서 15장 20절에서 바울은 **"또 내가 그리스도의 이름을 부르는 곳에는 복음을 전하지 않기를 힘썼노니 이는 남의 터 위에 건축하지 아니하려 함이라"**라는 자신의 원칙을 밝힙니다. 즉, 다른 사람이 이미 복음을 전해 믿는 자들이 있는 곳, 그래서 그들에 의해 계속해서 복음이 전해질 수 있는 곳에서는 전도를 하지 않았다는 것입니다. 그러면서 이어지는 21절에서 **"기록된 바 주의 소식을 받지 못한 자들이 볼 것이요 듣지 못한 자들이 깨달으리라 함과 같으니라"**라는 이사야 52장 15절 말씀을 그 원칙에 대한 근거로 제시하고 있습니다. 즉, 바울은 여러 지역을 두루 다니며 복음을 전하되, '이미 복음이 있는 곳은 피하고, 아직 복음을 듣지 못한 곳을 우선하여 전도한다.'는 분명한 원칙과 우선순위를 가지고 사역했던 것입니다.

이는 예수님의 전도 원리와도 일치합니다. 마가복음 1장 35절 이하에 보면 예수님이 새벽에 따로 다른 한적한 곳에서 기도하시는데, 전날 예수님의 능력을 보고 놀란 많은 사람들이 제자들을 통해 예수님을 찾아옵니다. 그러나 예수님은 38절에서 제자들에게 **"우리가 다른 가까운 마을들로 가자 거기서도 전도하리니 내가 이를 위하여 왔노라"**라고 하시면서 이미 복음을 들은 사람들에게 더 이상 시간을 할애하지 않으시고, 아직 복음을 듣지 못한 사람들이 있는 곳으로 옮겨 가시는 것을 볼 수 있습니다. 여기서 우리는 선교의 본이 되시는 예수님의 주된 관심이 무엇인지 알 수 있습니다. 그것은 바로 아직 복음을 듣지 못한 자들에게 우선순위(priority)를 두는 것이었습니다.

예수님이 직접 불러 소명을 부여하신 사도 바울 역시, 이와 같은 예수님의 원리와 우선순위를 그대로 따랐던 것입니다. 이는 바울이 그러했듯 이후의 모든 사역자들에게도 적용되는 원리이며, 특별히 오늘날 선교사들 역시 여전히 따라야 할 원리입니다. 그러나 현재 전 세계의 선교상황이 어떠합니까? 서두에 언급했던 것처럼 전 세계 17,307개 종족 중 7,375개 종족(41.6%)은 아직 복음을 전혀 듣지 못했거나, 아직 종족 스스로 자생적으로 복음을 전할 수 있는 교회가 없는 미전도종족들입니다. 그곳까지 갈만큼의 선교사가 아직 부족해서일 수 있지만, 다른 나라까지 갈 것도 없이 우리 한국 선교사만 하더라도 이미 3만 명의 가까운 선교사가 세계 여러 곳에서 선교사역을 열심히 하고 있습니다. 자, 단순 산술적으로 3만 명이면 현재 남은 7,375개 미전도종족에 4명 이상씩의 선교사를 파송할 수 있는 수이고, 전 세계 17,307종족마다 1명 내지는 2명 정도의 선교사를 파송할 수 있는 수치입니다. 물론 한 종족을 복음화하기 위해 몇 사람의 선교사만으로 충분하지 않을 수 있습니다. 그래서 하나님께서 여러 사람들에게 소명을 주셔서 함께 들어가 사역하도록 하셨을 수 있습니다. 그런데 일일이 따져보지 않더라도 현재 한국 선교사들의 파송 현황을 보면, 대부분 각 국가의 수도 또는 대도시 중심으로 지나치게 집중 배치되어 있습니다. 인도차이나의 모 국가에는 약 1천여 명 선교사가 사역 중인데, 수도와 전통적인 선교 중심지인 제 2의 도시에 80% 이상의 선교사가 집중 거주하고 있는 현실입니다. 비단 그 국가만의 상황이 아니라 정도의 차이는 있으나 대부분의 상황이 그러합니다.

선교의 주인이시며 시작이 되시는 예수님도, 그 부르심 받아 선교의 기초를 놓은 사도 바울도 이 성경적 원리를 따랐다면, 마땅히 동일하게 주께로부터 선교의 소명을 받은 우리도 그러해야 할 것입니다. 동일한 주님이시기 때문입니다. 물론 저마다 여러 가지 피치 못할 사정과 또 나름의 확신이 있어서 그렇게 사역지를 선택했을 것입니다. 한편으로 인간적으로 이해되는 부분도 상당히 있습니다. 하지만 이러한 예외적 경우의 비율이 오히려 절대적으로 많은 상황은 무엇인가 잘못된 것이 아닐까 생각해 보게 됩니다. 어쩌면 이것은 지금 우리가 다루는 선교사의 소명의 문제와도 깊은 연관이 있을 수 있고, 성령께서 이끄는 성경적인 사역의 방향과도 연관이 있을 수 있습니다. 예수님은 성경을 통해서 '복음이 없는 곳에 복음이 있게 하라'는 선교의 우선순위를 분명히 말씀하고 계십니다.

7. 안식년에 관한 바울의 실례(행14:26-28, 15:3)

바울 사역 당시는 오늘날처럼 선교사의 안식년 제도가 체계화되지 않았던 시절이었기 때문에 오늘 우리가 이해하는 방식의 안식년이라는 개념이 성경에 언급되고 있지는 않습니다. 하지만, 바울도 수년간 전도여행을 마치고 파송교회인 안디옥 교회나 예루살렘 교회로 돌아가 나름의 안식년을 가졌습니다. 끝으로 살펴보는 바울의 안식년에 대한 실례는 안식년 그 자체보다 선교사의

소명과 관련해서 매우 중요한 한 역할을 다루기 위해 의미가 있습니다. 먼저 말씀들을 살펴보면,

> ²⁶ 거기서 배 타고 안디옥에 이르니… ²⁷ 그들이 이르러 교회를 모아 <u>하나님이 함께 행하신 모든 일과 이방인들에게 믿음의 문을 여신 것을 보고하고</u> ²⁸ 제자들과 함께 오래 있으니라 **행14:26-28**
>
> 예루살렘에 이르러 교회와 사도와 장로들에게 영접을 받고 <u>하나님이 자기들과 함께 계셔 행하신 모든 일을 말하매</u> **행15:4**
>
> 바울이 문안하고 <u>하나님이 자기의 사역으로 말미암아 이방 가운데서 하신 일을 낱낱이 말하니</u> **행21:19**

첫 번째 말씀인 사도행전 14장 28절에 **"제자들과 함께 오래 있으니라"** 전도여행에서 돌아온 바울은 안디옥에서 그 제자들과 함께 오래 머물면서 쉼과 안식의 시간을 가졌던 것입니다. 그 자체로도 사역자에게는 매우 중요한 의미가 있습니다. 그러나 이에 앞서 바울은 27절에 **"교회를 모아 하나님 함께 행하신 모든 일과 이방인들에게 믿음의 문을 여신 것을 보고"**하였다고 말씀하고 있습니다. 이는 예루살렘 교회에 방문한 15장 4절에서도 마찬가지입니다. **"교회와 사도와 장로들에게 영접을 받고"**, **"하나님이 자기들과 함께 계셔 행하신 모든 일을 말하매"** 또한 21장 19절에서

도 **"하나님이 자기의 사역으로 말미암아 이방 가운데서 하신 일을 낱낱이 말하니"**

바울이 쉼과 안식에 앞서 또는 그와 함께 행한 일은, 바로 오늘날로 말하자면 '선교 보고'를 한 것입니다. 적어도 바울이 보여준 안식년 시간의 중요한 목적은 이것이었습니다. '아니 선교사도 쉬어야지, 온전히 안식해야지.'라고 말할 수 있습니다. 물론 그렇습니다. 충분한 쉼과 안식, 재충전이 다음 사역을 위해서도, 오랫동안 충성하기 위해서도 필수적입니다. 하지만, 이 선교보고를 여기서 강조하고자 하는 것은 이것이 선교사로서의 소명에서 매우 중요한 한 영역을 담당하기 때문입니다.

오늘날 선교보고는 곧 선교동원, 선교모금이라는 잘못된 등식이 성립된 듯한데, 사역을 위한 정당한 동원과 모금이 중요하지만, 그보다 선교보고는 성경에서 말씀하고 있는 그대로 교회와 성도들에게 하나님이 선교사 자신을 통해 이방 가운데 행하신 그 일들을 '모두, 낱낱이' 알게 하는 시간입니다.

이 시간이 왜 중요하고, 이것이 왜 선교사의 소명과 깊이 연관되어 있습니까? 그것은 선교사는 교회와 한 몸이며, 온 교회가 다 함께 선교지로 날아가서 장기로 사역할 수 없고, 그것은 효율적이지도 않기 때문에 지역 교회는 한 지역에 뿌리를 내리고 그 지역의 복음화와 제자 생산에 매진하고, 특별히 헌신되고, 주께로부터 소명을 받은 선교사를 파송하여 그로 하여금 교회를 대신하여, 혹은 교회와 함께 선교의 사역을 감당하게 한 것입니다. 그렇기 때문에 당연히 선교사는 그간의 사역의 내용과 열매 심지어는 실수와 과오까지도 "낱낱이" 다 보고하는 것입니다. 그러면 교회는 이 모든 보고를 그대로 받고, 그 사역의 결과에 대해 잘된 것과 잘못된 것 모두 함께 책임을 지는 것입니다. 함께 기뻐하기도 하고, 함께 슬퍼하기도 하면서 모든 것을 함께 나누는 것입니다. 물론 사역 중에 수시로 선교편지를 보내서 상황과 기도제목을 나누기도 합니다. 하지만 그와 별개로 일정 기간의 사역을 마친 선교사에게 교회로 돌아와 온 교회가 함께 졌어야 할 모든 사역의 짐을 풀어놓고, 교회와 함께 쉼과 안식을 누리도록 하는 것입니다. 그것이 성경적인 선교 보고의 의미라 할 수 있을 것입니다.

오늘날 적지않은 교회들이 선교사를 파송하면서, 마치 고용주가 사원을 평가하듯 선교사와 그 사역의 잘잘못을 따져, 평가하는 것에만 치우쳐 있는 것 같습니다. 그것의 순기능도 있겠지만, 그보다 더 본질적으로는 교회가 선교사와 함께 모든 책임을 지는 것입니다. 혹 문제가 있어 징계가 필요한 상황에서도 함께 그 책임을 지기 위해 그렇게 해야 합니다. 왜 그렇습니까? 선교사의 소명은 그 선교사 개인에게만 주신 것이 아니라, 파송한 교회에 함께 주신 소명이기 때문입니다. 한 사람의 성도가 다른 모든 인생의 기회들을 포기하고, 오직 전적으로 선교사역을 위해 헌신하기로 하는 것은 주님이 그 사람에게 주신 소명이지만, 그가 선교사로서 감당해야 하는 선교사역 자체는 그 개인만의 것이 아니라, 그리스도께서 그 몸 된 교회에 주신 소명이라는 것입니다. 고로 교회는 선교사를 판단하는 주체가 아니라, 함께 해야 할 동역자인 것입니다. 바울은 그것을 알았기 때문에, 또 당시 예루살렘과 안디옥 교회도 그것을 알았기 때문에 모든 사역을 마치고 그 사역 가운데 하나님의 행하신 일을 낱낱이 다 나누었던 것입니다. 이처럼 선교보고까지도 선교사의 소명과 깊이 연관되어 있습니다.

주 안에 사랑하는 여러분, 저와 여러분은 '그리스도인'이라는 그 이름 때문에 그리스도께서 원하시는 삶과 일을 하며 살아가야 합니다. 고로 그리스도께서 부활 후 승천하시며 그 몸된 교회에 맡기신 유일한 사명, 선교의 사명은 모든 교회와 그에 속한 지체인 모든 그리스도인들에게 주신 소명인 줄 믿습니다. 그 가운데 특별히 헌신된 자들을 택하고 부르시어 우리가 살고 있는 이 지역이 아닌 복음이 없어 복음이 필요한 지역과 종족 가운데 보내시는 소위 "선교사"들이 있고, 그들에게 앞서 나누었던 선교사로서의 소명을 충성되이 감당하도록 하신 줄 믿습니다. 그 소명은 하나입니다. 선교의 소명은 교회와 선교사가 함께 이루어야 할 하나의 소명입니다. 이 사실을 깨닫고 우리 한국 교회 가운데 바른 교회와 선교사의 동역이 주님 오실 그 날을 속히 앞당기는 은혜가 있기를 간절히 축원합니다.

예루살렘 공의회의 결정으로 인해 이방인들이
예수를 믿을 때에 그들의 주어진 문화 속에서
구원 얻는 복음을 받아들이고, 문화적으로 유대
인이 되도록 강요받지 않아도 되게 된 것입니
다. 그리고 이제 복음이 어느 지역, 어느 민족 이
방인일지라도 자유롭게 이방 문화 속으로 흘러
갈 수 있게 되었습니다. 더 이상 비본질인 문화
적 요소들이 복음 앞에 걸림돌이 되지 않게 된
것입니다. - '예루살렘 공의회' 본문 중에서 -

사도행전 07

예루살렘 공의회

¹ 어떤 사람들이 유대로부터 내려와서 형제들을 가르치되 너희가 모세의 법대로 할례를 받지 아니하면 능히 구원을 받지 못하리라 하니 ² 바울 및 바나바와 그들 사이에 적지 아니한 다툼과 변론이 일어난지라 형제들이 이 문제에 대하여 바울과 바나바와 및 그 중의 몇 사람을 예루살렘에 있는 사도와 장로들에게 보내기로 작정하니라 ³ 그들이 교회의 전송을 받고 베니게와 사마리아로 다니며 이방인들이 주께 돌아온 일을 말하여 형제들을 다 크게 기쁘게 하더라 ⁴ 예루살렘에 이르러 교회와 사도와 장로들에게 영접을 받고 하나님이 자기들과 함께 계셔 행하신 모든 일을 말하매 ⁵ 바리새파 중에 어떤 믿는 사람들이 일어나 말하되 이방인에게 할례를 행하고 모세의 율법을 지키라 명하는 것이 마땅하다 하니라 ⁶ 사도와 장로들이 이 일을 의논하러 모여 ⁷ 많은 변론이 있은 후에 베드로가 일어나 말하되 형제들아 너희도 알거니와 하나님이 이방인들로 내 입에서 복음의 말씀을 들어 믿게 하시려고 오래 전부터 너희 가운데서 나를 택하시고 ⁸ 또 마음을 아시는 하나님이 우리에게와 같이 그들에게도 성령을 주어 증언하시고 ⁹ 믿음으로 그들의 마음을 깨끗이 하사 그들이나 우리나 차별하지 아니하셨느니라 ¹⁰ 그런데 지금 너희가 어찌하여 하나님을 시험하여 우리 조상과 우리도 능히 메지 못하던 멍에를 제자들의 목에 두려느냐 ¹¹ 그러나 우리는 그들이 우리와 동일하게 주 예수의 은혜로 구원 받는 줄을 믿노라 하니라

- 행 15:1-11 -

본문 사도행전 15장은 어쩌면 기독교가 세계종교로 확장되게 하는 결정적인 사건이 기록된 장이라고 할 수 있습니다. 예수님께서 부활, 승천하시면서 사도행전 1장 8절의 "땅 끝까지" 비전을 주신 이후, 사도행전 11장에서 베드로가 이방인 고넬료에게 복음을 전하면서 본격적인 이방 선교의 문이 열렸다면, 이 사도행전 15장은 이제 이방 선교에 '고속도로'가 놓인 장이라고 해도 과언이 아닐 것입니다. 그것을 가능케 한 사건이 바로 본문에 등장하는 "예루살렘 공의회의 결정"입니다.

이 예루살렘 공의회의 결정이란, 복음을 듣고 믿음을 얻게 된 이방인이 그리스도를 따르는데 '문화적으로 유대인과 같이 되지 않아도 됨'을 선언한 결정입니다. 이것은 복음을 들어야 할 세계 모든 종족의 언어와 문화의 다양성을 있는 그대로 인정하는 것이었고, 모든 족속이 자신의 문화와 결별하지 않고도 예수를 따를 수 있게 된 것입니다. 이로 인해 복음이 문화의 장벽을 넘어 전파되는데 가속도가 붙게 되었으며, 기독교가 이른바 '세계 종교'가 될 수 있는 문이 열릴 수 있었다는 것입니다.

이제 15장 1절을 읽어 봅시다. **"어떤 사람들이 유대로부터 내려와서 형제들을 가르치되 너희가 모세의 법대로 할례를 받지 아니하면 능히 구원을 받지 못하리라 하니"** 바울과 바나바가 1차

전도여행을 마치고 돌아온 안디옥에 이와 같은 주장을 하는 사람들이 있었습니다. 이러한 주장을 하는 사람들은 주로 예수를 믿기는 하되, 여전히 유대주의적 문화의 뿌리 위에 복음을 이해하고 적용하고자 하는 유대주의적 기독교인들이었습니다.

2절에 보니 이러한 주장이 점차 안디옥 교회 안에 논쟁거리가 되기 시작한 것 같습니다. **"바울과 및 바나바와 그들 사이에 적지 아니한 다툼과 변론이 일어난지라"** 즉, 예수를 믿으면서 '할례 받아야 되느냐.', '유대의 율법을 지켜야 되느냐.'라는 식의 논쟁이 일어난 것입니다.

안디옥 교회는 이 문제가 쉽게 진정이 되지 않고, 또 이방 선교의 전진 기지와 같았던 안디옥 교회의 향후 사역과 관련해서도 사안이 매우 중대하였기 때문에 이를 해결하기 위해서는 보다 권위 있는 그룹에서의 책임있는 논의가 필요하다고 판단했습니다. 그래서 바울과 바나바와 몇 사람을 이를 위해 예루살렘 교회의 사도들과 장로들에게 보내게 됩니다. 그랬더니 5절에 예루살렘에 있던 바리새파 중에 어떤 믿는 사람들이 마치 기다리기라도 한 것처럼 '이방인이 예수를 믿을 때도 당연히 유대인들처럼 할례도 받고 율법도 지켜야 한다.'라고 주장을 하는 등 안디옥에서처럼 이 문제가 예루살렘 교회에서도 그야말로 핫 이슈가 되고, 사도와 장로들이 이 일을 의논하러 모여 많은 변론이 있었습니다. 그리고 드디어 7절 이하에서 베드로가 일어나 말합니다.

> 7 형제들아 너희도 알거니와 하나님이 이방인들로 내 입에서 복음의 말씀을 들어 믿게 하시려고 오래 전부터 너희 가운데서 나를 택하시고 8 또 마음을 아시는 하나님이 우리에게와 같이 그들에게도 성령을 주어 증언하시고 9 믿음으로 그들의 마음을 깨끗하게 하사 그들이나 우리나 차별하지 아니하셨느니라 10 그런데 지금 너희가 어찌하여 하나님을 시험하여 조상과 우리도 능히 메지 못하던 멍에를 제자들의 목에 두려느냐 11 그러나 우리는 그들이 우리와 동일하게 주 예수의 은혜로 구원받는 줄을 믿노라 **행 15:7-11**

여기서 '우리'는 유대인들을, '그들'은 이방인을 가리키는 것입니다. 베드로의 요지는 유대인인 우리도 율법을 제대로 다 못지키면서, 게다가 그것이 우리가 구원 얻는 길이 아님에도 불구하고 이방인에게까지 그 율법을 지켜야 한다고 짐을 지우는 것은 옳지 않다는 것입니다. 베드로는 유대인이나 이방인이나 다 율법으로는 구원 얻을 이가 없기에 오직 예수 그리스도로 말미암은 믿음으로 구원받는 것이라는 복음의 핵심을 근거로 이 사안에 대한 해석의 기초를 놓은 것입니다. 그리고 12절에 바울과 바나바가 하나님께서 자기들로 말미암아 이방인 중에서 행하신 표적과 기사에 관해 증언함으로 사역 현장의 실증적 근거를 제시합니다.

그렇게 말을 마치고, 예루살렘 공의회 의장 역할을 하는 야고보가 일어나서 14절에 **"하나님이 처음으로 이방인 중에서 자기 이름을 부를 백성을 취하시려고 그들을 돌보신 것"**을 시므온이 말했다고 하면서, 17절에서 구약 성경에서 선지자들이 **"이는 그 남은 사람들과 내 이름으로 일컬음을 받는 모든 이방인들로 주를 찾게 하여 함이라"**라고 한 말씀과 일치한다고 성경적 근거를 제시합니다. 그러면서 19절에서 **"그러므로 내 의견에는 이방인 중에서 하나님께로 돌아오는 자들을**('할례 받아라, 율법 지켜라') **괴롭게 하지 말고"**, **"다만 우상의 더러운 것과 음행과 목매어 죽인 것과 피를 멀리하라고 편지하는 것이 옳으니"**라고 결론을 내립니다. 이 마지막 조건도 최소한 이 정도의 율법은 지키라는 새로 요약된 신학적 율법을 제시하는 것이 아니고, 유대인 신자와 이방인 신자가 복음으로 하나 되는데 걸림돌이 될 수 있는 몇 가지 문화적인 요인은 서로 조심하자는 권면이라고 볼 수 있습니다.

당시 예루살렘 교회의 다양한 지도자들의 수많은 변론과 주장이 오갔을 것입니다. 비록 어떤 면에서는 의견이 달랐을 수도 있겠지요. 하지만 그들은 변하지 않는 예수 그리스도의 십자가 복음 앞에서 하나였습니다. 그들 모두 그 복음으로 구원을 얻는 그리스도의 제자들이었기 때문이죠. 그래서 베드로가 이 사안을 그 복음에 기초하여 정리하고, 그 정리를 뒷받침할 만한 바울과 바나바의 사역 현장의 실증을 제시합니다. 이것만으로도 충분하였을 수 있지만, 당시는 신약성경과 그 신학이 아직 정립되지 않았던 시기였기 때문에 여기에 야고보가 구약 성경을 인용하여 베드로의 그 정리가 성경적으로도 모순이 없음을 확증하는 매우 체계적인 검증의 과정을 거친 것이라 할 수 있습니다. 이는 교회 역사 최초로 공의회를 소집하게 된 안건이었고, 그 최초의 안건이 선교에 관한 안건이었다는 것은 매우 의미심장한 일이라 생각됩니다. 또한 이 공의회의 결정과정도 매우 모범적인 교회 회의의 첫 사례라 할 것입니다.

이러한 결정이 내려지자, 22절에 사도와 장로와 온 교회가 그 중에서 사람을 택하여 바울과 바나바와 함께 다시 안디옥으로 보내기를 결정합니다. 왜냐하면 이 사안이 당시에도 매우 중요한 것이었던 만큼 안디옥 교회에 속해서 파송받은 바울과 바나바가 가서 예루살렘 공의회에의 결정을 전달하기보다, 예루살렘 교회에서도 대표 두 명을 파송하여 이 결정에 공신력을 더하고자 한 것으로 보입니다.

그래서 22절 하반절에 바사바라고 하는 유다와 실라 두 사람이 뽑혔습니다. 그리고 23절에 그 두 사람 편에 발신자는 예루살렘 교회의 사도와 장로들이고, 수신자는 안디옥 교회와 이방인 신자들로 된 본문에는 편지라고 되어 있지만, 일종의 의회 결정공문을 전달하게 됩니다.

그 내용은 24절 **"들은즉 우리 가운데서 어떤 사람들이 우리의 지시도 없이 나가서 말로 너희를 괴롭게 하고 마음을 혼란하게 한다 하기로"** 이것은 '할례 받으라.', '율법 지켜라.' 하는 사람들은 우리가 공식적으로 파송한 사람들이 아니며 그들의 권위를 인정하지 않겠다는 것을 분명히 하는 것입니다. 그러면서 25-26절에서 **"우리 주 예수 그리스도의 이름을 위하여 생명을 아끼지 아니하는 자인 우리가 사랑하는 바나바와 바울을 함께 너희에게 보내기를 만장일치로 결정하였노라"** 라고 언급함으로써 간접적으로 이 사안에 대해 바울과 바나바를 지지하는 메시지를 보내는 것이기도 했습니다. 그리고 예루살렘 교회에서 파송하는 유다와 실라가 말로 전하는 것으로 이 모든 것의 정당성과 공신력을 뒷받침하게 될 것이라고 합니다.

예루살렘 공의회는 끝으로 28절에서 **"성령과 우리는"** 이라고 함으로서 이 모든 결정이 '우리 모인 사람들이 의논하여 결정한 것이지만 우리 마음대로 결정하는 것이 아니라 성령의 지도 속에서 결정한 것'이라는 것을 강조하고 있습니다.

　이제 이러한 예루살렘 공의회의 결정으로 인해 이방인들이 예수를 믿을 때에 그들의 주어진 문화 속에서 구원 얻는 복음을 받아들이고, 문화적으로 유대인이 되도록 강요받지 않아도 되게 된 것입니다. 그리고 이제 복음이 어느 지역, 어느 민족 이방인일지라도 자유롭게 이방 문화 속으로 흘러갈 수 있게 되었습니다. 더 이상 비본질인 문화적 요소들이 복음 앞에 걸림돌이 되지 않게 된 것입니다. 또한 앞서 언급했듯이 기독교가 유대인의 민족 종교에서 모든 열방 세계인의 종교로 확장되게 하는 결정적인 추진체가 되었습니다. 만약 이 예루살렘 공의회가 없이, 이방 사람인들에게 '너희들도 예수 믿으려면 유대인처럼 할례 받고 율법도 지켜야 되고 예루살렘 중심으로 신앙생활 해야 된다.'라고 했다면 기독교는 세계 종교가 될 수 없었을 것이고, 여전히 유대 종교로 남아있었을 것이며, 오늘날 우리에게 전해지지도 못했을 것입니다.

> [19] 내가 모든 사람에게서 자유로우나 스스로 모든 사람에게 종이 된 것은 **더 많은 사람을 얻고자 함이라** [20] 유대인들에게 내가 유대인과 같이 된 것은 유대인들을 얻고자 함이요 율법 아래에 있는 자들에게는 내가 율법 아래에 있지 아니하나 율법 아래에 있는 자 같이 된 것은 율법 아래에 있는 자들을 얻고자 함이요 [21] 율법 없는 자에게는 내가 하나님께는 율법 없는 자

가 아니요 도리어 그리스도의 율법 아래에 있는 자이나 율법 없는 자와 같이 된 것은 율법 없는 자들을 얻고자 함이라 ²² <u>약한 자들에게</u> 내가 약한 자와 같이 된 것은 약한 자들을 얻고자 함이요내가 여러 사람에게 여러 모습이 된 것은 **아무쪼록 몇 사람이라도 구원하고자 함이니 고전 9:19-22**

이 말씀을 통해 오늘날 우리의 선교를 다시 생각해 볼 필요가 있습니다. 오늘날도 중요한 것은 복음을 전할 때 타문화권인 현지에 우리 한국 교회의 방식과 문화를 그대로 가져다가 전하고 이식하려고 하면 안됩니다. 선교는 순전한 복음만이 전해져서 그들의 언어, 그들의 문화 속에서 그들 나름의 길로 교회를 만들어 가도록 해야 하는 것이지 한국 교회를 전하는 것은 아니라는 것을 오늘 말씀이 주는 교훈을 통해 새겨야 하는 것이죠.

사실 우리가 다른 문화 속에 복음을 전함에 있어서 두 가지의 과제가 있습니다.

그 첫 번째 과제는 우리가 전하는 메시지, 이 메시지를 그들이 이해할 수 있도록 전해야 한다는 것입니다. 이것을 흔히 '이해의 장벽'으로 비유되는데, 그 이해의 장벽을 넘어 그들이 이해할 수 있도록 복음을 전하는 것이 첫 번째 과제인 것입니다. 두 번째 과제는 복음이 이해될 수 있게 그들에게 전하고 또 이해한다고 해도 그들의 마음, 정서적으로나 문화적으로 맞지 않아서 복음을 받아들이고 수용하기 어렵다면 안 될 것입니다. 이를 '수용의 협곡'으로 비유하면서, 이 문화의 협곡 사이에 있는 문화적 거리감을 해결하는 노력이 필요합니다.

이렇게 타문화권 사람들에게 복음을 전하려고 할 때, 이해의 장벽을 넘고, 수용의 협곡을 건너서 복음에 대한 거리감을 없애줌으로서 그들이 복음을 바르게 이해하고 수용하고 나아가서 회심의 반응까지 나아갈 수 있도록 돕는 노력이 필요하고, 그 핵심이 바로 언어라는 것입니다. 우리가 복음을 전할 때 그들의 언어로 복음을 전해야 쉽게 받아들일 수 있습니다. 뿐만 아니라 그들의 이해와 문화에 맞는 언어로, 그들의 눈높이에 맞춰 이야기해야 하는 것입니다.

이것은 복음을 받는 그들이 해야 할 노력이 아니고, 전하는 선교사가 노력해야 하는 일입니다. 그들이 복음을 쉽게 잘 받아들이도록 복음 증거 운동을 촉진하기 위해서는 그들의 문화에다 맞춰야 된다는 것입니다. 이것을 우리는 '타문화 의사 전달하기'라고 합니다.

선교사가 되려는 분이 있다면 필수적으로 받아야 하는 훈련이 '타문화 의사 전달하기(cross cultural communication)'입니다. 내가 가지고 있는 내용을 그들의 이해에 맞추어 분명하게 전할 수 있도록 하는 것입니다. 이 부분이 잘 훈련되고 준비되어야 효과적인 타문화 사역자가 될 수 있습니다.

언어뿐만 아니라, 사역에 사용되는 모든 문화 요소가 다 그렇습니다. 예를 들어 음악은 지역과 종족을 불문하고 메시지 전달과 마음을 여는 공감 면에서 영향력이 크기 때문에 사역에 다양하게 많이 이용합니다. 이 음악 역시 그 땅의 사람들이 받아들이기 쉬운 그들의 음악 언어를 파악하고 적용하는 것이 중요합니다. 과거 19세기 말에 우리나라에 온 서양 선교사님들이 음악을 분석하는 능력이 있어서, 당시 조선 사람들은 '궁상각치우'에다가 '8분의 6박자'를 좋아한다는 것을 파악하여 찬양을 만들어 보급했는데, 그것이 바로 '예수님이 좋은 걸 어떡합니까?'라는 찬양입니다.

가락이나 곡조가 한국 사람들 정서에 잘 맞으니, 그 음악에 담긴 복음의 메시지가 효과적으로 빨리 머리에 이해되고, 마음에 수용되어졌을 것입니다. 그런데 만약 아무리 좋은 음악이라도 사람들에게 맞지 않는 음악을 가져다가 강제로 전달하면 거기서부터 거리감이 생기고 받아들여지지 않게 되는 것입니다.

조금은 극단적인 예가 될 수 있지만, 인도에 간 선교사가 자신이 은혜 받았던 찬송가 "피난처 있으니 환난을 당한 자 이리오라"를 인도말로 번역해서 인도 사람들에게 들려주고 가르쳤다고 생각해 봅시다. 찬송의 곡도 훌륭하고 가사도 힌두교와 카스트 제도의 굴레 속에 고통 받는 인도 사람들에게 위로가 될 좋은 찬송가임에 틀림없습니다. 그러나 이 찬송가의 곡은 영국 국가(國歌)였습니다.

그런데 인도는 영국의 식민지였지 않습니까? 그러면 이 곡을 듣는 인도 사람들은 어떤 생각을 하겠습니까? '조국 인도를 식민지배 했던 원수 나라의 국가를 우리에게 부르라고 하다니' 하면서 화를 내고 결코 받아들이지 않을 것입니다. 그러므로 우리는 그들의 문화를 알아야 하는 것입니다.

요즘은 음악 뿐 아니라 음식도 선교의 좋은 도구가 될 수 있습니다. 그런데 만약 인도에 간 어떤 한국 선교사가 사람들의 마음을 열고자 한국음식을 인도인들에게 대접하는데, 하필 한국의 유명한 소불고기를 대접한다면 어떻게 되겠습니까, 그들이 먹겠습니까? 힌두교 문화권에 사는 인도인들에게 소는 신으로 섬기는 대상이기 때문에 절대로 잡아먹을 수 없는 금기 중의 금기인 것이죠. 그러니 소불고기가 아무리 가장 유명한 한국 요리라 한들 그 노력과 수고가 인도 힌두교 사람들에게 받아들여지지 않을 것입니다.

인도네시아에 있는 제 친구 중에 인도인 목사가 있습니다. 이 분은 기독교 목사님이지만, 그가 나고 자라온 문화 때문에, 또 그가 복음을 전해야 할 인도인들 때문에 소고기를 먹지 못합니다. 우리가 그러한 문화적인 배경을 이해하지 못해서 그에게 생각 없이 소불고기를 대접하면 안되는 것이죠.

또 인도네시아 한 교회에서 한국 목사님이 전도 집회를 인도하시는데, 이 목사님이 집회에 온 사람들을 대접한다고 예배를 마치고 점심식사에 돼지고기를 맛있게 요리해서 내놓았습니다. 저는 그걸 보면서 이 교회는 이제 앞으로 전도하기는 틀렸다고 생각했습니다. 왜요? 아니 이슬람 나라에서 이슬람 사람들을 초청해서 어울리며 복음을 전하려고 하는데, 이슬람에서 금하는 돼지고기 요리를 내 놓으면 누가 그것을 먹겠습니까? 그러면 안 되는 것입니다.

우리는 소고기도 돼지고기도 좋아해서 맛있게 먹지만, 타문화권에서 복음을 증거 할 때 이것이 걸림돌이 될 수 있다면, 이러한 문화적 요소들을 미리 알고 조심하고 제거해야 합니다. 이것이 복음 증거에서 정말 중요한 요소라는 걸 우리가 알아야 됩니다. 그러므로 선교지에 가서 그들에게 텍스트나 메시지로서의 복음을 잘 증거 하는 일도 중요하지만, 먼저 그들의 문화를 이해하고 배우는 것이 중요합니다. 선교사가 그들과 같이 되어야 합니다. 그래서 자신이 전하려는 복음과 그들의 문화 사이에 이해와 수용의 걸림돌들이 있다면 사전에 제거하여 어찌하였든지 그들이 쉽게 복음을 들을 수 있도록 해주는 것까지가 선교사가 해야 할 몫입니다. 그들과 같아져 그들 문화 속에 한 알의 밀알처럼 심겨야 하는 것이죠. 그래야 성경 말씀처럼 삼십 배, 육십 배, 백 배의 결실을 거두어 그 땅에서 복음의 큰 운동이 일어날 수 있다는 것을 알아야 할 것입니다.

끝으로 선교지의 문화를 고려하는 또 다른 측면으로 그들 중에 예수 믿는 사람이 생기면 그들을 기존 자기 공동체에서 빼내어서는 안 되고 그대로 두어야 한다는 것입니다. 과거 선교사들의 실수는 예수 믿는 사람이 생기면 이 사람이 그들의 동족 공동체 속에서 핍박 받을 것을 염려하여 그를 보호한다는 명목으로 선교사의 선교 캠프로 데리고 나왔습니다.

그러나 막상 그렇게 되었을 때 그들 종족이나 가족들 입장에서 보면, 멀쩡하게 잘 지내는 착한 사람을 속여 유괴한 것으로 볼 수밖에 없습니다. 그러니 이후에는 복음에 대해서 더더욱 적대적이게 되고 이전보다 훨씬 깊은 수용의 장벽이 생기게 되는 것입니다. 비록 처음 믿은 그가 그들 동족 공동체 안에서 핍박을 받는 것 같아도 오히려 그를 격려하고 도와 그의 삶의 터전에 그대로 살도록 해야 합니다.

누가복음 8장에서 예수님께서 거라사 지방에 그 군대귀신 들렸던 사람을 회복시키시고 돌아가시려고 하셨을 때, 그 군대귀신 들렸던 사람이 예수님을 따라 나서려고 했습니다. 그때 예수님은 39절 **"집으로 돌아가 하나님이 네게 어떻게 큰일을 행하셨는지를 말하라"** 하셨고, 그는 그 말씀에 순종하여 **"예수께서 자기에게 어떻게 큰일을 행하셨는지를 온 성내에 전파"** 하였습니다.

정말 회심하고 구원받은 백성이 되었다면, 그도 이제 그리스도의 고난에 참여하는 제자가 되었으므로 비록 남아서 핍박을 당할 수 있지만, 견디며 그곳에 남아 살면서 하나님이 자신에게 베푸신 사랑을 그 가족들에게, 친구들에게 증거하는 복음 전도자로 설 수 있도록 만들어야지 거기서 빼내서는 안 됩니다. 복음을 받아들인 사람이 그들의 문화를 떠나게 해서는 안 되는 것입니다.

물론 이것이 말처럼 그렇게 쉬운 일은 아닐 것입니다. 그렇기 때문에 그대로 자신의 문화와 조화를 이루면서 살도록 하나님의 말씀, 성경을 더욱 바르게 가르치며, 그 안에서 성령의 인도를 따라 살 수 있도록 양육하고 훈련해야 할 것입니다. 그것이 하나님의 은혜로 이루어질 때, 복음은 바로 그 사람을 통하여 그들의 언어와 문화 속에서 새롭게 피어나게 되는 것입니다. 그리고 그렇게 복음이 증거되고 그리스도의 사랑이 나누어지면 그들만의 독특한 교회 공동체의 모습으로 열매 맺을 수 있게 될 것입니다.

주 안에 사랑하는 여러분, 선교에 있어서 그리스도로 말미암은 복음의 사랑이 있을 뿐이지 복음을 이루는 어떤 정형화된 문화적인 모양은 있을 수 없습니다. 그것이 아무리 우리 한국 교회에서는 잘 접목되고, 교회를 더욱 아름답게 하는 좋은 도구가 되었다 하더라도, 그것이 모든 선교 현장에서 그대로 적용되어야 할 이유는 없습니다. 만약 아무리 선한 의도라도 선교사가 선교현장에서 그것을 고집하고, 어떠한 방식으로든 강요하려 한다면 그것은 본문 사도행전 15장의 예루살렘 공의회를 다시 되돌리는 것과 같습니다. 선교사는 선교할 그 땅의 사람들과 그들의 문화 앞에 철저히 겸손해야 합니다. 오히려 그들을 배워야 합니다. 그들에게 순전한 복음을 전달해주기 위해 철저히 그들을 배워야 합니다. 그들과 같아져야 합니다. 그러기 위해서는 그 모든 것들에 앞서 선교사 자신이 순전한 복음을 온전히 소유하고 전하고 분별할 수 있는 훈련이 되어 있어야 할 것입니다. 더 잘 복음을 이해하고 수용하도록 함께 받았던 복음을 둘러싼 그 모든 껍질들을 다 벗겨내고 오직 그리스도만을, 오직 십자가 복음만을 사람들에게 전해줄 수 있는 탁월함을 갖춰야 하는 것입니다. 만약 그것만 잘 할 수 있다면, 그 순전한 복음은 꿈틀대며 그 땅과 사람들을 성령의 능력으로 변화시켜 나갈 줄 믿습니다. 우리 모두 이 복음을 소유하고 전하는 복 된 사람들 다 되시기를 축원합니다.

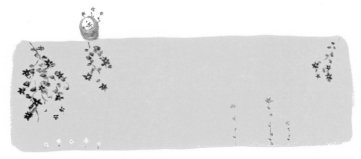

여러분, 복음과 선교를 병에 비유하자면 세상을 정복할 만큼 강력하지만, 암과는 다릅니다. 암은 혼자 아픈 병인데, 이 더둘로가 바울의 선교를 가리켜 말한 전염병은 어떻습니까? 혼자 앓고 마는 병이 아니고 근처에 있는 사람을 다 전염시켜 다 똑같이 그 병에 걸리게 만드는 것이 전염병입니다. 예상대로 그는 최고 수준의 변호사답게 복음과 선교의 본질을 정확히 본 것입니다.

- '복음과 사도, 그 열정과 고난 사이' 본문 중에서 -

복음과 사도, 그 열정과 고난 사이

내가 달려갈 길과 주 예수께 받은 사명 곧 하나님의 은혜
의 복음을 증언하는 일을 마치려 함에는 나의 생명조차 조
금도 귀한 것으로 여기지 아니하노라
- 행 20:24 -

사도행전 24장에 보면, 대제사장 아나니아가 어떤 장로들과 더둘로라는 변호사와 함께 총독 벨릭스의 법정 앞에 사도 바울을 고소합니다. 변호사 더둘로의 고소 첫 대목이 바로 오늘 읽은 본문 5절입니다. 그는 바울을 가리켜 **"우리가 보니 이 사람은 전염병 같은 자라 천하에 흩어진 유대인을 다 소요하게 하는 자요 나사렛 이단의 우두머리라"**라고 말합니다. 여러분, 여러분은 지금 이 말을 어떻게 생각하십니까? 시작부터 우리가 존경해마지않는 사도 바울 선생님을 향해 너무 원색적이고 터무니없는 비난을 퍼붓고 있다는 생각이 들어 심기가 불편하신가요? 그러나 표현이 거칠기는 하지만, 이 고소 내용은 결코 터무니없는 말은 아닙니다.

무슨 말인가? 한 번 보시죠. 이 더둘로는 변호사입니다. 유대 대제사장 아나니아와 장로들이 고소를 위해 고용한 법률 전문가인 것이죠. 이 유대 땅에서 아나니아 같은 거물급 인사가 아무나 변호사로 선임했겠습니까? 아마도 그는 당대 손꼽히는 실력 있는 변호사였을 것입니다. 게다가 지금 이 법정은 지역 최상위 법정인 로마 총독 벨릭스가 주재하는 법정입니다. 대제사장 아나니아나 장로들은 바울에게 워낙 종교적인 분노가 쌓여있으니, 감정적인 말이나 근거 없는 비난도 할 수 있었을 것입니다. 그러나 이들이 지금 서있는 이 법정에서는 그러한 말들이 전혀 도움이 되지 않습니다. 법정에서는 법정에서 통하는 객관적 근거에 입각한 사실관계와 논리적인 진술 방법이 필요한 것이죠. 변호사 더둘로는 이들이 그것을 알기 때문에 세운 사람인 것입니다.

바로 그러한 맥락에서 지금 이 법정에서의 변론 첫 대목에서 언급한 내용들을 다시 이성적으로 살펴보면, 사뭇 다른 관점에서 보이는 면들이 있습니다. 더둘로의 진술에 담긴 의도에 대한 해석은 달리 하더라도, 이 진술은 적어도 사도 바울과 그 선교팀들이 행한 선교 활동들이 사회적으로 어떠한 영향을 주었는지 객관적으로 이해할 수 있는 사실적이고 신빙성 있는 진술일 수 있다는 것입니다.

여기서 가장 눈에 띄는 말이 "전염병 같은"이라는 말입니다. 이 전염병 같다는 말은 더둘로가 법률가로서 바울에게서 객관적으로 고소할만한 혐의를 찾으려고 그의 행적을 살펴보다가 그 특징을 파악하고 찾아낸 것입니다. 그런데 그의 의도와 달리, 이 표현은 마침 복음이 갖는 아주 중요한 본질이 무엇인지 잘 드러낸 것이었습니다.

여러분, 복음과 선교를 병에 비유하자면 세상을 정복할 만큼 강력하지만, 암과는 다릅니다. 암은 혼자 아픈 병인데, 이 더둘로가 바울의 선교를 가리켜 말한 전염병은 어떻습니까? 혼자 앓고 마는 병이 아니고 근처에 있는 사람을 다 전염시켜 다 똑같이 그 병에 걸리게 만드는 것이 전염병입니다. 예상대로 그는 최고 수준의 변호사답게 복음과 선교의 본질을 정확히 본 것입니다.

바울과 그 선교팀이 가는 곳마다 유대인과 이방인들에게 복음을 전했고, 그 복음을 듣는 자들 중 상당수가 주께로 돌아오는 일들이 일어나지 않았습니까? 그리고 그렇게 예수를 믿은 자들이 다 가만히 있었습니까? 그들도 여기저기 가는 곳마다 만나는 사람마다 그 복음을 전했고, 또 똑같은 일들이 계속해서 반복적으로 일어났던 것이죠. 물론 더둘로는 아나니아와 장로들처럼 그 일이 반 유대교적이고, 유대 종교 사회에 매우 위협적인 이단 행위라고 해석했겠지요. 그래서 당시 사람들이 가장 공포스럽고 꺼려하는 전염병이라는 키워드를 꺼낸 것이겠지만, 그 현상 자체에 대해서는 법률가답게 그 본질을 아주 제대로 파악한 것입니다. 그것이 바로 복음과 선교가 본질적으로 함유하고 있는 전염병에 비견될 만한 엄청난 전파력이고 확산성이었기 때문입니다. 우리 입으로 '우리는 전염병 같은 사람들이에요.'라고 말하는 것은 좀 이상하지만, 반대자들이 공격하느라 한 말이 공교롭게도 우리를 가장 잘 설명한 것이 된 것입니다.

참으로 복음을 듣고 예수 구원의 은혜를 깨닫고 누린 분이시라면, 여러분은 이미 그 전염병 보균자들입니다. 특히 오늘 이 복음의 좋은 균과 열이 많이 담긴 이 선교 말씀을 듣는 여러분은 선교 전염병 보균자들이 되는 것입니다. 그런 줄 모르고 있는 분들이라도 아직 잠복기라서 모르지만, 이제 얼마 지나지 않아서 가는 곳마다 '선교, 선교' 하고, 성경을 열면 이제 선교만 보이고 그렇게 될 것입니다. 그런데 그것이 정상입니다. 그것이 복음의 본질적인 특징이고, 그렇게 사람이 변화되는 것이기 때문입니다. 이는 '증거'의 본질이기도 합니다.

바울은 바로 그러한 복음을 소유한 자였기 때문에 그 복음의 본질대로 가는 곳마다 그렇게 전염병처럼 복음을 증거하고 사람들을 변화시켰습니다. 그것이 바로 사도의 삶과 사역이었습니다. 그리고 그는 그의 말년에 오늘 함께 읽은 본문 사도행전 20장 24절 말씀처럼 **"내가 달려갈 길과 주 예수께 받은 사명 곧 하나님의 은혜의 복음을 증언하는 일을 마치려 함에는 나의 생명조차 조금도 귀한 것으로 여기기 아니하노라"**라고 고백합니다. 여기서 눈에 박히듯, 귀에 박히듯 들어오는 단어들이 있습니다. 그 첫 번째는 "사명"이고, 다음이 "증언(증거)"이고, 마지막이 "생명"입니다. 사실 문맥상 생명은 '죽음'으로 바꿀 수도 있을 것 같습니다. 이것이 사도로서 바울의 삶을 설명해주는 핵심 키워드였습니다. 오늘은 이 전염병이라는 말을 들을 정도로 '그 사명 곧 복음 증거에 죽음도 두려워하지 않았던' 사도의 삶과 사역의 핵심이 무엇이었는지 살펴보고자 합니다.

> 내가 달려갈 길과 주 예수께 받은 **사명** 곧 하나님의 은혜의 복음을 **증언**하는 일을 마치려 함에는 나의 **생명**조차 조금도 귀한 것으로 여기지 아니하노라 **행20:24**

1. 사도적 열정

오늘 우리가 먼저 살펴볼 것은 사도적 열정입니다. 사도라는 직분은 성경적으로 초대교회 이후 종료된 직분이지만, 우리는 바울과 같은 이러한 사도적 삶과 사역을 본받아야 할 것입니다. 복음의 전염성을 가진, 세상이 감당할 수 없는 열정을 사도적 열정이라고 할 수 있습니다. 사도라는 말이 헬라어 '아포스톨로스(Apostolos)'에서 온 '보내심을 받은 자'라는 뜻인데, 그래서 사도적 열정을 가졌다는 것은 자신의 열정이 아니라, 그를 보내신 이의 열정으로 움직이는 사람인 것입니다. 그래서 자신이 아니라, 자신을 보내신 하나님의 영광을 드러나게 만들고 하나님이 원하시는 세계 복음화를 위해 쓰임 받는 사람이 된다는 것입니다.

같은 맥락에서 요즘 우리가 쓰는 선교사(Missionary)라는 말도 사도와 동일한 의미의 라틴어 '미토(Mitto)', 즉 '보내다'라는 의미에서 온 것이기 때문에 선교사는 이 사도적 열정을 가진 사람, 즉 보내신 하나님의 영광을 위한 열정에 사로잡힌 사람인 것입니다. 그리고 그것은 세상 모든 민족에게 복음을 전하는 세계 비전입니다. 이것을 합치면 '하나님의 영광에 대한 열정에 사로잡힌, 세계를 품은 사람'이 되는 겁니다. 이것은 자신으로 말미암은 비전과 열정이 아니기 때문에 하나님의 비전을 품은 사람입니다.

우리가 이런 사람을 성경에서 찾아본다면, 누가 가장 먼저 떠오르십니까? 아마 하나님께서 '내 마음에 합한 사람'이라고 평가하신 다윗이 아닐까 합니다. '마음에 합한'이라는 말은 '마음에 맞는', '그 뜻에 합당한'으로 이해할 수 있을 것입니다. 그러니 하나님이 이 다윗을 기뻐하시고, 좋아하셨다고 생각됩니다. 하나님이 양 똥이나 치우던 목동을 불러 이스라엘의 군대장관으로, 또 왕의 사위로, 결국 왕으로까지 세우시고, 더욱 영광된 것은 그를 하나님 나라, 오실 메시아의 예표가 되는 인물로 세워주셨습니다.

왜 그렇게 하셨습니까? 왜 하나님이 다윗을 기뻐하셨고 좋아하셨는지 아십니까? 시편 108편 5절에서 다윗은 이렇게 기도합니다. **"하나님이여 주는 하늘 위에 높이 들리시며 주의 영광이 온 땅에서 높임 받으시기를 원하나이다"** 여기 다윗이 어떤 사람인지 선명하게 나타나고 있습니다. 그는 하나님은 온 땅에서, 'on whole world'에서 영광을 받으셔야 된다고 말합니다. 다윗의 비전은 세계적이고 그의 마음을 지배하는 열정은 바로 하나님의 영광입니다. 그는 바로 '하나님의 영광에 대한 열정에 사로잡힌 세계를 품은 다윗'이었습니다. 그래서 하나님이 그를 내 마음에 합한 자라고 하신 것입니다.

사랑하는 여러분, 우리도 부족하지만, 하나님이 사랑하시는 하나님 자녀들인데, 다윗만 그렇게 되라는 법 있습니까? 우리도 그렇게 되면 얼마나 좋습니까? 그런 의미에서 우리도 한 번 따라

해 보면 좋겠습니다. 맨 끝에 다윗 대신에 자기 이름으로 바꿔서 한번 해봅시다.

"하나님의(하나님의), 영광에 대한(영광에 대한), 열정에 사로잡힌(열정에 사로잡힌), 세계를 품은(세계를 품은), OOO."

자, 이제 우리도 하나님의 마음에 합한 사람으로 선포했습니다. 모두 다 그렇게 될 줄 믿습니다. 아멘~!

보십시오, 여러분, 오늘날 이 시대에도 하나님은 이런 사람을 찾으시고 사용하시는 줄 믿습니다. 그러니 지금 선포한 이 비전이 여러분의 생각을 항상 지배하도록 합시다. 아침마다 잠에서 깨서 의식이 돌아올 때, 마치 컴퓨터가 부팅되면서 바이러스 백신 프로그램이 함께 작동이 돼서 안전하게 컴퓨터를 컨트롤하는 것처럼 우리 생각이 이 비전으로 항상 지배되도록 이 비전을 선포하는 것입니다. '하나님의 영광에 대한 열정에 사로잡힌 세계를 품은 OOO' 매일 그렇게 스스로를 지켜내고 동기부여하면, 하나님이 보시고 '야, 너는 내 마음에 합한 자다.' 그러시는 것입니다. 이런 사람이 바로 사도적 열정에 사로잡힌 사람이고, 복음의 본질 그대로 선교의 전염병이 걸린 사람입니다.

2. 사도적 고난

다음으로 살펴볼 것은 사도적 고난입니다. 바울은 하나님의 영광에 대한 열정, 즉 사도적 열정에 사로잡힌 세계를 품은 사람이었습니다. 그러나 그의 삶과 사역에는 반드시 고난이 따랐습니다. 하나님이 보내신 자로서 겪어야만 하는 복음으로 말미암는 고난, 그것이 바로 사도적 고난입니다.

우리는 고난의 극치가 죽음이라는 것에 일반적으로 동의합니다. 하나님은 예수님이 우리를 구원하시는 방법을 십자가를 지시는 방법으로 구원하셨습니다. 십자가를 지고 우리 대신 죽게 하셨습니다. 예수님은 그 십자가 죽음의 고난을 통해 우리를 구원하셨습니다. 그리스도 안에서 고난은 결코 그 고난으로 끝나지 않습니다. 그 고난으로 말미암아 사람들의 구원과 하나님의 영광이 나타나는 열매로 반드시 연결되게 되어 있습니다. 그러나 우리가 고난을 회피하면 하나님이 영광을 받지 못하십니다. 그리고 이를 통한 하나님의 뜻이 이루어지지 못합니다. 하지만, 우리가 기꺼이 복음을 위해 고난을 받으면 이것으로 말미암아 하나님이 영광 받으시게 되고 사람들이 구원받게 되는 일이 이루어지는 것입니다.

그러면 이 고난 속에 나타난 하나님의 전략이 무엇일까요?

바로 '진리의 승리'입니다. 하나님의 진리는 우리가 사람들을 사랑하면서, 진리를 말하고, 죽으면 비로소 하나님의 진리의 승리가 이루어지는 것입니다. 성도가 두려움 없이 죽음을 맞이할 때 사탄은 패배합니다. 여기 핵심 포인트가 세 가지입니다. 먼저, 사랑하면서 그리고 다음, 성경 진리를 말하고, 마지막 사람들이 나를 죽일 때 기꺼이 죽는 것입니다. 이 세 가지가 반드시 충족되어야 합니다. 우리가 그런 경우들이 많은데, 사랑하지 않으면서 진리만 말하는 것은 참된 진리가 아닙니다. 그래서 결국 그 진리로 죽게 되더라도 그것은 참된 승리로 이어지지 못합니다.

인도네시아에서 이슬람 국경일에 인도네시아에 이슬람이 처음으로 전해질 때에 있었던 일을 드라마로 보여주는 것을 본 적이 있습니다. 거기 보면 어떤 무슬림이 이스라엘에 가서 이스라엘 사람들에게 이슬람을 전하다가 핍박받는 장면이 나옵니다. 그런데 이 무슬림이 고난을 당하면서 자신을 핍박하는 사람들을 향해 소리 지르면서 저주하고 저항합니다. 그래서 저는 그 드라마를 보면서 '이슬람은 기독교 흉내도 못 내는구나.'라고 생각했습니다. 만약에 기독교가 그런 드라마를 만들었다면, 핍박 받을 때 예수님처럼, 스데반처럼 '하나님 저들이 몰라서 그럽니다. 저들을 용서해주세요. 저들을 구원해주세요.' 당연히 이렇게 만들었을 게 아니겠어요? 그러므로 성경이 말씀하시는 사도적 고난과 그로 말미암는 승리는 '사랑하면서, 진리를 말하고, 기꺼이 복음 때문에 죽는 것'입니다.

여기서 또한 깨닫게 되는 것은 하나님의 영광은 바로 그 죽음, 순교의 결과라는 것입니다. 요한계시록 5장에 보면, 예수님이 십자가에 달려죽으실 때에 누구를 위해 죽으셨는가를 보여주는 분명한 구절이 있습니다. 요한계시록 5장 9절을 보면 24장로와 네 생물이 하나님을 찬양하는 말이 기록 되어 있는데, "**그들이 새 노래를 불러 이르되 두루마리를 가지시고 그 인봉을 떼기에 합당하시도다 일찍이 죽임을 당하사 각 족속과 방언과 백성과 나라 가운데에서 사람들을 피로 사서 하나님께 드리시고**"라고 말씀합니다.

예수님께서 십자가에 달려 대신 벌 받아 죽어주신 이들이 누구입니까? 각 족속과 방언과 백성과 나라 가운데서 사람들을 피로 사서 하나님께 드리셨다고 말씀하고 있지 않습니까? 영어 성경에 '각'이라는 단어는 'every'로 표현해서, 'every tribe', 즉 '전 세계 모든 종족' 가운데 예수님이 대신 벌 받아 죽어주신 사람들이 있다는 말씀입니다. 이 성경구절에 의하면 아직은 미전도종족이라고 분류되어 있지만, 아직 복음을 듣지 못한 무려 전 세계 종족 중 42% 가까운 그 종족들 가운데에도 구원받는 사람이 분명히 있다는 것입니다.

또 요한계시록 7장에 보면 이 사람들이 고스라니 다 구원받고 다 모이도록 되어있고. 7장 9절을 보면 **"이 일 후에 내가 보니 각 나라와 족속과 백성과 방언에서 아무도 능히 있을 수 없는 큰 무리가 나와 흰 옷을 입고 손에 종려가지를 들고 보좌 앞과 어린 양 앞에 서서 큰소리로 외쳐 가로되"**라고 말씀합니다.

구원 받은 사람들이 각 나라와 족속과 백성과 방언에서 모인다고 했습니다. 이것이 그대로 이루어 질 것인데 5장 9절에 예수님이 대신 벌 받아 죽어주신 사람들은 그대로 다 구원받고 다 모여 찬양한다는 것입니다. 찬양의 내용이 무엇입니까? 구원하심이 ○○ 선교사에게 있도다 입니까? 아니지요. 보좌에 앉으신 우리 하나님, 이 선교를 창세기 12장 1~3절 처음부터 선교의 주도권을 가지고 있는 우리 하나님과 그 어린 양, 우리 죄를 위하여 실제로 자기 피 흘려 죽으시면서 구원하신 어린 양. 그 분에게 있다고 고백하고 있습니다. 저도 마지막에 고백할 것은 '하나님이 우리를 구원하셨습니다. 예수님이 바로 내 죄를 위해 죽어주심으로 내가 구원받았습니다.'라고 고백하게 될 것입니다. 바로 그것입니다.

또한 6장 9절에 보면 **"다섯째 인을 떼실 때에 내가 보니 하나님의 말씀과 그들이 가진 증거로 말미암아 죽임을 당한 영혼들이 제단 아래에 있어"**라는 구절에서 하나님의 말씀은 '성경'입니다. 이 구절에서의 "그들이 가진 증거"는 1장에 보면 '예수 그리스도의 십자가의 증거'라고 되어 있습니다. 하나님의 말씀을 전하고 예수 그리스도의 십자가를 전하는 이 증거 때문에 죽임을 당한 자들은 복음 전하다가 죽은 사람들입니다. 그 사람들의 영혼들이 제단 아래 있어 10절에 **"큰 소리로 불러 이르되 거룩하고 참되신 대주재여 땅에 거하는 자들을 심판하여 우리 피를 갚아 주지 아니하시기를 어느 때까지 하시려 하나이까 하니"** 어느 때까지입니까?

자, 그 전에 성경은 하나님이 언제 세상을 심판하신다고 했습니까? 세상 끝 날이 언제 옵니까? 마태복음 24장 14절에 **"이 천국 복음이 모든 민족에게 증언되기 위하여 온 세상에 전파되리니 그제야 끝이 오리라"** 즉 모든 민족에게 복음이 증거되어야 끝이 오는데, 지금 이들이 물을 때에 하나님이 11절에 뭐라고 대답하십니까? 11절 **"각각 그들에게 흰 두루마기를 주시며 이르시되 아직 잠시 동안 쉬되 그들의 동무 종들과 형제들도 자기처럼 죽임을 당하여 그 수가 차기까지 하라 하시더라"** 그렇습니다. "자기처럼 죽임을 당하여 그 수가 차기까지"입니다.

하나님의 말씀과 그 증거 때문에 복음을 전하다가 죽는 자의 수가 차는 날이 바로 세계복음화가 완성되는 날이고 세상 끝날 날이 온다는 것을 분명히 보여주는 말씀입니다. 그러므로 복음이 모든 민족에게 전해지는 것과 함께, 그로 말미암는 순교자의 수가 차는 일이 필요한데 이를 더 선명하게 보여주는 말씀이 바로 사도행전 1장 8절인 것이죠. **"오직 성령이 너희에게 임하시면 너희가 권능을 받고 예루살렘과 온 유대와 사마리아와 땅끝까지 이르러 내 증인이 되리라 하시니라"**

자, 여기 사도행전 1장 8절에 '증인'이라는 단어가 헬라어로 '마르티레스'라고 되어있는데, 그것의 원형이 '마르티스'입니다. 이와 동일한 어원에서 온 영어 단어 'martyr'라는 단어가 있는데, 이 단어의 뜻은 '순교자'입니다. 즉 증인은 자기가 증거하는 일을 위해서 생명까지도 거는 사람입니다.

마태복음 24장 14절에는 복음이 모든 민족에게 전해져야 세상 끝 날이 온다고 했는데 요한계시록 6장 11절의 말씀에는 하나님의 말씀과 저희들이 가진 증거 때문에 수가 채워질 때에 세상 끝날 날이 온다고 했습니다. 즉 세상 끝날은 복음을 증거하기 위해 기꺼이 우리의 생명까지도 내어 줄 수 있는 사람, 그 사람들의 수가 채워져야 한다는 것입니다.

사랑하는 여러분, 그 사람들이 불쌍합니까? 아닙니다. 히브리서 9장 27절에 **"한번 죽는 것은 사람에게 정해진 것이요 그 후**

에는 심판이 있으리니"라고 말씀하셨습니다. 사람은 누구나 한 번 죽게 되어 있지만, 그 죽음으로 끝나는 것이 아닙니다. 그 후에 우리들이 유한한 생애 동안 어떻게 살았는지 심판이 있습니다.

복음을 위해 죽는 사람들은 영광스러운 사람들이고 영원한 하나님 나라에서 큰 상을 받을 사람들이지 결코 불쌍한 사람들이 아닙니다. 그러므로 스데반이 불쌍한 사람입니까? 바울이 불쌍한 사람입니까? 아닙니다. 이 영원한 상을 위하여 이 유한한 것을 기꺼이 포기할 수 있었기 때문에 그들은 참으로 복되고, 지혜로운 사람입니다.

이것이 바로 사도적 고난입니다. 그들은 자신을 위해 죽지 않았습니다. 자신을 구원하신 십자가 복음 때문에 그 사랑으로 그 복음의 진리를 증거하지만, 그 복음을 받지 아니하는 미전도종족, 미전도된 사람들을 위해 그 사랑과 진리를 증명해내기 위해 기꺼이 죽은 것입니다. 사도적 열정이 자신의 비전이 아닌 하나님의 비전, 하나님의 영광에 대한 열정에 사로잡힌 것이었던 것처럼, 사도적 고난 또한 그 보내신 자를 위한 고난이며, 그 보내신 자를 위한 죽음입니다. 이것이 예수 그리스도를 만난 자, 예수 그리스도를 소유한 자, 그래서 예수 그리스도를 전하지 않고는 견딜 수 없는 엄청난 복음의 전염성을 가진 자들만이 갖는 특징입니다.

이를 가장 잘 증거하며 살다가 역시 순교로서 증명한 사람이 바로 사도 바울이었습니다. 사도행전 20장 24절 말씀을 다시 읽습니다. **"내가 달려갈 길과 주 예수께 받은 사명 곧 하나님의 은혜의 복음을 증언하는 일을 마치려 함에는 나의 생명조차 조금도 귀한 것으로 여기지 아니하노라"** 사도적 열정과 사도적 고난으로 복음을 증명하고, 마침내 하나님의 영광을 온 세계 가운데 열매 맺히게 한 그의 삶, 역시 동일한 복음을 소유한 저와 여러분도 예외가 아닌 줄 믿습니다. 우리도 동일한 복음으로, 동일한 구원의 감격을 누린 자라면, 동일하게 우리의 삶과 죽음 역시 사도적 열정과 사도적 고난을 본 받아야 할 것입니다. 우리 모두가 그와 같은 사명으로 살고 죽는 증인들 다 되시기를 축원합니다.

U/P/M/A
미전도종족선교연대

UPMA(Unreached People Missions Alliance)는 KWMA(한국세계선교협의회)의 산하 독립연대기구로서 1993년 설립되어 **교회, 선교단체, 현장 선교사와 연합**하여 **미전도종족의 복음화**를 위해 사역하는 **선교전략정보연구네트워크** 선교단체입니다.

UPMA가 하나님이 우리를 부르신 **선교적 사명(Mission)**이라면,
SIReN은 우리의 **선교적 정체성(Identity)**이며,
CAS는 우리의 **선교적 관점(Perspectives)**입니다.

UPMA 정체성: SIReN	UPMA 전략 관점: CAS
Strategy(전략) 전방개척선교 돌파를 위한 전략	**City & people** '도시와 종족'의 관점으로 선교현장을 바르게 이해하고
Information(정보) 현장의 다양하고 신속한 정보	**Area** '미전도전방개척권역'에 우선성을 두어 중복을 피하며,
Research(연구) 도시와 종족, 권역, 영역별 연구	**Specialization** '사역 영역 전문화'를 통한 선교역량 다변화를 추구하는 네트워크 선교전략
Network(네트워크) 지역교회, 선교현장의 동역 네트워크	

UPMA 현장리서치 사역

'전략정보네트워크 선교사(SIReNer)'라고 부르는 소수의 전문 선교현장연구 선교사들이 글로서가 아닌 오늘의 선교 현장 속에 살아가는 미전도종족들의 삶과 선교적 필요를 알리기 위해 직접 찾아가 만나고, 실제로 발로 누비며 '그들 향하신 하나님의 마음을 배우는 사역'을 수행하고 있습니다.

인도차이나반도권역 | 2017~2019년
중국 광서쾅족자치구 | 2016년
이주민사역(경기, 이태원 등) | 2015년
서남아무슬림권역 | 2014년
온누리교회, 바울선교회 선교사역 컨설팅 | 2010년, 2011년

UPMA는 남은 과업으로서의 선교의 방향을 분명히 알리는 파수꾼과 등대의 역할을 감당할 것입니다.
여러분의 동역이 선교의 방향을 바꿀 수 있습니다.

*Web 저널 'CAS(카스)'*는

현장 리서치를 기반으로 UPMA(미전도종족선교연대)가 발행하는 **웹 선교전략정보 저널**입니다. 알려지지 않은 생생한 **선교현장의 정보**와 오늘날 **현장의 시급한 선교전략적 필요**를 나누고자 합니다. UPMA는 CAS를 통해 변화하는 시대의 **선교전략정보네트워크(SIReN) 플랫폼을 지향**합니다.

D·I·G·I·T·A·L JOURNAL CAS

02
성경이 말하는 CAS

**사도행전(5) 안디옥 교회,
선교사 파송**

성경에서 안디옥이라는 이름이 처음 등장한 것은 사도행전 6장에서입니다. 거기서 초대교회 일곱 집사를 세웠는데, 그 중 한 명이 '안디옥 사람 니골라'였다. 그 후에 한참 언급이 없다가, 11장 19절에서 스데반 순교 후 밀어난 박해 때문에 ⋯

04
CAS 디스커버리

태국의 우슬림 복음화를 위한 도전

필자는 태국의 무슬림사역자로 지난 2006년 3월에 태국에 입국했다. 이 글은 학적인 목적이 아니라, 이처럼 무언가에 깊이 알려져 있지 않고, 복음으로부터 소외된 상태의 태국 내 무슬림들을 향한 선교적 도전이 알아나기 원하는 소망 ⋯

01
업마 생각

**코로나와 선교, 선교사에 관한 단상
: 사스와 메르스 때 개인 경험**

최근 코로나로 전 세계가 어려운 시국에 감염병 유행과 관련된 과거 기억들의 회상이다. 첫 번째는 지난 2003년 사스(SARS), 중증급성호흡기증후군)의 기억이다. 그때 나는 선교사로 중국에 있었다. 당시 아버지가 그 해 5월에 돌아가셨는데 ⋯

03
이슈 인사이드

**캄보디아 선교의 뜨거운 감자
: 한인 선교사 수(數)와 교회 자립**

캄보디아를 연상하면 가장 먼저 떠오르는 것이 바로 '앙코르 와트(Angkor Wat)'이다. 캄보디아 역사상 크메르 제국 혹은 크메르 제국으로 불리며 인도차이나를 디스커리 대부분 지금까지 캄보디아의 정체성이 바로 앙코르 와트이기 때문이다 ⋯

05
도시와 사람들

**태국을 중심으로 한
인도차이나반도 주요 국경들**

본 선교회의 태국 중심의 인도차이나반도 현장 리서치에서 다른 주요 국경들에 대한 이해를 돕기 위해 지도상의 위치와 간략한 소개를 정리하였다. 국경은 국가별로 정리하였고, 여기서 소개한 국경 외에도 많은 국경 통로들이 있지만 ⋯

06
업마가 만난 사람

**조용히 삶으로 복음이 전해지길
소망하는 박다니엘 선교사**

박다니엘, 마태은 공사랑 선교사이다. 아이들은 4세부터 17세까지 4남매를 두고 있다. 2008년 초부터 이곳에서 일하다가 팔년도 선교사였던 안내를 만나 결혼하여 자녀을 받았다. 2000년에는 대사관 권위 수가 80여명이었으나, 대사관 직원, 선교사 및 사람만 빼고는 ⋯

07
미전도종족

인도차이나반도권역을 위한 기도

지난 2016년부터 본 선교회가 인도차이나반도 현장 리서치를 통해 만난 그 땅의 주요 미전도종족들은 미얀마 버마족, 산족, 라카인족, 태국 타이족, 이산족, 라어 무슬림, 베트남 킨족, 라오스 라오족, 캄보디아 크메르족, 참족 등 10개 종족이다. 이들을 위한 선교는 앞에는 수십 년 ⋯